Inhalt

PETER GRÜNLICH

DER

WIE ICH
VERSUCHT HABE,

ALLES

WIKIPEDIA
DURCHZULESEN,

WISSER

UND WAS ICH
DARAUS GELERNT HABE

YES

Originalausgabe
1. Auflage 2020
© 2020 by Yes Publishing – Pascale Breitenstein & Oliver Kuhn GbR
Türkenstraße 89, 80799 München
info@yes-publishing.de

Sämtliche Texte und Bilder von Wikipedia (siehe Quellenverzeichnis und Bildnach-
weis ab Seite 269 bzw. 271) sind unter der Lizenz »Creative Commons Attribution/
Share Alike« verfügbar (https://de.wikipedia.org/wiki/Wikipedia:Lizenzbestimmun-
gen_Creative_Commons_Attribution-ShareAlike_3.0_Unported).

Umschlaggestaltung: Ivan Kurylenko (hortasar covers)
Layout und Satz: Carsten Klein, Torgau
Druck: GGP Media GmbH, Pößneck
Printed in Germany

ISBN Print 978-3-96905-026-2
ISBN E-Book (EPUB, Mobi) 978-3-96905-027-9
ISBN E-Book (PDF) 978-3-96905-028-6

Der richtige Pfad durch die wilde Wikipedia

Die ganz großen Abenteuer der Menschheit, so wirkt es auf mich, sind abgeerntet. Erfahren und erlitten von der letzten großen Generation von Abenteurern wie dem Universalgelehrten Alexander von Humboldt.

Bevor er am 6. Mai 1859 in Berlin starb, hatte er mit samtenen Rokoko-Schühchen beinahe den 6267 Meter hohen Chimborazo in Ecuador bestiegen, die Wirkung der Stromschläge von Aalen am eigenen Leib getestet, das Lianengift Curare getrunken, um zu zeigen, dass es nur in der Blutbahn tödlich ist, aber nicht, wenn man es schluckt, und ganz nebenbei 60 000 unterschiedliche Pflanzen eingesammelt, darunter 3600 Arten, die er entdeckt hat. Er schrieb 33 Bände über seine wissenschaftlichen Erkenntnisse. Seine eigene kleine Wikipedia.

Das war zu einer Zeit, als die Welt noch voller unerforschter, jungfräulicher Flecken war. Doch mittlerweile wurde jedes einzelne Atom vermessen, erklärt und beschrieben. Was kann man denn heute noch für Abenteuer erleben, wo jeder Kontinent durchquert und jeder Berg bestiegen ist?

Gut, ein paar Siebentausender gibt es noch, die zu erklimmen wären, darunter der Gangkhar Puensum im Himalaja, mit seinen 7570 Metern laut Wikipedia der höchste unbestiegene Berg der Erde. Allerdings gilt er der einheimischen Bevölkerung von Bhutan als heiliger Wohnsitz der Götter, weshalb es nicht gestattet ist, den Gipfel oberhalb von 6000 Metern zu besteigen.

Es gibt noch einen Berg, den niemand besteigen kann. Weil er ständig weiterwächst, während wir auf ihm wandeln. Und zwar schneller, als man ihn besteigen könnte. Es ist der Berg unseres Wissens. Die gesamte deutsche Wikipedia besteht aus 2 426 993 Artikeln mit 1 237 310 393 Wörtern. Um alles durchzulesen, braucht man ungefähr 1 649 747 Tage. Wenn ich gleich heute anfange, bin ich also schon in 4519 Jahren fertig (auf Schlafen werde ich dabei verzichten). Doch nein, das Monster wächst ja noch weiter – jeden Tag gibt es Hunderte neue Artikel! Ich werde dieses Abenteuer wohl nicht beenden können.

Warum sollte man sich das überhaupt antun, all die spröde geschriebenen Artikel von Philatelie bis Phantastik, von Animation bis Chimäre, von Pyrotechnik bis Numismatik durchzulesen? Viele Menschen teilen das Gefühl, dass wir diese komplexe Welt ohnehin nicht verstehen können. Können wir so vielleicht verstehen lernen, wie alles zusammenhängt und warum es sich so entwickelt hat?

Wikipedia ist ein Wunder. Allein die englischsprachige Seite vereint mehr als sechs Millionen Artikel. Sie ist umfangreicher als jedes Lexikon. Und es ist die einzige Non-Profit-Seite unter den zehn größten Websites der Welt.

Meine Hoffnung ist, dass das gesammelte Wikipedia-Wissen, all diese kleinen Puzzleteilchen, irgendwann ein großes Bild ergibt. Dass sich dem Lesenden zumindest ein anderer Blick auf alles erschließt, wenn er oben auf dem Wissensberg hockt und über die Erde blickt wie ein Adler.

Ich möchte nämlich auch gern Universalgelehrter werden. Einer, der sich mit dem Mormonentum genauso gut auskennt wie mit Transsexualität. Der auf Cocktailpartys die Anwesenden wie ein Lagerfeuer mit seinem Wissen wärmt.

Wussten Sie, dass die Mona Lisa keine Augenbrauen hat?

Edmund Hillary trug bei seiner Mount-Everest-Erstbesteigung eine Rolex.

Adolfo Kaminsky rettete während des Zweiten Weltkrieges mehr Menschen als Oscar Schindler vor den Nazis, indem er die Verfolgten mit falschen Pässen aus seiner Untergrundwerkstatt versorgte und so ihre Deportation verhinderte.

Eis wird unterhalb von −200 Grad Celsius wieder flüssig.

Bei den Clownfischen leben mehrere Männchen in einem von einem Weibchen dominierten Harem zusammen. Stirbt das Weibchen, wechselt einer der männlichen Clownfische sein Geschlecht und wird zur Chefin der Schar.

Bart Simpson heißt mit vollem Namen Bartholomew JoJo Simpson.

In einigen asiatischen Ländern, zum Beispiel in Korea, wird das Lebensalter anders gemessen als bei uns. Kommt man in Korea auf die Welt, ist man bereits ein Jahr alt, da die Zeit des Embryos im Mutterleib als erstes Lebensjahr gerechnet wird. Älter wird man auch nicht an seinem Geburtstag, sondern mit allen anderen an Silvester. So kann es sein, dass man in Korea zwei Jahre älter ist als bei uns.

Das Logo des Lutscherherstellers Chupa Chups wurde von Salvador Dalí entworfen.

Goodbye ist eine Verkürzung des Satzes »God be with you«.

Der Ausdruck »Scheißtag« stammt aus dem 19. Jahrhundert, als die Knechte die Zeit wieder reinarbeiten mussten, die sie während der Arbeit für Toilettenbesuche verwendet hatten.

Solche Sachen. Wo die Frauen vielleicht fasziniert mit der Kirsche im Cocktail rühren. Ich will ein Buch über meine wundersamen Kenntnisse schreiben. Vielleicht verbindet sich das viele Wissen dann ja eines Tages zu einem neuronalen Netz der Weisheit.

Ich will nichts versprechen, was ich nicht halten kann. Ich werde nicht die komplette Wikipedia lesen können. Aber ich werde einmal quer durchbrowsen, Tausende Artikel lesen und versuchen, das herauszuholen, was ich am interessantesten fand. All die spannenden

Themen, über die man in den Medien nichts gelesen hat. Menschen, die unsere Welt besser oder schlechter gemacht haben, von denen ich noch nie zuvor gehört habe. Unbekannte Katastrophen, von denen wir vielleicht etwas lernen können. Erstaunliche psychologische Phänomene, die in den Tiefen des Lexikons verborgen sind. Und obendrein natürlich eine riesige Menge erstaunliches und vermutlich unnützes Wissen.

Würde mein Buch die ganze deutsche Wikipedia enthalten, wäre es über 600 000 Seiten lang geworden. Das hätte die Transportfähigkeit deutlich erschwert. Es wäre übrigens 30 Mal schwerer, wenn es statt aus Papier aus Osmium hergestellt worden wäre, dem schwersten Material, das auf der Erde vorkommt. Das Platinmetall mit der Abkürzung Os im Periodensystem ist noch weniger komprimierbar als Diamant und wurde früher für Glühfäden in Glühbirnen verwendet. Dann hätte das Buch allerdings einen Materialwert von rund 10 Millionen Euro und Sie hätten sich vermutlich für ein anderes Werk entschieden. Obwohl Osmium im Vergleich zu Californium erstaunlich preiswert ist. Das seltenste Element der Erde kostet rund 25 Millionen Euro pro Gramm. Und dabei würde es erstaunlich schnell zerfallen, denn Californium ist eine instabile Neutronenquelle, die in den Überresten der ersten amerikanischen Wasserstoffbombe auf dem Eniwetok-Atoll gefunden wurde. Sie können das Südsee-Atoll mittlerweile wieder besuchen, weil die Insel vom Atommüll gesäubert wurde. Der Müll wurde mit Portlandzement vermischt und in einem Krater mit 358 Betonplatten von je 46 Zentimeter Dicke verschlossen. Beim Abtragen wurde allerdings so viel fruchtbare Erde entfernt, dass traditionelle Pflanzen nicht mehr wachsen. Noch teurer wäre übrigens nur Antimaterie, die im Schweizer CERN hergestellt wurde für 23 Milliarden Euro pro Gramm. Antimaterie ist Materie, die aus Antiteilchen besteht. Wenn Materieteilchen und Antiteilchen aufeinandertreffen, können sie in einer Annihilationsreaktion zerfallen. Allerdings gelang es dem CERN nur, 309 Antiwasserstoffatome 17 Minuten lang einzufangen. So schnell werden Sie das Buch nicht gelesen haben.

Sie merken, wie leicht man sich im endlosen Labyrinth von Wikipedia verzettelt. Man klickt sich immer tiefer hinein ins Wirrwarr aus Artikeln und Links. Deshalb versuche ich es erst einmal alphabetisch. Von Anfang an.

Der erste Wikipedia-Artikel, wenn man sie alphabetisch sortiert, hat es gleich in sich. Er widmet sich einem Zeichen: der lateinischen Minuskel I mit aus dem Zentrum hervortretendem, linksdrehendem Haken. Es steht für den stimmlosen lateralen alveolaren Frikativ (ein stimmloser, an den Alveolen, also mit der Zunge am oberen Zahndamm gebildeter Reibelaut). Er wird leider nur in Walisisch, Kalaallisut (Grönländisch), Batsisch und Navajo gebraucht.

Ich nehme mir vor, den nächsten Waliser, den ich treffe, bei einem gepflegten Glas Bier um einen stimmlosen lateralen alveolaren Frikativ zu bitten.

Deutsche Texte bestehen durchschnittlich zu 6,51 Prozent aus dem Buchstaben A. Die Urform des Buchstabens stellte wahrscheinlich den Kopf eines Ochsen dar.

Aa, haben die Gebrüder Grimm in ihrem legendären Wörterbuch erklärt, sei das anständige Wort für Kot, das man seinen Kindern beibringen sollte.

Aaata Finchi heißen die größten Prachtkäfer der Erde. Sie zählen zu den am teuersten gehandelten Raritäten. Für ein präpariertes Exemplar zahlen Sammler mehrere Hundert Euro.

Aachen heißt eigentlich Bad Aachen, verzichtet aber auf das Bad, damit es in allen Verzeichnissen vorne auftaucht.

Aanaakhiiqtuuq ist ein See in Kanada (falls Sie mal ein Profi-Rätsel erstellen wollen).

Aaron Carter ist der jüngste Musiker, der jemals eine Platin-Schallplatte bekam. Im Alter von neun Jahren veröffentlichte er sein erstes Album (sein Bruder Nick war bei den Backstreet Boys). Später spielte er eine Private Dinner Tour, bei der er seine Fans daheim besuchte und beim Essen nebenbei sang. Als Erwachsener outete er sich als bisexuell und machte in einer Fernsehsendung einen HIV-Test. Der Test fiel zwar negativ aus, dafür wurde er in einem zweiten Test positiv auf Opiate getestet.

Steht alles so auf Wikipedia.

Ich finde es erstaunlich, was wir alles nicht wissen. Nicht einmal von 1 Prozent der Inhalte der Artikel habe ich jemals zuvor gehört. Aber die alphabetische Vorgehensweise bringt mich nicht weiter, so wird es bald langweilig. Ich muss die Strategie wechseln.

»Wer A sagt, der muss nicht B sagen«, schrieb Bertolt Brecht.

Auf der Suche nach überraschungen

Fortan scanne ich die Wikipedia lieber per Zufall nach spannenden Themen (die Anzeige eines zufälligen Eintrags ist eine wunderbare Funktion auf jeder Wikipedia-Seite). Geografie. Geschichte. Religion. Gesellschaft. Sport. Technik. Kunst. Wissenschaft. Ein wilder Ritt durch die Gebiete und die Kategorien. Kommen Sie mit auf eine Reise an die wundersamsten Schauplätze. Sie werden erstaunt sein, wie aufregend Wikipedia sein kann.

Die Reise führt mich erst mal zu Richard und Maurice McDonald (zwei Fast-Food-Pionieren, die ihren Laden für 2,7 Millionen US-Dollar an einen Milchshake-Maschinen-Vertreter verkauft haben, der daraus den Weltkonzern McDonald's gemacht hat). Ironie des Schicksals, dass ausgerechnet die Milchshake-Maschinen bei McDonald's bis heute oft nicht funktionieren, wie eine Datenanalyse auf Basis von Kundenbeschwerden bestätigt hat.

Die Bahnstrecke Plettenberg–Herscheid hat einen eigenen Eintrag. Aber aufgepasst, es wird aktuell nur noch die Teilstrecke Köbbinghausen nach Hüinghausen befahren.

Ion Perdicaris war ein »griechisch-amerikanischer Lebemann«, dessen Entführung 1904 den sogenannten Perdicaris-Zwischenfall auslöste. Lebemann erscheint mir eine erstrebenswerte Kategorie und ich überlege, wie man es heutzutage noch zu dieser biografischen Bezeichnung bringen kann. Damals reichte es, dass eine verheiratete Frau ihren Mann für Perdicaris verließ. Etliche Jahre später wurden er und ein Sohn seiner Geliebten in ihrer Villa in Marokko von Aufständischen entführt. Die Entführung sorgte in den Vereinigten Staaten für Empörung und

US-Präsident Theodore Roosevelt schickte einen Militärkreuzer nach Marokko, um Perdicaris zu befreien. Unterwegs fiel ihnen auf, dass der Entführte gar kein amerikanischer Staatsbürger mehr war und die USA somit gar nicht zuständig. Roosevelt hielt das geheim, forderte lautstark seine Freilassung, drohte den Entführern mit dem Tod und sicherte sich so seine Wiederwahl. Der Skandal wurde erst Jahrzehnte später bekannt.

Als Michael Jackson starb, war das Suchvolumen bei Google so groß, dass man einen Hackerangriff vermutete und Suchanfragen für 30 Minuten sperrte.

Schließlich lande ich auf der wunderbaren Liste ungewöhnlicher Todesfälle. Darin werden seltene oder gar einmalige Todesumstände beschrieben. Viele kleine Puzzleteilchen aus menschlicher Selbstüberschätzung, Pech, Dummheit, Hass und Schicksal. Sie lassen erahnen, wie sich der Homo sapiens in den letzten Jahrtausenden entwickelt hat, und zeichnen ein Bild des evolutionären Fortschritts unserer Spezies, das uns ratlos zurücklässt.

Als größte evolutionäre Entwicklung der letzten Jahrtausende Menschheitsgeschichte gilt übrigens »ein Trend zur Verkleinerung des Unterkiefers und zu Überbiss«, wie Wikipedia erklärt. Die Ursache sei der ernährungsbedingte Mangel an faserreicher Nahrung.

Vom Sterben und Nichtsterben

Ungewöhnliche Todesfälle

Aus der Liste der ungewöhnlichen Todesfälle habe ich die 46 außergewöhnlichsten ausgewählt. Viele hätten den Darwin Award verdient. Diese satirische Auszeichnung wird vergeben, wenn ein lebensuntüchtiges Individuum seiner Art den Gefallen tut, die weitere Verbreitung des eigenen Erbguts durch eine besonders dämliche Art, unfreiwillig zu Tode zu kommen, zu verhindern. Von diesen Knalltüten der Menschheitsgeschichte können wir besonders viel darüber lernen, wie wir uns besser nicht verhalten sollten. Einige der Preisträger werden uns später in diesem Buch noch begegnen. Wie zum Beispiel John Allen Chau, der Gewinner von 2018, der das auf North Sentinel Island lebende Urvolk der Sentinelesen besuchte, um sie trotz Kontaktverbot christlich zu missionieren. Chau ignorierte die Warnschüsse der Einheimischen und wurde von diesen mit Pfeilen durchbohrt.

Die Todesfälle sind chronologisch sortiert, einige sind mythologischen Ursprungs oder nicht durch zeitgenössische Berichte belegt.

- ca. 620 v. Chr.: Der athenische Gesetzesreformer **Drakon** erstickte unter einem Berg von Mänteln und Hüten, die von dankbaren Bürgern in einem Theater auf Ägina auf ihn geworfen worden waren.

● 564 v. Chr.: **Arrhichion von Phigalia**, griechischer Pankratiast (das Pankration war ein Kampfsport, der Ringen und Boxen verband), starb bei den Olympischen Spielen. Während eines Kampfes war er beinahe schon besiegt, da sich sein Kopf in einer Beinschere seines Kontrahenten befand. Er wollte jedoch nicht aufgeben und brach seinem Gegner mit letzter Kraft die Zehen. Dieser gab daraufhin auf, doch im selben Moment erstickte Arrhichion, der posthum zum Sieger erklärt wurde.

● 455 v. Chr.: **Aischylos**, der große griechische Tragödiendichter, wurde laut dem Schriftsteller Valerius Maximus von einer Schildkröte erschlagen, die von einem Greifvogel fallen gelassen worden war. Der Vogel verwechselte angeblich den Kopf des Aischylos mit einem Felsen und benutzte ihn zum Aufbrechen des Schildkrötenpanzers.

Illustration des Todes des Aischylos in der *Florentinischen Bilderchronik*
von Maso Finiguerra (15. Jh.)

Plinius der Ältere fügt in seiner Enzyklopädie *Naturalis Historiæ* hinzu, dass sich Aischylos im Freien aufhielt, weil eine Prophezeiung ihn vor herabfallenden Gegenständen gewarnt hatte.

● 210 v. Chr.: **Qin Shihuangdi**, der erste Kaiser von China, starb durch die Einnahme von Quecksilberpillen in dem Glauben, diese würden ihm Unsterblichkeit verleihen. Kanzler Li Si und Obereunuch Zhao Gao vertuschten den Tod des Kaisers zwei Monate lang, um die Thronfolge beeinflussen zu können. Den Verwesungsgeruch der Leiche übertünchten sie mit verfaultem und getrocknetem Fisch. Zu den Grabbeigaben gehörte unter anderem die berühmte Terrakotta-Armee.

● 258 n. Chr.: Der Diakon (christlicher Geistlicher) **Laurentius von Rom** wurde bei lebendigem Leibe auf einem großen Gitterrost gegrillt. Dies geschah im Zuge der Christenverfolgung des römischen Kaisers Valerian. Der Dichter Prudentius schreibt, dass Laurentius mit den Folterknechten scherzte: »Lasst mich wenden! Auf der einen Seite bin ich jetzt durch!« Der Märtyrer wird heute als Heiliger verehrt und mit seinem Folterwerkzeug, dem Rost, dargestellt. Er ist der Schutzpatron der Köche und der Feuerwehrleute.

● 762: Ein **chinesischer Dichter und Höfling** ist der Überlieferung nach bei dem Versuch ertrunken, in alkoholisiertem Zustand das Spiegelbild des Mondes auf einem Fluss zu umarmen.

● 1184: Beim **Erfurter Latrinensturz** fanden etwa 60 Menschen den Tod – darunter Graf Gozmar III. von Ziegenhain, Graf Friedrich I. von Abenberg, Burggraf Friedrich I. von Kirchberg, Graf Heinrich von Schwarzburg, Burggraf Burchard von der Wartburg und Beringer I. von Meldingen –, als anlässlich eines Hoftages von König Heinrich VI. das obere Stockwerk der Dompropstei des Marienstiftes unter der Last der versammelten Menge zusammenbrach und die meisten der Anwesenden in die Tiefe riss. Auch der Boden der nächsten Etage gab unter dem Druck nach und ließ die Herabfallenden in die darunter liegende Abtrittgrube stürzen. Wer nicht ertrank oder erstickte, wurde von nachfallenden Balken und Steinen erschlagen oder verletzt.

- 1190: **Dedo III.**, Markgraf der Lausitz, genannt »der Feiste« oder auch »der Fette«, starb an den Folgen einer Operation, bei der er sich Fett aus dem Leib schneiden ließ, um Kaiser Heinrich VI. auf einem Feldzug begleiten zu können.

- 1387: **Karl II.**, König von Navarra, ließ sich zwecks Therapierung einer Krankheit jeden Abend in mit Weinbrand getränkte Tücher einwickeln. Eines Abends gelangte ein Diener versehentlich mit einer Fackel an die Bandagen, die sofort in Flammen standen. Karl II. erlag den schweren Verbrennungen.

- 1478: Als der zum Tod verurteilte **George Plantagenet**, Duke of Clarence, die Art seiner Hinrichtung wählen sollte, entschied er sich dafür, in einem Fass Malvasierwein ertränkt zu werden. Seinem Wunsch wurde entsprochen.

- 1518: Die **Tanzwut von Straßburg** begann mit einer einzelnen Frau, die über einen Monat lang unkontrolliert tanzte. Im Laufe der Zeit schlossen sich ihr immer mehr Leute an, bis am Ende 400 Menschen vom Tanzfieber befallen waren. Dutzende von ihnen starben an Hitzschlag und Erschöpfung. Die Ursache dieses Vorfalls ist bis heute nicht bekannt.

- 1567: **Hans Staininger**, der Stadthauptmann von Braunau, brach sich das Genick, als er über seinen eigenen Bart stolperte. Staininger verstaute den Bart, der fast anderthalb Meter lang war, normalerweise zusammengerollt in seiner Brusttasche.

- 1601: Der dänische Astronom und Supernova-Entdecker **Tycho Brahe** war zu einem Festbankett des Kaisers eingeladen. Die Hofetikette untersagte es den Gästen, sich vor dem Kaiser von der Tafel zu erheben. Daher führte eine Harnverhaltung bei Tycho Brahe zu einem Blasenriss, an dem er zehn Tage später starb.

- 1673: **Molière**, Schauspieler, Theaterdirektor und Dramatiker der französischen Klassik, erlitt einen Blutsturz während einer Aufführung seiner Komödie *Der eingebildete Kranke*, in der er die Rolle des hypochondrischen Protagonisten innehatte. Als Molière auf der Bühne zusammenbrach, glaubten die Zuschauer zunächst, dass es sich um eine Einlage innerhalb der Komödie handelte. Der französische Komödiant starb wenig später in seiner Wohnung in Paris.

- 1685: Der verarmte englische Dramatiker **Thomas Otway** litt Hunger, erbettelte sich deshalb eine Guinee (von 1663 bis 1816 in Umlauf befindliche britische Goldmünze) und kaufte sich davon ein Brot, an dem er erstickte.

- 1771: **Adolf Friedrich**, König von Schweden, starb am 12. Februar 1771 an einem Schlaganfall, verursacht durch Verdauungsprobleme. Seine letzte Mahlzeit bestand aus Hummer, Kaviar, Sauerkraut, Räucherhering, Champagner und zum Abschluss 14 Portionen seines Lieblingsdesserts Hetvägg, eines Hefeteiggebäcks, auch Semla genannt, serviert in heißer Milch. Schwedische Schulkinder kennen ihn daher als den König, der sich zu Tode aß.

- 1816: Der US-amerikanische Politiker **Gouverneur Morris** starb an inneren Verletzungen, als er ein Stück eines Walknochens in seine Harnröhre einführte, um eine Verstopfung zu lösen.

- 1837: Der englische Erfinder **Robert Cocking** baute eine der ersten Fallschirmkonstruktionen der Geschichte. Beim allerersten

Testflug mit dem Ballon, mit dem er gleich aus 1500 Meter Höhe absprang, da er sich seiner Sache sehr sicher war, stürzte er tödlich ab. Er hatte zwar sein eigenes Gewicht völlig korrekt in die Berechnungen einbezogen, jedoch das Gewicht des Fallschirmes, über 100 Kilogramm, einzurechnen vergessen.

● 1841: **William Henry Harrison** redete am 4. März 1841 im Zuge seiner Inaugurationsrede als US-Präsident über zwei Stunden und zog sich dabei eine Lungenentzündung zu, an der er wenige Wochen später starb, womit seine Amtszeit die kürzeste in der Geschichte der USA war.

● 1867: **Mathilde von Österreich-Teschen** starb an Verbrennungen, nachdem sich ihr Kleid durch eine Zigarette entzündet hatte, die sie vor ihrem Vater in ihrem Kleid versteckte, der ihr das Rauchen streng verboten hatte. Das Musselin-Kleid war mit Glycerin imprägniert, um ihm mehr Fülle zu geben.

● 1884: **Allan Pinkerton**, ein schottisch-US-amerikanischer Detektiv und Begründer der Pinkerton-Agentur, die heute als erste US-amerikanische Privatdetektei gilt, starb an einer Infektion. Er hatte sich auf die Zunge gebissen, als er auf einem Gehweg in Chicago stolperte. Da er die Verletzung nicht ernst nahm, entzündete sich die Wunde und er bekam Wundbrand, an dem er verstarb.

● 1919: Bei der **Melassekatastrophe von Boston** am 15. Januar barst ein mit Melasse gefüllter Tank, worauf sich sein Inhalt als bis zu 9 Meter hoher Schwall über die Bostoner Innenstadt ergoss. 21 Menschen verloren ihr Leben.

● 1920: Der US-amerikanische Baseballspieler **Ray »Chappie« Chapman** starb, zwölf Stunden nachdem er von einem Baseball an der Schläfe getroffen worden war. Der Pitcher war Carl Mays.

Bis heute ist Chapman der einzige Spieler der Major League, der durch einen Hit by Pitch getötet wurde.

● **1923: George Herbert**, 5. Earl of Carnarvon, war bei der von ihm beauftragten Öffnung von Pharao Tutanchamuns Grabstätte KV62 durch den Archäologen Howard Carter anwesend. Vier Monate später stach ein Moskito Herbert in die Wange. Der Stich entzündete sich durch einen Schnitt beim Rasieren, was zu Blutvergiftung und schließlich zu einer tödlichen Lungenentzündung führte. Bereits zur Zeit der Öffnung des Grabes hatte sich die Vorstellung von einem Fluch des Pharao verbreitet, dem später auch George Herbert zum Opfer gefallen sein soll; wissenschaftlich ließ sich der Fluch jedoch nicht nachweisen.

● **1926**: Der 16-jährige **Phillip McClean** aus Queensland in Australien ist der erste bekannte Mensch, der von einem Kasuar getötet wurde. Als der Junge den Vogel auf dem Grundstück der Familie entdeckte, wollten er und sein Bruder das Tier mit Knüppeln erschlagen. Der Helmkasuar schlug Phillip allerdings zu Boden und trat auf ihn ein, wobei er mit seinen Krallen McCleans Halsschlagader aufriss. Der Junge konnte zwar noch weglaufen, kollabierte aber kurz darauf und starb durch den Blutverlust.

● **1926: Harry Houdini**, der bekannte Entfesselungskünstler, behauptete von sich, jeden Faustschlag in den Unterleib durch Anspannung seiner Bauchmuskulatur unversehrt überstehen zu können. Am 22. Oktober 1926 wurde er auf eigenes Verlangen von dem Studenten Jocelyn Gordon Whitehead in den Bauch geboxt. Houdini hatte zuvor schon an Bauchschmerzen gelitten, welche durch den Schlag von Whitehead noch verschlimmert wurden. Einige Tage später starb er an einem Blinddarmdurchbruch mit daraus resultierender Bauchfellentzündung.

- 1938: Dem auf Deutsch schreibenden ungarischen Schriftsteller **Ödön von Horváth** prophezeite ein Wahrsager, dass ihm in den ersten Tagen des Juni 1938 auf einer Reise »das bedeutendste Ereignis seines Lebens« bevorstünde. Daraufhin benutzte der abergläubische Horváth u. a. keine Fahrstühle mehr. An seinem Todestag traf er sich noch mit dem deutsch-amerikanischen Regisseur Robert Siodmak. Das Angebot der Siodmaks, ihn mit dem Auto ins Hotel zurückzubringen, lehnte er mit der Begründung ab, dass dies zu gefährlich sei. Auf dem Weg nach Hause wurde er von einem herabstürzenden Ast erschlagen.

- 1948: Auf dem **United-Air-Lines-Flug 624** leuchtete eine Kontrolllampe auf, die einen Brand im Frachtabteil anzeigte. Die Piloten aktivierten daraufhin die Brandlöschanlage, die Kohlendioxid in den Frachtraum pumpte. Da die Piloten vergaßen, die für diesen Schritt notwendigen Prozeduren zu befolgen, blieb ein Ventil geöffnet und das Gas strömte ins Cockpit. Die Piloten verloren das Bewusstsein und die Maschine stürzte ab. Es stellte sich später heraus, dass es sich um einen Fehlalarm gehandelt hatte.

- 1960: Der britische Formel-1-Fahrer **Alan Stacey** verunglückte am Steuer seines Lotus 18 beim Großen Preis von Belgien in Spa, als ein Vogel das Visier seines Helms durchschlug und Stacey die Kontrolle über das Auto verlor.

- 1974: **Christine Chubbuck**, eine US-amerikanische Nachrichtensprecherin, beging am 15. Juli 1974 vor laufender Kamera Selbstmord. Acht Minuten nach Beginn ihrer Sendung *Suncoast Digest* auf WXLT-TV schoss sie sich mit einem Revolver Kaliber .38 selbst in den Kopf. Sie starb wenig später im Krankenhaus von Sarasota, Florida.

● 1978: **Georgi Markov**, ein bulgarischer Schriftsteller und Dissident, wurde in London Opfer des sogenannten Regenschirmattentats: Der Attentäter verletzte Markov scheinbar zufällig mit der Spitze eines präparierten Regenschirms. Dabei wurde eine imprägnierte kleine Metallkugel in seine Wade gestochen, die mit 40 Mikrogramm hochgiftigem Rizin gefüllt war. Drei Tage nach dem Anschlag starb Markov an Herzversagen.

● 1978: Der österreichisch-US-amerikanische Mathematiker und Logiker **Kurt Gödel** verhungerte, als seine Frau wegen eines Schlaganfalls für sechs Monate im Krankenhaus lag. Gödel war extrem paranoid und verweigerte alle Speisen, die nicht von seiner Frau zubereitet waren.

● 1983: Der US-amerikanische Schriftsteller **Tennessee Williams** erstickte an einer Verschlusskappe für Augentropfen im »Hotel Elysée« in New York City. Wahrscheinlich hielt er den Verschluss mit dem Mund, während er sich zurücklehnte und die Augentropfen benutzte.

● 1984: Der deutsche Lebensmitteltechniker **Günther Stoll** wurde in der Nähe von Hagen um drei Uhr morgens nackt und schwer verletzt in seinem Auto aufgefunden. In den Stunden zuvor waren bereits mysteriöse Ereignisse geschehen: Er schrieb »YOGTZE« auf einen Zettel, rief seiner Frau »Jetzt geht mir ein Licht auf!« zu und sagte zu einer anderen Frau, dass in der Nacht ein fürchterliches Ereignis geschehen werde. Der Fall wurde in der Bundesrepublik Deutschland als YOGTZE-Fall bekannt.

● 1986: Über 1700 Menschen starben am **Nyos-See in Kamerun**, als der See plötzlich 1,6 Mio. Tonnen Kohlenstoffdioxid ausgaste (eine sogenannte limnische Eruption). Das CO_2 strömte in zwei benachbarte Täler und tötete Menschen und Tiere in bis zu

25 Kilometer Entfernung. Die Ursache für die Ausgasung ist bis heute nicht bekannt. Bereits 1984 waren am Manoun-See (ebenfalls in Kamerun) 37 Menschen bei einem ähnlichen Vorfall ums Leben gekommen.

● 1993: Der Schauspieler **Brandon Lee** starb bei einem Unfall während der Dreharbeiten zum Film *The Crow – Die Krähe.* Er wurde von einer Pistolenkugelattrappe getroffen, die sich unbemerkt im Lauf verklemmt hatte. Beim Schuss wurde diese durch den Explosionsdruck der Platzpatronen herausgeschleudert und traf ihn tödlich.

● 1993: Der 39-jährige Anwalt **Garry Hoy** wollte am 3. Juli einer Gruppe Studenten die Unzerbrechlichkeit der Glasfenster des Toronto-Dominion Centre demonstrieren, weshalb er sich gegen die Scheibe warf. Er tat dies nicht zum ersten Mal, doch tragischerweise löste sich dieses Mal das Fenster aus der Wand und Garry Hoy stürzte 24 Stockwerke tief in den Tod.

● 1994: Der Flugkapitän der Aeroflot **Jaroslaw Kudrinski** lud während eines Passagierflugs von Moskau nach Hongkong seine beiden Kinder in das Cockpit des Airbus A310-300 ein und ließ zuerst seine 12-jährige Tochter Jana und anschließend seinen 15-jährigen Sohn Eldar im Pilotensitz Platz nehmen und das Steuerhorn halten, während der Autopilot eingeschaltet war. Der Sohn aktivierte dabei versehentlich eine Funktion des Autopiloten, die selbst erfahrenen Piloten damals nicht bekannt war. Die Maschine geriet in eine abnorme Fluglage und stürzte ab, wobei 75 Menschen starben (siehe: Aeroflot-Flug 593).

● 2001: **Bernd Brandes** ließ sich in Rotenburg freiwillig durch Armin Meiwes töten, um durch diesen verspeist zu werden, was dieser teilweise tat. Meiwes, von den Medien auch als der »Kannibale von Rotenburg« bezeichnet, wurde wegen Mordes verurteilt.

- 2001: An Bord eines Flugzeugs der **Nationalgarde von Florida** wurde die Last ungleich verteilt. Die Maschine mit ihren 21 Insassen stieg dennoch ohne Probleme auf und ließ sich fliegen. Als der Flugkapitän unterwegs jedoch zur Toilette ging, verlagerte sich der Schwerpunkt der Maschine derart, dass es zum Kontrollverlust kam und das Flugzeug abstürzte.

- 2009: **Taylor Mitchell**, eine kanadische Folksängerin, wurde von zwei Kojoten angegriffen und tödlich verletzt. Sie ist die erste erwachsene Person, die in Nordamerika nachweislich durch einen solchen Angriff ums Leben kam.

- 2010: Bei einem **Flugunfall in der Demokratischen Republik Kongo** starben 20 Menschen. Ein Passagier hatte ein Krokodil an Bord eines Regionalflugzeugs (einer Let L-410 der Filair) gebracht, das sich im Anflug auf Bandundu aus seiner Tasche befreite. Es kam zu einer Massenpanik, die Passagiere rannten in den vorderen Teil des Flugzeugs. Dadurch verlagerte sich der Schwerpunkt der Maschine, die dann abstürzte.

- 2011: Bei einer Demonstration gegen die Motorrad-Helmpflicht im US-Bundesstaat New York, bei der sich die Teilnehmenden demonstrativ ohne Helme auf ihren Motorrädern fortbewegten, stürzte der 55-jährige **Philip Contos** bei einem Bremsmanöver mit dem Kopf voraus auf den Asphalt und erlag daraufhin seinen Verletzungen, die laut Polizei bei Tragen eines Helmes nicht tödlich gewesen wären.

- 2018: **Egidius Schiffer**, deutscher Serienmörder, starb in seiner Gefängniszelle an Herzrhythmusstörungen, nachdem er seinen Körper an das Stromnetz angeschlossen hatte, um sich sexuell zu stimulieren.

- 2018: Ein **63-jähriger Mann aus Bremen** verstarb im August 2018, nachdem er einige Wochen zuvor von seinem Hund abgeleckt worden war und sich dabei mit dem Bakterium *Capnocytophaga canimorsus* infiziert hatte. Da der Mann weder gebissen worden war noch ein geschwächtes Immunsystem hatte, fiel er aus dem Raster der bekannten Risikogruppe und war obendrein erst der zweite bekannte Patient weltweit mit einem so schweren Verlauf.

Mikromort – der Tod in Raten

In den Tiefen von Wikipedia habe ich etwas über eine interessante Maßeinheit gelernt, die zum Thema passt: Mikromort. Sie dient der Risikobemessung und gibt an, mit welcher Wahrscheinlichkeit man bei einem Ereignis stirbt. Ein Mikromort entspricht einer Todeswahrscheinlichkeit von 0,000001 (1 : 1 Million).

Das durchschnittliche Risiko, an einem bestimmten Tag zu sterben, lässt sich aus der durchschnittlichen Lebensspanne ableiten. Beträgt Letztere beispielsweise 80 Jahre, kommt auf diese rund 29 200 Tage ein Tod. Es ergeben sich daraus etwa 34 Mikromort pro Tag. Das ist nur ein Bevölkerungsdurchschnitt – die Anzahl Mikromort pro Tag variiert für Bevölkerungsgruppen unterschiedlichen Alters, Geschlechts oder Lebensstils. Alternativ lässt sich die Anzahl Personen, die pro Tag sterben (in Deutschland im Jahr 2019 etwa 2600) durch die Gesamtbevölkerung (83 Millionen) teilen. Hier werden alle Todesarten berücksichtigt. Durch Ausschluss natürlicher Todesfälle lässt sich das Risiko vorzeitigen Todes messen, das in Deutschland bei etwa 1,1 Mikromort liegt.

Mithilfe von Mikromorts lassen sich Risiken vergleichen und etwa Aussagen darüber treffen, ob die Teilnahme an einem Marathonlauf gefährlicher ist als die Einnahme einer Ecstasy-Pille (die Antwort ist Ja: Das Risiko, beim Marathonlauf zu sterben, ist 14-mal höher). Folgende Risikofaktoren entsprechen etwa 1 Mikromort, weil sie mit einer gewissen messbaren Wahrscheinlichkeit die nachstehend genannten Todesursachen auslösen:

- 1,4 Zigaretten rauchen (Krebs, Herzerkrankungen),

- 0,5 Liter Wein trinken (Leberzirrhose),

- 1 Stunde in einem Kohlebergwerk verbringen (Staublunge),

- 3 Stunden in einem Kohlebergwerk verbringen (Unfall),

- im Jahr 1979 2 Tage in New York oder Boston leben (Luftverschmutzung),

- 2 Monate in Denver leben (Krebs durch kosmische Strahlung),

- 2 Monate mit einem Raucher zusammenleben (Krebs, Herzerkrankungen),

- 15 Jahre lang innerhalb von 32 Kilometern um ein Atomkraftwerk leben (Krebs durch Strahlung),

- 1 Jahr lang das Trinkwasser von Miami trinken (Krebs durch Chlor),

- 100 über Kohle gebratene Steaks essen (Krebs durch Benzopyren),

- 40 Esslöffel Erdnussbutter essen (Leberkrebs durch Aflatoxin B),

- 6 Minuten Kanu fahren (Unfall),

- 10 Kilometer mit dem Motorrad fahren (Unfall),

- 32 Kilometer mit dem Fahrrad fahren (Unfall),

- 370 Kilometer mit dem Auto fahren (Unfall),

- 1609 Kilometer mit dem Flugzeug fliegen (Unfall),

- 9656 Kilometer mit dem Flugzeug fliegen (Krebs durch kosmische Strahlung),

- 9656 Kilometer mit dem Zug fahren (Unfall),

- sich einer modernen Röntgenuntersuchung unterziehen (Krebs durch Strahlung),

- 1 Tablette MDMA (Ecstasy) konsumieren.

Ein Tauchgang mit Atemgerät entspricht etwa 5 Mikromorts, ein Fallschirmsprung etwa 7. Ein Kaiserschnitt zählt 170, eine Bypassoperation 16 000 Mikromorts. Das Risiko einer Besteigung des Mount Everest wurde mit 35 000 Mikromorts berechnet.

Einen unvergleichlich hohen Wert an Mikromorts hat gemeinhin das Abschlagen des Kopfes. Bei den meisten Lebewesen liegt der Wert bei 1 000 000 Mikromort. Nur bei Mike nicht. Mike lässt wegen so was den Kopf nicht hängen.

Mike, der Hahn ohne Kopf

Miracle Mike ohne Kopf, aber quicklebendig

Mike, im Englischen auch Mike the Headless Chicken oder Miracle Mike (* April 1945; † März 1947), war der Name eines Hahns, der noch 18 Monate weiterlebte, nachdem ihm der Kopf fast ganz abgeschlagen worden war. Nach der Veröffentlichung der Geschichte kamen Zweifel daran auf. Die Universität Utah bestätigte jedoch die Echtheit des Falles. Die ganze Geschichte ereignete sich wie folgt: Am Montag, dem 10. September 1945, enthauptete der Farmer Lloyd Olsen aus Fruita, Colorado, den fünfeinhalb Monate alten Hahn, da er am Wochenende seine Schwiegermutter zum Essen erwartete. Weil die verwendete Axt zu klein war, verfehlte er die Halsschlagader. Ein Ohr und der Großteil des Stammhirns blieben ebenfalls intakt, weshalb Mike nicht starb. Die erste Nacht nach der Enthauptung verbrachte der Hahn mit dem Hals unter dem Flügel. Olsen beschloss daraufhin, Mike zu verschonen. Um sich Klarheit über den Zustand des Tieres zu verschaffen, brachte er den Hahn eine Woche später zur rund 400 Kilometer weit entfernten University of Utah in Salt Lake City. Die Studenten und Professoren untersuchten das Tier und konnten erklären, warum Mike noch lebte. Da das Stammhirn, das die lebenswichtigen Funktionen des Organismus steuert, noch funktionierte, konnte der Hahn noch unsicher laufen und sich auf einer Stange halten. Er versuchte ebenfalls, sich zu putzen und zu krähen, obwohl kein Ton aus ihm herauskam. Olsen fütterte ihn mit einer Mischung aus Milch und Wasser, die er mit einer Pipette direkt in die Speiseröhre tropfte. Wenn der Hahn an seinem eigenen Schleim zu ersticken drohte, wurde der Hals von den Olsens mit einer kleinen Spritze gereinigt. In den eineinhalb Jahren, in denen er ohne Kopf lebte, nahm er über 1 Kilogramm zu. Zuletzt wog der Hahn beinahe 4 Kilogramm.

Nachdem sich die Neuigkeit herumgesprochen hatte, wurde Mike neben anderen Kuriositäten wie einem zweiköpfigen Kalb als Zirkusattraktion präsentiert. Er wurde für Dutzende Magazine und Zeitungen fotografiert. Mike konnte für 25 Cent besichtigt werden. In Spitzenzeiten verdienten die Olsens monatlich 4500 US-Dollar (heute umgerechnet 50 000 Dollar) mit dem Tier. Sein Wert wurde auf 10 000 Doller geschätzt. Der überraschende Erfolg verleitete eine ganze Reihe von Landwirten dazu, ihre Hähne auf ähnliche Weise zu köpfen. Keines der Tiere überlebte allerdings länger als ein oder zwei Tage.

Im März 1947 begann Mike mitten in der Nacht in einem Motel in Phoenix plötzlich zu würgen. Die Olsens hatten auf der Heimreise nach einer Tour vergessen, den Schleim aus seinem Hals zu entfernen, sodass der Hahn erstickte.

Wird die Erde untergehen, und wenn ja, wann?

Wikipedia lehrt uns, dass wir mit den kaum wahrnehmbaren Trippelschritten des Mikromorts dem Tod entgegenschreiten. Wir sollten in jedem Fall versuchen, nicht allzu bald auf der legendären Wikipedia-Liste der außergewöhnlichen Todesfälle zu erscheinen. Aber wie sieht es langfristig mit unserem Planeten und dem Überleben der Menschheit auf der

Erde aus? Wir müssen uns mit den existenziellen Risiken beschäftigen. Ein existenzielles Risiko für die Menschheit ist ein Ereignis, welches in der Lage ist, auf der Erde entstandenes, intelligentes Leben auszulöschen oder dessen gewünschte Entwicklung drastisch und permanent einzuschränken. Eine Vielzahl möglicher Szenarien ist denkbar.

Autoritäre Weltregierung

Eine totalitäre Weltregierung könnte durch einen globalen Genozid (Omnizid) den Fortbestand der gesamten Menschheit bedrohen oder zumindest einen Großteil der Weltbevölkerung ausrotten, während Widerstand durch massive Überwachung und die Einschränkung von Bürgerrechten gefährdet wäre.

Nuklearer Holocaust

Schon einzelne Atomsprengköpfe können Städte zerstören und Tausende Menschenleben vernichten. Bereits die Verwendung eines Bruchteils der weltweiten Arsenale könnte durch die direkte Wirkung Millionen oder gar Milliarden Menschen töten, während die Nachwirkung der Explosionen die Menschheit endgültig ausrotten könnte: Vernichtete Infrastruktur, vergiftetes Wasser, Keimbahnmutationen, ansteigende Krebsrate, ein kollabierendes Ökosystem, der Zusammenbruch sozialer Institutionen sowie ein Nuklearer Winter (die Verdunkelung und Abkühlung der Erdatmosphäre infolge der Kernwaffenexplosionen, bei denen große Mengen an Rauch, Ruß und Staub in die Atmosphäre geschleudert würden) könnten die Überlebenden der Explosionen bis zur Ausrottung dezimieren.

Umweltkatastrophen

Der Verlust von biologischer Vielfalt (Biodiversität), unter anderem durch Bejagung, Neobiota (natürlich nicht vorkommende, durch menschlichen Einfluss neu angesiedelte Tier- und Pflanzenarten) und Umweltverschmutzung könnte durch gewisse Schlüsselereignisse wie Brände, Unfälle, Seuchen, globale Erwärmung und dadurch ausgelöste Kettenreaktionen das Ende der Menschheit in Form eines globalen Ökozids zur Folge haben (Ausrottung durch die ökologische Zerstörung der natürlichen Lebensgrundlagen). Im Unterschied zur Naturkatastrophe wird die Umweltkatastrophe durch den Menschen verursacht.

Pandemien

Eine globale Pandemie, die HIV, den Schwarzen Tod (Pest) oder die Spanische Grippe an Virulenz und Letalität übertrifft, also ansteckender und tödlicher ist als diese Krankheiten, könnte das Ende der Menschheit bedeuten. Die sogenannte Quartäre Aussterbewelle, ein großes Artensterben vor ca. 50 000 bis 12 000 Jahren, könnte von einer globalen Seuche ausgelöst worden sein. Dabei starb ein Großteil der großen Säugetiere und Großvögel Amerikas, Eurasiens und Australiens aus, darunter viele sehr große, außergewöhnliche und bekannte Tierarten wie das Mammut, das Wollnashorn und die Säbelzahnkatze. Einige US-amerikanische Wissenschaftler argumentieren, dass eine hochinfektiöse und tödliche Krankheit eine Schlüsselrolle bei der Dezimierung der Megafauna in Nordamerika gespielt haben könnte. Derartige Krankheiten sind jedoch durch paläontologische Hinweise schwer zu belegen.

Bioterrorismus

Entwicklungen in der Biotechnologie, der Genetik und der Genomik haben nachhaltige Einflüsse auf die globale Sicherheit. Neuartige Erreger einer »Hyperkrankheit«, gegen die unsere Immunsysteme wehrlos sind, könnten in der Hand von Terroristen das Ende der Menschheit bedeuten. Die folgenden Krankheitserreger können bereits in ihrer natürlichen Form als Biowaffen verwendet werden.

1. *Bacillus anthracis* (Anthrax)
2. *Clostridium botulinum* (Botulismus)
3. *Yersinia pestis* (Pest)
4. *Variola major* (Pocken) und verwandte Pockenviren
5. *Francisella tularensis* (Tularämie)
6. Virales hämorrhagisches Fieber
7. Arenaviren: Junin, Machupo, Guanarito, Chapare Lassa, Lujo
8. Bunyaviren
9. Hantaviren
10. Flaviren
11. Dengue
12. Filoviren
13. Ebola
14. Marburgvirus

Genetisch modifizierte Pathogene in Biowaffen (z. B. Ebolapocken) sind sicherlich besonders geeignet, eine tödliche Pandemie zu verursachen.

Graue Schmiere

Molekulare Nanotechnologie kann zur Konstruktion von bakteriengroßen Robotern führen, die sich mithilfe anorganischer oder organischer Verbindungen selbst replizieren. Indem sie bei diesem exponentiell beschleunigenden Prozess die Biosphäre vertilgen, vergiften oder das Sonnenlicht blockieren, könnten sie den Fortbestand der Menschheit und allen Lebens auf der Erde gefährden. Sicherheitsvorkehrungen wie abgeschirmte Aufbewahrung, die Beschränkung der »Nahrung« der Roboter auf seltene Elemente oder einprogrammierte Sperren könnten die Gefahr einer derartigen Katastrophe verringern. Bei Störfällen oder dem Missbrauch der Nanoroboter als Waffe könnten diese Sperren jedoch umgangen werden.

Eskalierende globale Erwärmung

Die Freisetzung von Treibhausgasen in die Atmosphäre könnte sich als Rückkopplungsprozess erweisen, der sich zunehmend selbst verstärkt und ab einem gewissen Point of no Return weder durch Vermeidungsstrategien noch durch technische Eingriffe in die geochemischen Kreisläufe (Geoengineering) mehr gebremst werden kann. Die Erdatmosphäre könnte sich dann jener der Venus angleichen und Leben wäre unmöglich.

Neues Eiszeitalter/zweite Schneeball-Erde

Die Theorie von der »Schneeball-Erde« besagt, dass die Erde mehrmals in der Erdgeschichte eingefroren war, was zu einigen der schwersten Krisen und Massenaussterben in der Geschichte unseres Planeten geführt haben soll.

Ausbruch eines Supervulkans

Der Ausbruch eines ganzen Vulkankomplexes könnte Effekte verursachen, die mit einem Nuklearen Winter vergleichbar sind, und so den Fortbestand der Menschheit gefährden.

Meteoriteneinschlag (Impakt)

Ein Objekt mit einem Durchmesser von mehr als 500 Metern, das mit hinreichender Geschwindigkeit die Erde trifft, könnte das Ende der Menschheit bedeuten.

Gammablitze

Gammablitze sind Wellen intensiver Strahlung, die bei gewissen astronomischen Ereignissen entstehen und die sich mit Lichtgeschwindigkeit durch den Kosmos bewegen. Sollte ein derartiger Blitz die Erde treffen, würde die intensive Strahlung nicht tief in die Atmosphäre eindringen. Bei hinreichender Intensität würden jedoch Stickstoff und Sauerstoff in den Schichten der oberen Atmosphäre zu Stickstoffmonoxid verschmolzen werden, das auf Ozon einen ähnlich zersetzenden Effekt hat wie die Fluorchlorkohlenwasserstoffe (FCKW). Als Folge würde die Ozonschicht wahrscheinlich unrettbar vernichtet.

Das UV-Licht der Sonne, das dann ungebremst die Erdoberfläche erreichen könnte, würde wohl vor allem das Phytoplankton, das dicht unter der Wasseroberfläche lebt, ausrotten, was einen Kollaps des gesamten globalen Ökosystems zur Folge haben könnte.

Massive Sonneneruptionen

Sonneneruptionen sind gewaltige Materienströme (Protuberanzen) auf der Sonnenoberfläche, in deren Folge die Erde mit subatomaren Teilchen bombardiert wird, die jedoch durch das Erdmagnetfeld abgelenkt werden können. Allerdings wurden Hauptreihensterne, zu denen auch die Sonne gehört, bereits dabei beobachtet, wie sie ihre Leuchtkraft um den Faktor 20 erhöhen. Einige Forscher meinen, dass dies ein Zeichen für außergewöhnliche »Super-Protuberanzen« sein könnte. Es ist nicht auszuschließen, dass die Sonne derartige Strahlungsausbrüche zur Erde senden könnte. Diese hätten möglicherweise ähnliche Effekte auf das irdische Leben wie ein Gammablitz.

Eintritt des Sonnensystems in eine Dunkelwolke

Eine Dunkelwolke ist eine Wolke aus interstellarem Gas und Staub, die das Sonnensystem an Größe bei Weitem übertrifft und bis zu 150 Lichtjahre durchmessen kann. Wenn das Sonnensystem durch einen solchen Nebel driften sollte, könnte der kosmische Staub das Licht der Sterne verdunkeln. Des Weiteren könnte eine Dunkelwolke mit einer Dichte von 100 bis 300 Molekülen pro Kubikzentimeter die Heliosphäre, den riesigen blasenförmigen Bereich rund um unsere Sonne, der von den Sonnenwinden geschaffen und erfüllt wird, stark zusammendrücken, wodurch ihre Materie bis ins Innere des Sonnensystems gelangen und sogar die Sonne verdunkeln könnte. Dies könnte die Fotosynthese stören oder verunmöglichen. Einige Forscher vermuten einen derartigen »Nebel-Winter« hinter vergangenen Eiszeiten und Massensterben.

Aussterben durch den Einfluss von künstlicher Intelligenz

Eine überlegene künstliche Intelligenz könnte den Fortbestand der Menschheit gefährden, indem sie diese willentlich ausrottet oder im Zuge ihrer Aufgabenerfüllung oder aus Gleichgültigkeit unsere Lebensgrundlage, die Erde oder gar das Universum vernichtet.

Die Eintrittswahrscheinlichkeiten mancher Gefahren sind mit beträchtlicher Genauigkeit berechnet worden. So beträgt beispielsweise die Wahrscheinlichkeit eines Asteroideneinschlags, der das Aussterben der Menschheit zur Folge hätte, gemäß einer Risikoanalyse aus dem Jahr 2007 0,000001 (1 : 1 Million) in den nächsten 100 Jahren. Spätere Forschung legte sogar noch eine weit höhere Wahrscheinlichkeit nahe. Damit vergleichbar sind Vulkanausbrüche, die schwerwiegend genug sind, um katastrophalen Klimawandel auszulösen, ähnlich dem Ausbruch des Vulkans Toba auf der indonesischen Insel Sumatra vor rund 73 000 Jahren, der fast das Aussterben der menschlichen Spezies verursacht hat. Die Häufigkeit derartiger Vulkanausbrüche wird auf etwa einmal alle 50 000 Jahre geschätzt. Die Wahrscheinlichkeiten anderer Bedrohungen sind jedoch viel schwieriger zu berechnen. Experten der Global Catastrophic Risk Conference schätzten die generelle Wahrscheinlichkeit für das Aussterben der menschlichen Spezies innerhalb der nächsten 100 Jahre zwar auf 19 Prozent, doch es gab beträchtliche Meinungsverschiedenheiten bezüglich der relativen Bedeutung der jeweiligen Gefahren.

Das hat mich ziemlich schockiert, dass die menschliche Spezies mit einer so hohen Wahrscheinlichkeit in 100 Jahren nicht mehr existieren soll. Der amerikanische Richter Richard Posner hat argumentiert, dass wir im Allgemeinen viel zu wenig gegen Gefahren von riesigem Schadensausmaß, jedoch gering erscheinender, schwer abzuschätzender Wahrscheinlichkeit vorgehen. Deshalb unternimmt die Weltgemeinschaft kaum etwas gegen die Klimakatastrophe, setzte bei der Conora-Pandemie aber nahezu die gesamte Weltbevölkerung fest. Das unmittelbare Risiko für Leib und Leben muss offenbar einen bestimmten Wert überschreiten, damit die Weltgemeinschaft aktiv wird.

Wir können in jedem Fall auf den unbedingten Überlebenswillen der Menschen vertrauen. Und wir sollten uns alle ein Vorbild an Michael Malloy nehmen. Er ist der menschliche Mike.

Iron Mike – der Mann, der sich (fast) nicht umbringen ließ

Michael Malloy (* 1873; † 22. Februar 1933 in New York City), alias Mike the Durable (Mike, der Langlebige) und Iron Mike (Eiserner Mike), war ein ehemaliger Feuerwehrmann und obdachloser irischer Wanderarbeiter aus dem County Donegal, der während der 1920er- und 1930er-Jahre in New York City lebte.

Wie viele andere war Malloy zur Zeit der Weltwirtschaftskrise Alkoholiker und obdachlos. Fünf Männer, die mit ihm bekannt waren – Tony Marino (Barbesitzer), Joseph »Red« Murphy, Francis Pasqua, Hershey Green (Taxifahrer) und Daniel Kriesberg, taten sich 1933 zusammen, um drei von ihnen auf Malloy abgeschlossene Lebensversicherungspolicen zu erhalten. Dazu wollten sie sich Malloys Trunksucht zunutze machen und ihn dazu bringen, sich zu Tode zu trinken. Der erste Teil der Konspiration, der Versicherungsabschluss, war erfolgreich verlaufen (wahrscheinlich unterstützt durch einen korrupten Versicherungsagenten), sodass sie eine auszuzahlende Summe von mehr als 3500 Dollar (heutiger Wert: 68 921 Euro) erwartete, falls Malloy an einem Unfall sterben würde. Der Barmann Joseph Murphy ließ die Policen auf einen »Nicolas Mellory, Florist« ausstellen, Begünstigter sollte sein »Bruder« Joseph Mellory (Murphy) sein. Zwischen 1928 und 1932 gab es in New York ca. 780 Todesfälle durch Alkoholvergiftungen (Panscherei), da sollte das Opfer Nicolas Mellory nicht weiter auffallen.

Marino war Besitzer einer sogenannten Flüsterkneipe (engl. *speakeasy*) in der New Yorker 3rd Avenue und gab Malloy in der Annahme, dieser würde sich zu Tode trinken, für das Vorhaben unbegrenzten Kredit. Aber obwohl Malloy die meiste Zeit trank, wenn er wach war, brachte es ihn nicht um. Um das zu ändern, tauschten sie den Schnaps gegen Frostschutzmittel aus, aber Malloy trank auch das anstandslos, bis er bewusstlos war, und kam nach dem Aufwachen zurück, um mehr zu trinken.

Danach ersetzten sie das Frostschutzmittel durch Terpentin, gefolgt von Pferde-Liniment, und schließlich mischten sie Rattengift unter seine Getränke. Malloy lebte aber immer noch und kam nach dem Ausschlafen seines Rausches jedes Mal wieder zurück in die Kneipe.

Tony Marinos No-Name-Flüsterkneipe in der 3rd Avenue

Die Gruppe versuchte es dann mit rohen Austern, getränkt in Methanol (Alkohol, der aus Holz destilliert wurde und giftig ist). Diese Idee kam offenbar von Pasqua, der einmal einen Mann hatte sterben sehen, der eine in Whiskey eingelegte Auster gegessen hatte. Danach servierten sie ihm ein Sandwich mit verdorbenen Sardinen, versetzt mit Gift und Teppichnägeln. Malloy aß auch dies, ohne daran zu sterben.

Nachdem es inzwischen unwahrscheinlich schien, dass Malloy an irgendetwas sterben würde, was er einnahm, wollten sie ihn erfrieren lassen. In einer Nacht, als die Temperatur unter –26 °C sank – Malloy trank wieder bis zum Umkippen –, brachten sie ihn in den Crotona Park, nahe dem Bronx Zoo, warfen ihn in den Schnee und übergossen seinen nackten Oberkörper mit 20 Liter Wasser. Trotzdem erschien Malloy, sichtlich unbeeindruckt und nichts ahnend, am nächsten Tag erneut zum Trinken. Kriesberg beschloss, den nächsten Anschlag auf Malloys Leben drastisch zu verrohen, und Green überfuhr ihn mit seinem Taxi mit einer Geschwindigkeit von 72 km/h. Bewusstlos auf dem Bürgersteig liegend wurde Malloy von zwei Polizisten entdeckt, die ihn mit gebrochenen Knochen in das Fordham-Hospital in der Bronx einliefern ließen. Dies brachte ihm zur Winterzeit eine dreiwöchige »Erholungspause« und Schutz vor seinen Attentätern ein. Die Gang ging davon aus, dass Malloy tot war – er erschien für längere Zeit nicht in der Bar –, konnte aber die Policen nicht einlösen, da keine Todesmeldung vorlag. Als er nach seinem Krankenhausaufenthalt erneut in der Bar erschien, entschieden sie sich zu einem letzten Versuch.

Am 22. Februar 1933, nachdem Malloy mal wieder ohnmächtig am Tresen zusammengesackt war, brachten sie ihn in Murphys Zimmer in der Fulton Avenue Nr. 1210, steckten ihm einen Schlauch in den Mund, der mit dem Stadtgas-Anschluss verbunden war, und drehten den Hahn auf. Diese Methode brachte Malloy innerhalb einer Stunde um. Sein Tod wurde von Dr. Frank Manuela, einem Freund Pasquas, mit »Lobärpneumonie (Lungenentzündung)« anstelle der eigentlichen Todesursache Kohlenstoffmonoxidintoxikation (Kohlenmonoxidvergiftung) angegeben und er wurde eiligst von Pasqua beerdigt.

Totenschein von »Nicolas Mellory« (Mike Malloy)

Obwohl die Gang nun endlich am Ziel ihrer Pläne war, scheiterte sie daran, die Beute gerecht aufzuteilen. Schließlich hörte die Polizei Gerüchte über den Tod von »Mike the Durable« in den Flüsterkneipen überall in der Stadt und ließ seine Leiche exhumieren und einer nachträglichen Autopsie unterziehen. Die Autopsie ergab, dass Malloy keines natürlichen Todes gestorben, sondern ermordet worden war.

Man kam den fünfen schnell auf die Spur; sie wurden gefasst, vor Gericht gestellt und verurteilt. Green erhielt als Einziger eine Gefängnisstrafe; alle weiteren wurden zum Tod auf dem elektrischen Stuhl verurteilt.

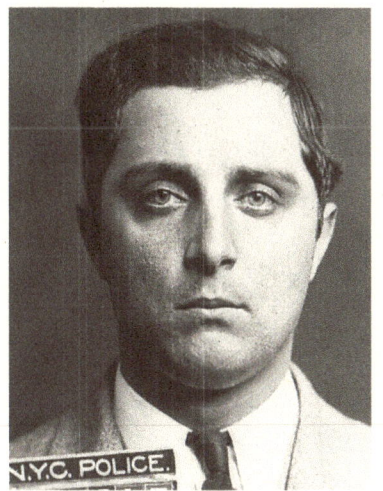

Frank Pasqua, der Bestatter
(Polizeifoto)

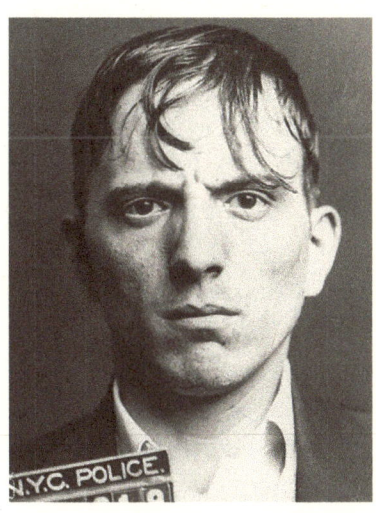

Der Barbesitzer Tony Marino
(Polizeifoto)

Verrückte Geschichte, oder? Ich habe sogar noch Mikes weibliches Pendant gefunden. Auch Violet hat sich nicht so leicht unterkriegen lassen. Die Krankenschwester hatte kein gutes Händchen bei der Auswahl ihres Arbeitsplatzes.

Violet, »the unsinkable«

Violet Jessop als Rote-Kreuz-Schwester 1915

Am 20. September 1911 war Violet Jessop an Bord der *Olympic*, als diese mit dem britischen Kreuzer HMS *Hawke* kollidierte. Beide Schiffe wurden stark beschädigt, sanken jedoch nicht.

Sieben Monate später, am 10. April 1912, war sie eines der lediglich 23 weiblichen von insgesamt 897 Besatzungsmitgliedern an Bord der *Titanic*. Als Stewardess betreute sie die Damen der ersten Klasse in ihren zwölf Kabinen. Nach dem Zusammenstoß des Schiffes mit einem Eisberg nach vier Tagen Fahrt im Nordatlantik sank die *Titanic* mit einem erheblichen Verlust an Menschenleben. Jessop gelangte in das Rettungsboot Nr. 16 und wurde acht Stunden später von dem Passagierschiff RMS *Carpathia* aufgenommen, das die Überlebenden nach New York brachte.

Im Ersten Weltkrieg arbeitete Jessop als Krankenschwester für das Britische Rote Kreuz. 1916 war sie an Bord der HMHS *Britannic* stationiert. Am 21. November des Jahres befand sich das Schiff im griechischen

Mittelmeerraum und sank aufgrund einer Explosion, die wahrscheinlich von einer deutschen Seemine herrührte. Violet Jessop saß in einem der beiden Rettungsboote, die in die noch rotierenden Schiffsschrauben gezogen wurden, konnte aber im letzten Moment herausspringen. Obwohl sie unter Wasser mit dem Kopf gegen den Kiel des sinkenden Schiffes schlug, schaffte sie es noch aufzutauchen, sodass sie von der Besatzung eines anderen Rettungsbootes gerettet werden konnte.

Violet starb übrigens erst 1971 im Alter von 83 Jahren. Das Unglück der *Titanic* ist weniger lang her, als es sich anfühlt. Nur 30 Jahre nachdem die vermutlich letzte verbliebene erwachsene *Titanic*-Überlebende hinschied, riefen Jimmy Wales und Larry Sanger am 15. Januar 2001 Wikipedia als Folgeprojekt ihres Online-Lexikons Nupedia ins Leben. Die Vision war ganz unbescheiden: das gesammelte Wissen der Menschheit für jeden frei zugänglich zu machen.

Der Name Wikipedia ist ein launiges Amalgam aus *wiki* (hawaiianisch für »schnell«) und *encyclopedia* (englisch für »Enzyklopädie«). Wikipedia liegt mittlerweile auf Platz 5 der größten Websites der Welt – allein die deutschsprachige Ausgabe wird über eine Milliarde Mal pro Monat aufgerufen. Es gibt mehr als 300 unterschiedliche Sprachversionen von Afar und Ainu über Cakchiquel und Hakha Chin bis Wilmesaurisch (das ist übrigens eine schlesische Mikroliteratursprache).

Die deutsche Wikipedia umfasst 2,41 Millionen Artikel, an denen rund 200 000 Wikipedianer mitgewirkt haben. Die größte Sprach-Wiki weltweit ist natürlich die englische Ausgabe, gefolgt von Cebuano, einer philippinischen Sprache (gesprochen auf der Insel Cebu), und dem Schwedischen. Der erste deutschsprachige Artikel handelte von der Polymerase-Kettenreaktion (PCR), einer Methode, um die Erbsubstanz DNA im Reagenzglas zu vervielfältigen. Der am häufigsten angeklickte Artikel des Jahres 2019 war »Avengers: Endgame« mit 44,24 Millionen Besuchen. 2014 gab der *Brockhaus*, der 200 Jahre lang das Maß aller Nachschlagewerke war, sein Aus bekannt. »Du musst heutzutage nichts mehr wissen«, sagt Jimmy Wales. »Du musst nur wissen, wo es steht.«

Stille Helden und böse Schurken

In den Weiten von Wikipedia stoße ich auf erstaunlich viele schlaue und wunderbare Menschen, von denen ich noch nie zuvor etwas gehört habe. Viele wurden zu Lebzeiten nicht angemessen wertgeschätzt. Loukas Karrer, der Bürgermeister der griechischen Insel Zakynthos, wurde von den deutschen Besatzungstruppen aufgefordert, eine Liste mit allen jüdischen Bewohnern der Insel zu erstellen. Karrers Liste enthielt nur zwei Namen: seinen und den des Erzbischofs der Insel. Die Juden versteckte er bei Bauern auf dem Land. Kein einziger kam ums Leben. Mosab, der Sohn des Hammas-Gründers Hassan Yousef, informierte den israelischen Geheimdienst und verhinderte unzählige Anschläge. Der polnische Priester Maximilian Kolbe starb 1941 im Konzentrationslager Auschwitz, als er freiwillig den Platz eines zum Tode verurteilten Mithäftlings annahm. Sergeant Kevin Briggs rettete Hunderten Menschen das Leben, seit er auf der Golden-Gate-Brücke Streife geht, die als eine der beliebtesten Stellen für Selbstmörder gilt.

Manche dieser stillen Helden starben sogar in Ungnade.

Der Hygienepionier

Ignaz Philipp Semmelweis (* 1. Juli 1818 in Buda; † 13. August 1865 in Oberdöbling bei Wien) war ein ungarndeutscher Chirurg und Geburtshelfer im damaligen Kaisertum Österreich.

Semmelweis führte das häufigere Auftreten von Kindbettfieber in öffentlichen Kliniken im Vergleich zur privaten Entbindung auf mangelnde Hygiene bei Ärzten und Krankenhauspersonal zurück und bemühte sich, Hygienevorschriften einzuführen. Die Ursache der Infektion – die Übertragung von Bakterien – war damals noch nicht bekannt. Die Mediziner führten täglich klinische Sektionen an den Leichen der Patientinnen durch, die am Kindbettfieber verstorben waren. Anschließend untersuchten sie die Gebärenden während der Entbindung, ohne sich die Hände zu desinfizieren, und übertrugen infektiöses Material. Semmelweis' Studie von 1847/48 gilt heute als erster praktischer Fall von evidenzbasierter Medizin (auf empirische Belege gestützte Heilkunde) und als Musterbeispiel für eine methodisch korrekte Überprüfung wissenschaftlicher Hypothesen.

Ignaz Philipp Semmelweis, Kupferstich von Jenő Doby, 1860

Zu seinen Lebzeiten wurden die Erkenntnisse jedoch nicht anerkannt und von Kollegen als »spekulativer Unfug« abgelehnt. Nur wenige Ärzte unterstützten Semmelweis, da Hygiene als Zeitverschwendung und unvereinbar mit den damals geltenden Theorien über Krankheitsursachen angesehen wurde. Semmelweis starb im Alter von 47 Jahren in Wien unter nicht näher geklärten Umständen während eines zweiwöchigen Aufenthalts in der psychiatrischen Klinik »Landesirrenanstalt Döbling« bei Wien. Zahlreiche Widersprüche und Ungereimtheiten deuten neben dem Exhumierungsbericht aus dem Jahr 1963 und Motiven für seine Beseitigung auf willkürliche Psychiatrisierung und ein darauf folgendes Tötungsdelikt.

Es gibt viele solche Helden, die nie erfahren durften, welche Bedeutung ihr Schaffen noch erlangen sollte. Der Schriftsteller Stieg Larsson brach mit seiner *Millennium*-Trilogie alle Rekorde, es wurden mehr als 15 Millionen Bücher verkauft. Aber erst nach seinem Tod. Vincent van Gogh verkaufte zu Lebzeiten nur ein einziges Gemälde. Sein Leben lang unterstützte ihn sein Bruder Theo. Am 27. Juli 1890 schoss sich van Gogh eine Kugel in die Brust und starb zwei Tage später. Der Maler Jackson Pollock litt unter Alkoholismus und gab sogar die Malerei auf. Er ahnte nicht, dass sein Bild *No. 5, 1948* eines Tages mit 140 Millionen Euro das teuerste Bild der Welt werden sollte. (Inzwischen wurde es von dem für 450,3 Millionen US-Dollar verkauften Bild *Salvator Mundi* von Leonardo da Vinci auf Platz 2 verwiesen.)

Der hawaiianische Sänger Israel Kamakawiwo'ole (nennen wir ihn Iz wie seine Freunde) sang die schönste Version des Evergreens »Over the rainbow«. Leider verstarb er an krankhafter Fettsucht (343 Kilo) im Alter von nur 38 Jahren, bevor sein Lied zum Welthit wurde.

Die deutsche Wikipedia (Stand Mai 2020) enthält 763 739 Biografien von Albert von der AA (Schweizer Politiker) bis Joseph Anthony ZZiwa (ugandischer Priester). Jack Lemmon wurde in einem Fahrstuhl geboren, Bruce Willis in Deutschland. Udo Lindenberg, Marius Müller-Westernhagen und Otto Waalkes lebten Anfang der 1970er-Jahre gemeinsam in einer WG. Ein New Yorker Obdachloser durfte sich noch zu Lebzeiten über eine gewisse Anerkennung freuen. Seine Lebensgeschichte, die mich besonders berührt hat, ist die eines Straßenmusikers, der die Welt verzauberte: Moondog.

Ein besonderes Musikerleben

Louis Thomas Hardin wurde 1916 als Sohn eines Wanderpredigers der Episkopalkirche und einer Lehrerin geboren. Im Alter von 16 Jahren verlor Hardin das Augenlicht bei einer Explosion, als er mit einer Dynamitkapsel hantierte, die bei einer Überschwemmung zwischen Eisenbahngleisen angespült worden war. Auf einer Blindenschule in Iowa kam er mit klassischer Musik in Berührung und erhielt seine erste musikalische Ausbildung. Rückblickend verstand Hardin den Unfall als Chance: »Ohne den Unfall hätte ich wohl nie die Möglichkeit bekommen, Musiker zu werden.« Er lernte Violine, Viola, Piano, Orgel, Chorgesang und Harmonielehre und las, was ihm zum Thema Musik in Blindenschrift zugänglich war.

1943 zog es Hardin in den Big Apple, wo er als dichtender und musizierender Obdachloser auf der Straße lebte. Den Namen »Moondog« legte er sich 1947 zu, nach seinem Blindenhund, der, so Hardin, »mehr als jeder andere Hund, den ich kannte, den Mond anheulte«.

Bis in die frühen 1970er-Jahre war er meistens in Manhattan an der Ecke 6th Avenue/54th Street anzutreffen. Er schlug die Trommel, spielte seine Kompositionen auf einer Zither, trug kleine Gedichte vor, durchweg in der klassisch-strengen Form der Couplets, gereimter Verspaare, und verkaufte sie an Passanten. Fasziniert von der Lektüre der *Edda*, legte er sich eine Wikingerkluft zu. Alte Fotos zeigen den Verehrer nordischer Mythologie mit wallendem Bart, weitem Umhang, langem Speer und gehörntem Helm. Von manchen Passanten wohl als exzentrischer Sonderling oder gar Scharlatan beargwöhnt, von zahlreichen Künstlern aber hochgeachtet, wurde Moondog bald zu einer Institution im Straßenbild von Manhattan. Zu den Anekdoten, die um ihn kursieren, gehört jene, wonach das »Hilton«-Hotel in der *New York Times* Anzeigen schaltete, in denen es seine Adresse mit »gegenüber von Moondog« angab.

Wenn Hardin auch die Straße zu seinem Zuhause machte, war er nicht sozial isoliert und kein Stadtstreicher. Er lernte auf der Straße Musiker der New Yorker Philharmoniker kennen, die ihn ihrem Dirigenten Artur Rodziński vorstellten. Der lud ihn ein, den Orchesterproben in der Carnegie Hall beizuwohnen, wo Moondog dann jahrelang ein und aus ging und viel über Orchestrierung lernte. Er begegnete Arturo Toscanini, Igor Strawinski und Leonard Bernstein. Für Bernstein war er »dieses seltsame Genie, das da unten an der Ecke steht«. An seiner Straßenecke traf er mit dem Jazz-Saxofonisten Charlie Parker zusammen, der ihm vorschlug: »You and I should make a record together« – ein Vorhaben, das durch Parkers plötzlichen Tod vereitelt wurde.

1949/50 erschienen Moondogs erste Schallplattenaufnahmen, auf denen er singt und Oboe, Klarinette, Maracas, Claves, Kalebassen-Rasseln sowie andere Schlaginstrumente spielt.

Unvermittelt verschwand Moondog aus New Yorks Straßen. Manche hielten ihn für tot. In einer TV-Talkshow bedauerte Paul Simon von Simon & Garfunkel, mit Moondog sei eines seiner großen musikalischen Vorbilder verstorben. Tatsächlich war Moondog auf Vermittlung eines Freundes, des Organisten Paul Jordan, 1974 vom Hessischen Rundfunk zu zwei Konzerten unter der Überschrift »Bach, Moondog & Bach« in der Peterskirche in Weinheim und in Frankfurt am Main eingeladen worden und danach in Deutschland geblieben: »Ich wollte ursprünglich gleich nach dem Konzert zurück. Als ich aber hier war, da war ich so beeindruckt von den Menschen, von ihrer Freundschaftlichkeit, ihrer Wärme, der ganzen Atmosphäre, dass ich mich entschieden habe, nicht mehr in die USA zurückzugehen.«

In Hamburg, Hannover und wenig später in Recklinghausen setzte er zunächst sein Straßenmusikerleben fort, trommelte in den Fußgängerzonen und verkaufte seine Gedichte.

1977 sprach ihn an seinem Stammplatz in der Recklinghauser Altstadt die Studentin Ilona Goebel (* 1951, später Ilona Sommer) an und lud ihn, zunächst für ein paar Tage, in das elterliche Haus im Nachbarort Oer-Erkenschwick ein: »Mein elf Jahre alter Bruder wollte ihn zu Weihnachten zum Essen nach Hause einladen, weil er ihm so leidtat. Aber keiner aus der Familie traute sich, ihn zu fragen. Und dann sah ich eine

Platte mit seiner Musik – Orchesterstücke, gespielt von 45 Musikern, mit einer Menge Solisten. Die kaufte ich. Als ich seine Musik zum ersten Mal hörte, war ich ergriffen. Ich konnte nicht glauben, dass jemand, der solche Musik schreiben kann, so leben muss wie er. Da lud ich ihn nach Hause ein.«

Ilona redete ihm die Wikingerkluft aus und brachte ihn auf den Geschmack eines bürgerlichen Lebens. Sie gab ihr Geologie-Studium auf, nahm ihn in ihre Obhut und machte das Haus in Oer-Erkenschwick für Louis Hardin zur kreativen Stätte des Komponierens. Sie lernte, seine Kompositionen aus der Blinden- in normale Notenschrift zu übertragen, begleitete Moondog fortan bei seinen Konzertauftritten und gründete den Musikverlag Managarm. In den späten 1970er-Jahren brachte das Label Kopf Records drei Moondog-LPs heraus.

15 Jahre nach seinem Weggang aus den USA erlebte Moondog 1989 in New York ein viel beachtetes Comeback. Das zehnte New Music America Festival hatte ihn eingeladen, am 16. November unter dem Motto »Meet The Moderns« in der Brooklyn Academy of Music einige seiner Kompositionen vorzutragen.

Das Medienecho auf Moondogs Rückkehr war überschwänglich. Die *New York Times* und die Wochenzeitschrift *People* begrüßten ihn in ausführlichen Beiträgen. In einer Rezension des Konzertes in der New Yorker Tageszeitung *Newsday* hieß es: »Nur neun kurze Nummern des blinden, gabelbärtigen Moondog machten den Abend lebendig. Für den 75-Jährigen könnte das New Yorker Comeback erst den Anfang einer neuen Karriere bedeuten.« CBS und ROOF Music wiederveröffentlichten seine früheren Platten als CDs.

1992 legte Moondog ein neues Album vor: *Sax Pax For a Sax*, eingespielt im englischen Bath mit dem Ensemble London Saxophonic, das in Großbritannien und in Deutschland wahre Begeisterungsstürme auslöste, u. a. auf der Documenta in Kassel und beim Moers Festival. An der Produktion waren neben David Lord als Produzent mit Danny Thompson und Peter Hammill weitere Größen der englischen Musikwelt beteiligt.

1999 starb Moondog in Münster an Herzversagen. Ilona Sommer starb 2011 in Münster und wurde in der gleichen Grabstätte wie Moondog bestattet.

Moondogs Grabmal auf dem Zentralfriedhof in Münster,
gestaltet durch Ernst Fuchs nach der Totenmaske

Neben solchen Beispielen gibt es das Gegenteil: Menschen, bei denen erst im Nachhinein klar wird, dass sie die Welt nicht nur zum Guten verändert haben. Ich bin erstaunt, wie oft es einzelne Personen waren, die mit ihrer Überzeugung das Weltgeschehen maßgeblich beeinflussten. Im Guten wie im Schlechten. So lässt sich zum Beispiel das jahrzehntelange weltweite Verbot von Cannabis auf das Wirken eines einzigen Politikers zurückführen.

Für die Freunde des gepflegten Kiffens dürfte Harry Anslinger der Feind Nummer eins gewesen sein.

Die Spaßbremse mit der Doppelmoral

Harry Jacob Anslinger (* 20. Mai 1892 in Altoona, Pennsylvania; † 14. November 1975 in Hollidaysburg, Pennsylvania) war ein US-amerikanischer Diplomat deutsch-schweizerischer Herkunft. Ab 1930 war er Vorsitzender des Federal Bureau of Narcotics (FBN) und einer der treibenden Befürworter einer Cannabis-Prohibition. Er lehnte die Nutzung von Opium und Hanf auch zu medizinischen Zwecken ab und setzte sich als Mitglied der Drogenkommission der Vereinten Nationen in den 1960er-Jahren für ein weltweites Verbot des Cannabis-Anbaus ein.

Anslinger versuchte von Beginn seiner Amtszeit an, Drogen wie Cannabis und Opium in den Zuständigkeitsbereich seiner Behörde zu manövrieren. Erste Versuche scheiterten jedoch aufgrund fehlender Unterstützung der American Medical Association, woraufhin Anslinger begann, Öffentlichkeitskampagnen gegen die von ihm abgelehnten Drogen zu führen. Er argumentierte nicht nur mit gesundheitlichen Aspekten, sondern band auch Vorurteile ein, unterstellte etwa Schwarzen, Mexikanern und anderen Minderheiten, denen der Großteil des Konsums zugeschrieben wurde, im Rausch weiße Frauen zu vergewaltigen. Es folgte eine regelrechte Flut an Zeitungsartikeln und öffentlichen Stellungnahmen während der gesamten 1930er-Jahre.

1936 entstand der bekannte Anti-Drogen-Film *Reefer Madness*, welcher 1937 von entsprechenden Plakaten begleitet in die Kinos kam. Darin fallen Highschool-Schüler nach Cannabis-Konsum dem Wahnsinn anheim, verursachen Verkehrsunfälle oder begehen Suizid. Im Jahr 1937 fasste Anslinger seine gesammelten Ansichten zu Marihuana in einem Artikel mit dem Titel »Marihuana – Assassin of Youth« (»Marihuana – Mörder der Jugend«) für das *American Magazine* zusammen. Im August desselben Jahres wurde der Marihuana Tax Act von 1937 von

Präsident Franklin D. Roosevelt unterzeichnet, um zwei Monate später in Kraft zu treten.

Im November 1942 setzte Anslinger schließlich auch das Verbot pharmazeutischer Cannabis-Produkte durch. Synthetisches THC blieb von dem Verbot unberührt. Paradoxerweise war Anslinger im selben Jahr als Mitglied eines Geheimkomitees im Auftrag des Office of Strategic Services (OSS), eines Nachrichtendienstes des Kriegsministeriums, auf der Suche nach einer Wahrheitsdroge und an Experimenten mit den verschiedensten Drogen an teils ahnungslosen Probanden beteiligt. Die Öffentlichkeit erfuhr davon erst 40 Jahre später, sieben Jahre nach Anslingers Tod.

Durch seine Beorderung in die UN-Drogenkommission 1947 wurde das weltweite Verbot des Cannabis-Anbaus forciert, welches schließlich in Form des Einheitsabkommens über die Betäubungsmittel 1961 festgeschrieben wurde. Dieser völkerrechtliche Vertrag ist weiterhin gültig und verbietet diverse Drogen.

Mit noch schlechteren Karma-Werten muss sich Pedro Filho zufriedengeben. Er ist die vielleicht gruseligste Figur der Neuzeit. Überraschend, mit welch katastrophalem Führungszeugnis man in Brasilien frühzeitig aus dem Gefängnis entlassen werden kann.

Der Killerkiller

Pedro Rodrigues Filho (* 17. Juni 1954 in Santa Rita do Sapucai, Brasilien), auch bekannt als Little Peter the Killer, ist ein brasilianischer Serienmörder, der 70 Menschen, darunter seinen Vater, ermordete und dafür zu einer 128-jährigen Gefängnisstrafe verurteilt wurde. Er selbst gibt an, über 100 Menschen getötet zu haben.

Filho wurde auf einer Farm in Santa Rita do Sapucaí in Brasilien geboren. Sein Schädel war aufgrund der Misshandlung seiner Mutter während der Schwangerschaft deformiert. Nach eigenen Angaben empfand er das erste Mal den Drang zu töten, als er 13 Jahre alt war und mit seinem älteren Cousin kämpfte, den er unter eine Zuckerrohrpresse stieß und so beinahe umbrachte. Im Alter von 14 Jahren ermordete er dann den Vize-Bürgermeister der Stadt Alfenas, da dieser Filhos Auffassung nach seinen Vater schlecht behandelt hatte. Kurz darauf ermordete er einen Kollegen seines Vaters.

Daraufhin reiste er nach São Paulo, wo er Raubüberfälle beging und eine Fehde mit Drogenhändlern begann, von denen er mindestens zehn ermordete. Als er im Gefängnis saß, traf er auf seinen Vater, der seine Mutter mit einer Machete ermordet hatte. Aus Rache erschlug er ihn und schnitt ihm das Herz aus der Brust, um Stücke davon zu vertilgen.

Insgesamt ermordete er im Gefängnis 47 weitere Insassen.

Am 24. April 2007 wurde er vorzeitig aus dem Gefängnis entlassen. Seit dem 15. September 2011 verbüßt er eine Gefängnisstrafe wegen Freiheitsberaubung.

Ich habe das noch einmal nachrecherchiert, der Mord an seinem Vater und die anschließende Leichenfledderei fanden tatsächlich in einem Gefängnis statt. So was kann man als Wärter schon mal übersehen. Was im Wikipedia-Eintrag noch fehlt, ist die Anekdote, dass Filho nach seiner Festnahme auf dem Weg zur Polizeistation im Polizeiwagen einen mitfahrenden Vergewaltiger tötete. In brasilianischen Medien wird er übrigens verehrt, weil er viele andere Kriminelle zur Strecke brachte.

Das soll alles nicht darüber hinwegtäuschen, durch welch elend langweilige Artikel ich mich kämpfen muss. Gefühlt eine Myriade. Der Begriff geht auf das altgriechische Wort μυριάς *(myrias)* für die Zahl 10 000 zurück, bezeichnet in unserem Sprachgebrauch aber schlicht eine sehr große, unzählbare Menge.

Der Flughafen Raad ist ein ehemaliger Militärflugplatz im Südosten Estlands. Zuletzt landete hier 1996 ein Flugzeug. Die aserbaidschanische Sportschützin Irada Asumova gewann 2004 eine olympische Bronzemedaille mit der Sportpistole. Bei den Olympischen Spielen 2000 belegte sie übrigens den 45. Platz mit der Luftpistole. Hochkarschacht ist die drittgrößte Höhle Niederösterreichs. Die Liste der denkmalgeschützten Objekte der slowakischen Gemeinde Klokoč im Okres Detva enthält neben dem Glockenturm auch ein Kreuz.

Und plötzlich stolpere ich wieder über eine faszinierende Geschichte. Da wollen sich sechs Staaten zum größten Land Afrikas zusammenschließen, demnächst vermutlich mit mehr Einwohnern als die Vereinigten Staaten, und ich lese davon zum ersten Mal …

Die vereinigten Staaten von Ostafrika

Die Länder der Ostafrikanischen Föderation

Die Flagge der Ostafrikanischen Union

Die Ostafrikanische Föderation ist eine mögliche Vereinigung der sechs unabhängigen Staaten Burundi, Kenia, Ruanda, Südsudan, Tansania und Uganda zu einem einzigen, föderativ organisierten, souveränen Staat in Ostafrika. Mit 2 467 202 Quadratkilometern wäre die Ostafrikanische

Föderation das größte Land in Afrika und das zehntgrößte der Welt. Seine Bevölkerung von ca. 185 Millionen Einwohnern würde es zur zweitgrößten Nation in Afrika und zur achtgrößten der Welt machen. Der neue Staat hätte eine sehr junge und stark wachsende Bevölkerung, die bis 2050 auf ca. 400 Millionen ansteigen könnte, womit es die Einwohnerzahl der Vereinigten Staaten übertreffen würde. Christen würden die Bevölkerungsmehrheit stellen, wobei es bedeutende muslimische und animistische Minderheiten gäbe. Der Staat hätte eine große Vielfalt an verschiedenen ethnischen Gruppen.

Suaheli wäre die Verkehrssprache und die Amtssprache wäre Englisch. Die vorgeschlagene Hauptstadt ist die tansanische Stadt Arusha, die nahe der kenianischen Grenze liegt und ein diplomatisches Zentrum darstellt. Arusha ist der derzeitige Hauptsitz der Ostafrikanischen Gemeinschaft (East African Community, EAC), die 2000 von Kenia, Uganda und Tansania gegründet wurde und der seit 2007 auch Burundi und Ruanda sowie seit 2016 der Südsudan angehören. Große und bedeutende Städte wären Daressalam (Tansania), Nairobi (Kenia), Kampala (Uganda), Bujumbura (Burundi), Kigali (Ruanda), Mombasa (Kenia) und Juba (Südsudan).

Gliedstaaten				
Name	Fläche in km²	Einwohnerzahl (2017)	BIP in Mrd. Int. US$ (2017)	BIP in Int. US$ pro Kopf (2017)
Burundi	27 834	10 864 245	7990	736
Kenia	580 367	49 699 862	163,632	3292
Ruanda	26 338	12 208 407	24,948	2044
Südsudan	644 329	12 575 714	20,730	1695
Tansania	945 087	57 310 019	163,993	2948
Uganda	241 040	42 862 958	80,076	1868
Gesamt	2 464 995	185 521 205	461,369	2486

Im September 2018 wurde ein Ausschuss gebildet, der mit der Ausarbeitung einer gemeinsamen Verfassung beginnen soll. Ein erster Entwurf soll im Jahr 2021 vorliegen. Die Einführung einer gemeinsamen Währung ist für 2023 geplant.

Meine Tour durch die Tiefen von Wikipedia offenbart, wie irrtümlich unsere Wahrnehmung ist. Wir ahnen gar nicht, wie viele unaufregende Künstler und Sportler es gibt. Wie viele Orte ohne Sehenswürdigkeiten, Tiere ohne Besonderheit, Pflanzen, die sich kaum von anderen unterscheiden. Abende mit Wikipedia können auch langweilig sein.

Wie viele wundersame Farben es gibt von Phthalogrün über Paynesgrau und Krapplack bis Venezianischrot (das eigentlich eher braun ist). Wir kennen ein kleines Stückchen der Realität und entwickeln daraus unsere eigene Realität. Wird dieses Konstrukt erschüttert, weil es sich mit der äußeren Realität nicht in Einklang bringen lässt, schaffen wir uns lieber eine neue Realität, als dass wir unsere Weltsicht aufgeben würden. Ich stoße auf psychologische Phänomene, welche die Welt besonders prägen und eindrücklich erklären, warum sich die Mitmenschen gelegentlich so wundersam verhalten.

Die Wunderwelt der menschlichen Wahrnehmung

In Äsops Fabel *Der Fuchs und die Trauben* möchte der Fuchs Trauben fressen, ist jedoch unfähig, sie zu erreichen. Statt sich sein Versagen einzugestehen, wertet er die Trauben ab als »zu sauer und nicht der Mühe wert«, behauptet also, sie gar nicht erreichen zu wollen. Wettende rechnen, nachdem sie ihre Wette platziert haben, mit höheren Gewinnchancen als vor dem Bezahlen. Dieselbe Tätigkeit wird positiver bewertet, wenn sie auf Aufforderung eines unfreundlichen Menschen geschieht, als wenn sie einem freundlichen Menschen zuliebe getan wird. Willkommen in der wunderbaren Welt der Denkfehler.

Der Fuchs und die Trauben: Der Fuchs verspürt den Wunsch
nach süßen Trauben. Zugleich bemerkt er ihre Unerreichbarkeit.
Die Dissonanz löst er mit der Überzeugung, die Trauben seien ohnehin sauer.

Kognitive Dissonanz

Kognitive Dissonanz bezeichnet in der Sozialpsychologie einen als unangenehm empfundenen Gefühlszustand. Er entsteht dadurch, dass ein Mensch unvereinbare Kognitionen hat (Wahrnehmungen, Gedanken, Meinungen, Einstellungen, Wünsche oder Absichten). Kognitionen sind mentale Ereignisse, die mit einer Bewertung verbunden sind. Zwischen diesen Kognitionen können Konflikte (»Dissonanzen«) entstehen.

Kognitive Dissonanz tritt unter anderem auf,

- wenn man eine Entscheidung getroffen hat, deren Alternativen ebenfalls attraktiv waren;

- wenn man eine Entscheidung getroffen hat, die sich anschließend als Fehlentscheidung erweist;

- wenn man erkennt, dass eine begonnene Sache anstrengender oder unangenehmer wird als erwartet;

- wenn man große Anstrengungen auf sich genommen hat, nur um dann festzustellen, dass das Ergebnis den Erwartungen nicht gerecht wird;

- wenn man sich entgegen seiner Überzeugungen verhält, ohne dass es dafür eine externe Rechtfertigung (Nutzen/Belohnung oder Kosten/Bestrafung) gibt.

Vier Schritte müssen durchlaufen werden, damit kognitive Dissonanz entsteht:

1. Verhalten und Einstellung werden als widersprüchlich empfunden;
2. das Verhalten geschah freiwillig;
3. physiologische Erregung tritt ein;
4. das Verhalten wird für die Erregung verantwortlich gemacht.

Da Dissonanz als unangenehm empfunden wird, versuchen Personen, die Kognitionen in Einklang zu bringen (sie in eine »konsonante«, harmonische Beziehung zu bringen), um den negativen Gefühlszustand zu beenden. Die Dissonanzauflösung kann an jedem der vier Entstehungsschritte ansetzen:

1. Das zugrunde liegende Problem wird gelöst. Häufig ist es dabei notwendig, den Blickwinkel zu ändern, um neue Lösungswege zu erkennen. Mit der Lösung verschwindet auch die Dissonanz.
2. Die Wünsche, Absichten oder Einstellungen werden aufgegeben *(Der Fuchs und die Trauben)* oder auf ein erreichbares und somit konfliktärmeres Maß gebracht.
3. Die physiologische Erregung wird gedämpft, z. B. durch Sport, ausgleichende Aktivitäten, Ruhe, Vermeidung von Stress, Meditation oder auch den Konsum von Alkohol, Beruhigungsmitteln, Tabak oder anderen Drogen.

Auch Scheinlösungen, Illusionen und Ausreden können Spannungen reduzieren:

1. Die Erregung wird auf andere Ursachen zurückgeführt. (»Die Scheinheiligkeit der Leute nervt mich.«)
2. Der Widerspruch zwischen Verhalten und Einstellung wird heruntergespielt. (»So schlimm ist mein Verhalten nun auch wieder nicht.«)

3. Das Verhalten wird als erzwungen dargestellt. (»Ich musste so handeln.«)
4. Nichtwahrnehmen, Leugnen oder Abwerten von Informationen.
5. Selektive Beschaffung und Interpretation von dissonanzreduzierenden Informationen.

Entweder wird das Verhalten geändert, sodass es zur Überzeugung passt, oder die Überzeugung wird geändert, sodass sie zum Verhalten passt, oder weitere Überlegungen werden als Rechtfertigung hinzugezogen (zum Beispiel: »Diese Prüfung war so wichtig, dass Schummeln ausnahmsweise in Ordnung war«). In der Regel wird diejenige Kognition geändert, die am leichtesten zu ändern ist. Wenn die Handlung bereits geschehen ist, kann nur die Einstellung geändert werden.

Wenn beispielsweise Raucher mit Informationen über die schlimmen Folgen ihres Zigarettenkonsums konfrontiert werden, können sie Dissonanz vermeiden, indem sie diesen Informationen deutlich weniger Aufmerksamkeit schenken als Nichtraucher. Eine andere Strategie zur Dissonanzreduktion ist die Herbeiziehung weiterer Kognitionen, zum Beispiel der Verweis auf Raucher, die alt geworden sind.

Das Phänomen der kognitiven Dissonanz ist von dem Psychologen Leon Festinger in den 1950er-Jahren zum ersten Mal beschrieben worden. Er interessierte sich für die Frage, wie Menschen reagieren, wenn ihre Überzeugungen erschüttert werden. In einer Zeitungsannonce hatte Marian Keech (eigentlich Dorothy Martin) aus Salt Lake City angegeben, Nachrichten von der Außerirdischen »Sananda vom Planeten Clarion« zu empfangen. Sie scharte in Wisconsin (USA) eine Sekte um sich, die ihren Vorhersagen glaubte, eine gewaltige Flut werde alle Menschen auf der Erde töten und nur die Sektenanhänger würden von fliegenden Untertassen gerettet. Als die prophezeite Flut ausblieb, sah sich die Gruppe der Lächerlichkeit preisgegeben. Statt das Versagen ihrer Führerin zu akzeptieren und sich von ihr abzuwenden, sahen sich die Anhänger in ihrem Glauben nur umso mehr bestärkt. Sie behaupteten, ihre Gebete hätten Gott umgestimmt, und versuchten nun, andere Leute zu ihren Ansichten zu bekehren.

Leon Festinger, der zum Schein Sektenmitglied geworden war, entwickelte auf Basis dieses Geschehens die Theorie der kognitiven Dissonanz: Nach der persönlichen Überzeugung der Sektenanhänger hätte die Welt in der Flut versinken müssen. Da dies nicht eintrat, sei es zu einer kognitiven Dissonanz zwischen der Erwartung und der Erfahrung der Wirklichkeit gekommen. Um diesen Konflikt aufzulösen, habe es nur zwei Möglichkeiten gegeben: die eigene Meinung ändern oder die Meinung aller anderen. Für die Anhänger der UFO-Sekte sei nur die zweite Möglichkeit in Betracht gekommen, ergo hätten sie ab da versucht, alle anderen von ihrem Glauben zu überzeugen.

In einer weiteren Untersuchung aus dem Jahr 1959 beobachteten Leon Festinger und Merrill Carlsmith das Phänomen der *forced compliance* (forcierte Zustimmung oder Manipulation) bei Auftreten von kognitiver Dissonanz.

In einem Experiment ließen Festinger und Carlsmith zwei Experimentalgruppen eine extrem langweilige Tätigkeit durchführen. Anschließend wurden die Probanden beider Gruppen gebeten, ihre Tätigkeit nachfolgenden Versuchspersonen als äußerst interessant und spannend zu »verkaufen«. Die Probanden der ersten Gruppe erhielten für die positive Darstellung des Experiments nur eine geringe Bezahlung (1 Dollar), die der zweiten Gruppe bekamen hingegen 20 Dollar. Außerdem gab es jeweils eine Kontrollgruppe, die nach der Tätigkeit niemanden überreden musste und auch nicht belohnt wurde. Als Nächstes wurden die Probanden befragt, wie attraktiv sie die ausgeführte Tätigkeit einschätzten. Die erste Gruppe (1 Dollar) bewertete die Aufgabe als viel attraktiver als die zweite Gruppe und die Kontrollgruppe. Der Theorie der kognitiven Dissonanz zufolge lässt sich das Verhalten folgendermaßen erklären: Die Versuchspersonen der ersten Gruppe mussten lügen, um die Tätigkeit als spannend darstellen zu können. Dabei entstand eine kognitive Dissonanz, denn sie mussten ein Verhalten zeigen, das nicht mit ihrer Einstellung übereinstimmte. Um die Dissonanz auszugleichen, änderten sie ihre Einstellung und bewerteten die Aufgabe im Nachhinein als attraktiver. Die Versuchspersonen aus der 20-Dollar-Gruppe hatten eine externe Rechtfertigung für ihre Lüge (die 20 Dollar als Belohnung), sodass sie ihr Verhalten nicht im Widerspruch zu ihrer negativen Einstellung zum Experiment erlebten, also keine Dissonanz verspürten.

Das *Forced-Compliance*-Paradigma wird im Marketing etwa in Form von Gewinnspielen eingesetzt, bei denen der Kunde einen Werbeslogan für die betreffende Firma erfinden soll. Wenn dieser Kunde vorher eine negative Einstellung zu der Firma hatte, entsteht bei der Gewinnspielteilnahme kognitive Dissonanz, die durch eine Einstellungsänderung reduziert wird. So kann eine positivere Einstellung zu Produkten erzeugt werden.

Weitere kognitive Verzerrungen

Kognitive Dissonanz ist nur die vielleicht wichtigste der kognitiven Verzerrungen. Dieser kognitionspsychologische Sammelbegriff fasst verschiedene systematische fehlerhafte Neigungen beim Wahrnehmen, Erinnern, Denken und Urteilen zusammen. Sie bleiben meist unbewusst und basieren auf kognitiven Heuristiken (Strategien, um mit begrenztem Wissen dennoch zu wahrscheinlichen Aussagen zu gelangen). Weil wir uns permanent irren, konnte Wikipedia gleich eine ganze Liste solcher Fehler zusammenstellen.

Kognitive Verzerrung	Beschreibung
Ankerheuristik *(anchoring effect)*	Die Tatsache, dass Menschen bei bewusst gewählten Zahlenwerten von momentan vorhandenen Umgebungsinformationen beeinflusst werden, ohne dass ihnen dieser Einfluss bewusst wird
Attributionsfehler *(correspondence bias)*	Die Neigung, die Ursache für ein beobachtetes Verhalten zu oft in (feststehenden) »Charaktereigenschaften« der handelnden Person und zu selten in den (variablen) Merkmalen der jeweiligen Situation zu suchen
Beharren auf Überzeugungen	Das Beharren auf einer hartnäckigen ersten Hypothese, obwohl neue Informationen dieser Überzeugung widersprechen
Backfire-Effekt	Die Neigung, Fakten, die der eigenen Überzeugung widersprechen, als Bestätigung der eigenen Überzeugung zu betrachten
Belief bias, Überzeugungsbias	Die Tendenz zu glaubwürdigen Schlussfolgerungen, unabhängig davon, ob sie logisch korrekt sind
Bestätigungsfehler *(confirmation bias)*	Die Neigung, Informationen so auszuwählen und zu interpretieren, dass sie die eigenen Erwartungen erfüllen
Bias blind spot, auch Verzerrungsblindheit	Die Tendenz, sich für unbeeinflusst zu halten
Clustering-Illusion	Die Neigung, in Datenströmen Muster zu sehen, selbst wenn gar keine da sind
Decoy-Effekt	Bevorzugung einer von zwei Optionen, wenn eine dritte Option (Köder) hinzugefügt wird, die einer der beiden Optionen in allen Belangen unterlegen ist
Default-Effekt	Übermäßige Bevorzugung derjenigen Option, die in Kraft tritt, wenn ein Akteur keine aktive Entscheidung trifft
Déformation professionnelle (Berufskrankheit)	Die Neigung, eine berufs- oder fachbedingte Methode oder Perspektive unbewusst über ihren Geltungsbereich hinaus auf andere Themen und Situationen anzuwenden
Dunning-Kruger-Effekt	Die Tendenz wenig kompetenter Menschen, das eigene Können zu überschätzen und die Kompetenz anderer zu unterschätzen
Emotionale Beweisführung	Die Neigung, eine empfundene Emotion als Beweis für eine Annahme zu betrachten
Halo-Effekt	Die Tendenz, von bekannten Eigenschaften einer Person auf unbekannte Eigenschaften zu schließen

Kognitive Verzerrung	Beschreibung
Hot-Hand-Phänomen	Eine zufällige Häufung von Erfolgen im Sport und Glücksspiel wird als »einen Lauf haben« oder als »Glückssträhne« angesehen
Illusorische Korrelation	Die fälschliche Wahrnehmung einer Korrelation zweier Ereignisse
Impact bias	Die psychischen Auswirkungen eines vorgestellten negativen Ereignisses wie Verlust des Arbeitsplatzes oder Trennung vom Partner werden in Dauer und Tiefe zu stark erwartet
Kontrasteffekt	Die intensivere Wahrnehmung einer Information, die zusammen mit einer in Kontrast stehenden Information präsentiert wird
Kontrollillusion (illusion of control)	Die falsche Annahme, zufällige Ereignisse durch eigenes Verhalten kontrollieren zu können
Law of the instrument	Beobachtung, dass Menschen, die mit einem Werkzeug (oder einer Vorgehensweise) gut vertraut sind, dazu neigen, dieses Werkzeug auch dann zu benutzen, wenn ein anderes Werkzeug besser geeignet wäre
Mitläufereffekt, auch Bandwagon-Effekt	Wahrgenommener Erfolg erhöht die Bereitschaft, sich Handlungsweisen anzuschließen
Moralische Lizenzierung	Beschreibt das psychologische Phänomen, dass Menschen ohne Schuldgefühle eine schlechte Tat vollbringen können, wenn sie zuvor eine gute Tat vollbracht haben
Nachträgliche Begründungstendenz	Rechtfertigung des Erwerbs nach dem Kauf einer wenig sinnvollen Sache
Recall bias, Erinnerungsverzerrung	Fehlerquelle vor allem in retrospektiven Studien
Rückschaufehler (hindsight bias)	Nach dem Eintreten eines Ereignisses verfälschte Erinnerung an eigene Vorhersagen, die bezüglich des Ereignisses getroffen worden waren
Status-quo-Verzerrung	Tendenz der Bevorzugung des Status quo gegenüber Veränderungen
Missachtung des Maßstabs	Das Nichtbeachten des Maßstabs eines Problems. Zum Beispiel erklären sich Menschen in einer Studie bereit, im Durchschnitt 78 US-Dollar für die Rettung von 20000 Vögeln zu bezahlen. Werden sie hingegen zur Zahlungsbereitschaft zur Rettung von 2000 Vögeln gefragt, kommt im Durchschnitt beinahe der gleiche Wert heraus.

Kognitive Verzerrung	Beschreibung
Selbstwertdienliche Verzerrung und Lake-Wobegon-Effekt	Verzerrungen, die der Aufrechterhaltung eines positiven konsistenten Selbstbildes dienen
Survivorship bias	Verzerrung zugunsten der »Überlebenden«/»Erfolgreichen«, Erfahrungen »erfolgloser« Individuen werden nicht gleichermaßen berücksichtigt
Truthahn-Illusion	Die Neigung, einen Trend zu extrapolieren, ohne ihn zu hinterfragen. Die Sicherheit wächst permanent mit dem Trend. Daher ist zum Zeitpunkt des Trendbruchs die Sicherheit am größten, ebenso wie der Schock über den Trendbruch.
Verlustaversion	Die Tendenz, Verluste höher zu gewichten als Gewinne
Wahrheitseffekt	Die Tendenz, Aussagen, die zuvor bereits gehört oder gelesen wurden, einen größeren Wahrheitsgehalt zuzusprechen als solchen, die erstmals gehört werden
Unterlassungseffekt	Die Überschätzung der Risiken bei Handlungen im Vergleich zu Nichthandlungen
Besitztumseffekt, auch Endowment-Effekt	Die Tendenz, ein Gut wertvoller einzuschätzen, wenn man es besitzt
IKEA-Effekt	Die Neigung, selbst entworfenen oder zumindest selbst zusammengebauten Gegenständen im Vergleich zu fertig gekauften Massenprodukten mehr Wertschätzung entgegenzubringen

Ich hoffe, dass der Endowment-Effekt bezüglich dieses Buchs bei Ihnen bereits eingesetzt hat und Sie, werter Leser, dieses Werk allein schon deshalb wertschätzen, weil Sie (oder jemand, der Ihnen dieses Buch geschenkt hat) Ihr sauer verdientes Geld dafür geopfert haben. Es ist aber auch ein echtes Meisterwerk, wobei ich nicht sicher bin, ob ich womöglich dem Dunning-Kruger-Effekt zum Opfer gefallen bin.

Stephen Wiltshire, »die lebende Kamera«

Stephen Wiltshire beim Zeichnen der Umgebung von Mexiko-Stadt

So fehlerhaft und unfähig unser Hirn wirkt, ist es andererseits zu faszinierenden Leistungen imstande. Der Pfadfinder David Hahn baute im Alter von 17 Jahren in der Gartenlaube seines Elternhauses einen Atomreaktor. Thomas Jefferson erfand, nachdem er die amerikanische Unabhängigkeitserklärung unterzeichnet hatte, den elektrischen Bratenwender. Stephen Wiltshire hat es als Autist mit einer erstaunlichen Inselbegabung zum Mitglied des »Order of the British Empire« gebracht. Er trägt den Spitznamen »die lebende Kamera«.

Bei Stephen Wiltshire wurde im Alter von drei Jahren Autismus diagnostiziert. Im selben Jahr starb sein Vater bei einem Motorradunfall. Mit vier Jahren wurde Stephen an die Queensmill School in London verwiesen, wo sein Interesse für das Zeichnen geweckt wurde. Seine Zeichnungen dienten ihm zur Kommunikation. Im Alter von acht Jahren begann er mit der Zeichnung von Autos und Städten nach Erdbeben.

Sein Lehrer Chris Marris förderte den begabten jungen Künstler; mit seiner Hilfe lernte Wiltshire im Alter von neun Jahren auch das Sprechen. Ein Jahr später zeichnete Wiltshire eine Serie von Bildern, die Londoner Sehenswürdigkeiten darstellten, genannt *London Alphabet*, da es jeweils eine Zeichnung pro Buchstabe gab.

»Big Ben on a rainy evening in London« (»Big Ben an einem
regnerischen Abend in London«) von Stephen Wiltshire

Inzwischen ist Wiltshire ein berühmter Künstler. Seine Inselbegabung ermöglicht es ihm, ein Objekt zu betrachten und danach ein sehr genaues und detailreiches Bild davon zu zeichnen. Im Rahmen zweier Experimente zeichnete er nach Rundflügen über London und Rom detaillierte Panoramaansichten beider Städte.

Das menschliche Gehirn sorgt nicht nur für grandiose Begabungen, sondern auch für wundersame Irrwege. Es gibt Menschen, die an Bogengangsdehiszenz leiden. Sie können ihre eigenen Körpergeräusche wie etwa Bewegungen ihrer Augen hören. Die Hybristophilie ist eine psychische Störung, bei der sich Menschen zu Gewalttätern hingezogen fühlen. Sie tritt fast ausschließlich bei Frauen auf. So erreichten Josef Fritzl, der seine Tochter mehr als 20 Jahre in einem Keller gefangen gehalten hatte, Hunderte Liebesbriefe im Gefängnis. Es gibt eine medizinische Bezeichnung für zwanghaftes Nasenbohren. Sie lautet Rhinotillexomanie. Und der gewohnheitsmäßige Verzehr von Nasensekret wird Mukophagie genannt.

Vieles, was einem Wikipedia offenbart, würde man in sozialen Netzwerken nicht entdecken. Denn wir bekommen häufig nur das angezeigt, was wir in der Vergangenheit bereits gesucht haben. Wir bleiben gefangen in unserer kleinen Blase.

Gefangen in der Filterblase

Die Filterblase (englisch *filter bubble*) oder Informationsblase ist ein Begriff der Medienwissenschaft, der von dem Internetaktivisten Eli Pariser in seinem gleichnamigen Buch von 2011 eingeführt wurde. Laut Pariser entsteht die Filterblase, weil Webseiten versuchen, algorithmisch vorauszusagen, welche Informationen der Benutzer auffinden möchte – dies basierend auf den verfügbaren Informationen über den Benutzer (beispielsweise Standort des Benutzers, Suchhistorie und Klickverhalten). Daraus resultiere eine Isolation gegenüber Informationen, die nicht dem Standpunkt des Benutzers entsprechen.

Durch die Anwendung von Algorithmen neigten Internetseiten dazu, dem Benutzer nur Informationen anzuzeigen, die mit den bisherigen Ansichten des Benutzers übereinstimmen. So wird der Benutzer effektiv in einer »Blase« isoliert, die dazu tendiert, Informationen auszuschließen, die den bisherigen Ansichten des Benutzers widersprechen.

Ein Paradebeispiel dafür seien Googles personalisierte Suchergebnisse und der personalisierte News Stream von Facebook. Nach Parisers Meinung wird der Benutzer so weniger durch gegenteilige Ansichten »belastet« und somit in einer Informationsblase intellektuell isoliert.

Pariser bringt ein Beispiel, in dem ein Benutzer auf Google mit dem Stichwort »BP« suchte und Nachrichten zu Investitionsmöglichkeiten von British Petroleum erhielt, während ein anderer Nutzer mit der gleichen Suchanfrage Informationen über die von Deepwater Horizon verursachte Ölpest bekam – somit die beiden Suchanfragen völlig unterschiedliche Ergebnisse erzielten. Dieser isolierende Blaseneffekt könne negative Folgen für den Diskurs der Zivilgesellschaft haben, meinte Pariser.

Die isolierende Wirkung von Filterblasen ist Gegenstand wissenschaftlicher Untersuchungen und gilt nicht allgemein als belegt. Kritiker wollen die Theorie sogar als Mythos enttarnt haben und wenden ein, der Filterblasen-Effekt sei minimal und handhabbar.

Die Schweigespirale

Elisabeth Noelle-Neumann formulierte für den politischen Raum den Begriff der Schweigespirale. Darunter wird die freiwillige Zurückhaltung der eigenen Meinung verstanden, wenn man der Ansicht ist, dass sie der Mehrheitsmeinung widerspricht – was in der Konsequenz Minderheitsmeinungen immer mehr zurückdränge. Dieser Effekt werde durch die Rolle der Medien als Gatekeeper verstärkt, da sie eigene politische Ansichten als Mehrheitsmeinung erscheinen lassen könnten.

Heilsbringer, Prediger und Erlöser

Bei meinen nächtlichen Lesemarathons auf Wikipedia begegnen mir erstaunlich viele Heilige, Kirchen und Religionen. Der Russe Sergei Anatoljewitsch Torop nennt sich selbst Vissarion und gibt sich als Inkarnation von Jesus Christus aus. Er lebt gemeinsam mit über 4000 Menschen in der Siedlung Ökopolis Tiberkul inmitten der sibirischen Taiga. Papst Pius II. schrieb erotische Geschichten. Zeus hatte mindestens drei Frauen. Eine davon war seine Schwester Hera und eine aß er auf (Metis).

Wenn man all die Heilsbringer mit ihrem Anspruch an Unfehlbarkeit so nebeneinander sieht, wundert man sich, dass ihnen so viele Menschen folgen. Dabei nahmen es die Geistlichen mit der gepredigten Moral oft selbst nicht so genau. In der Liste der sexuell aktiven Päpste finden sich gleich 22 Päpste, säuberlich sortiert nach ihrer sexuellen Orientierung. Sieben waren verheiratet, als das Päpsten noch erlaubt war. Drei bekamen illegitime Kinder während des Pontifikats. Leo XII. hatte angeblich gleich drei Kinder mit der Frau eines Schweizergardisten. Bei Johannes XII. war man sich nicht sicher, ob er von einem Herzinfarkt beim Fremdgehen getötet oder vom gehörnten Ehemann ermordet wurde. Auch die Welt der Sekten ist reich an Absonderlichkeiten. So gab es zum Beispiel mehrere tantrische Orden, wie zuletzt den Wicca-Kult, bei denen der Geschlechtsverkehr zwischen Hexe und Hexer zu den Riten gehörte. Und es gibt erstaunlich viele Sekten, unter denen die Truppe des Peoples Temple die tragischste Figur abgibt.

Peoples Temple

Jim Jones' erste Kirche in Indianapolias, Indiana

Der Peoples Temple, deutsch auch Volkstempel genannt, war eine von
Jim Jones geführte neureligiöse Gruppe, die 1956 in Indianapolis gegründet wurde. Nachdem ab Mitte der 1960er-Jahre vermehrt kritische
Presseberichte über Drogenexzesse und sexuellen Missbrauch von Frau-
en und Kindern in der Gruppe veröffentlicht wurden, zogen sich Jones
und viele seiner Anhänger 1974 nach Jonestown im Nordwesten Guyanas zurück – auf ein Anwesen von 16 Quadratkilometern, das Jones bereits 1974 von der guyanischen Regierung gepachtet und wo er bereits
zahlreiche seiner Anhänger angesiedelt hatte. Jones sah sich als Vertreter
eines »apostolischen Sozialismus«, den er dem seiner Meinung nach zunehmend faschistischen System der USA gegenüberstellte. Seine nach
nordkoreanischem Vorbild aufgebaute und organisierte Siedlung Jonestown betrachtete sich als antirassistische und antikapitalistische »brüder-

liche Gemeinschaft«. Jonestown erklärte er zum »Gelobten Land«, in dem es, anders als in den USA, keine Rassendiskriminierung gebe und wo eine neue, sozialistische Gesellschaft entstehen könne. Die Siedlung war eine hermetisch abgeschlossene Gemeinde. Nach Berichten von Peoples-Temple-Mitgliedern, die aus Guyana geflohen waren, entschloss sich der US-Kongressabgeordnete Leo J. Ryan, die Angelegenheit vor Ort zu untersuchen. Er, drei Reporter und ein Peoples-Temple-Mitglied wurden am 18. November 1978 von Peoples-Temple-Mitgliedern im nahen Port Kaituma vor ihrer Rückkehr in die USA ermordet, zwölf weitere Personen wurden zum Teil schwer verletzt.

Unmittelbar nach der Rückkehr der Todesschützen in die Urwaldsiedlung wurde ein Massenselbstmord organisiert, wobei suizidunwillige Peoples-Temple-Mitglieder ermordet wurden. Das Prozedere war während sogenannter *White Nights* mehrfach geprobt worden. Die Sektenmitglieder wurden hierbei per Lautsprecherdurchsagen zum zentralen Pavillon der Anlage gerufen, wo bereits einzelne Mitglieder dazu gebracht wurden, vorgeblich mit Zyankali versetzten Traubensaft zu trinken, tatsächlich war jedoch bei diesen Übungen noch kein Gift enthalten.

Beim Massenselbstmord am 18. November wurden tatsächlich Giftcocktails verabreicht, die binnen fünf Minuten zum Tod führten. Widerspenstige Sektenmitglieder wurden unter Androhung von Waffengewalt zum Trinken gezwungen, einige starben auch an Schusswunden. Jones selbst wurde in Jonestown mit einer Kugel im Kopf aufgefunden. Die Angaben über die genauen Opferzahlen schwanken; es waren jedoch mindestens 900, darunter über 270 Kinder. Eine Peoples-Temple-Anhängerin, die sich in Guyanas Hauptstadt Georgetown befand, tötete auf die Nachricht von dem Massaker hin ihre drei Kinder und sich selbst.

Andrew Carnegie und das Evangelium des Reichtums

Porträt von Andrew Carnegie in der National Portrait Gallery
in Washington, D. C.

Die weltweit größte Religion bleibt natürlich der Kapitalismus. Der unerschütterliche Glaube daran, dass Geld uns glücklich macht. Umso interessanter erscheint mir das Werk von Andrew Carnegie, der schon im vorletzten Jahrhundert ein Evangelium der Wohltätigkeit verfasste, das leider überwiegend ungehört blieb.

»The Gospel of Wealth« (»Das Evangelium des Reichtums«) ist ein ursprünglich 1889 unter dem Titel »Wealth« im *North American Review* publizierter Essay des US-amerikanischen Großindustriellen Andrew Carnegie. Mit der Carnegie Steel Company hatte er durch Stahl ein Vermögen gemacht und galt damals als reichster Mann der Welt.

»The Gospel of Wealth« ist ein Plädoyer für Philanthropie, menschenfreundliches Handeln und Denken. Das Spenden für wohltätige Zwecke sah Carnegie als moralische Pflicht an. Er betonte die Verantwortung, die Reichtum mit sich bringe, und bezog sich dabei auf christliche Werte. Dekadenz dagegen lehnte er ab. Der Reiche solle als Treuhänder der Armen tätig werden. Er solle sein überlegenes Wissen und seine Erfahrung für die Gemeinschaft einsetzen, da er besser fähig sei, das Geld zu verwalten.

Als Problem seiner Zeit sah Carnegie die ungleiche Verteilung des Reichtums und die extremen Gegensätze zwischen Arm und Reich an. Er lehnte den Kapitalismus selbst aber keineswegs ab. Dieser sei die Grundlage der materiellen Entwicklung, die bessere Lebensbedingungen mit sich gebracht habe. Im Vergleich mit den Nachteilen für die Menschen insgesamt überwögen die Vorteile des Wettbewerbs. Carnegie argumentierte, dass Reichtum in den Händen weniger die Profiteure des Systems verpflichte, der Gesellschaft etwas zurückzugeben. Es werde der Tag kommen, an dem man einen Mann, der mit einem angehäuften Millionenvermögen stirbt, ohne es vorher zum Wohle der Gemeinschaft einzusetzen, verurteilen werde: »Der Mann, der so reich stirbt, stirbt in Schande.«

Leider ist es über 130 Jahre später immer noch nicht so weit. Geld regiert die Welt und die Superreichen schämen sich ihres ungeteilten Besitzes nicht. Wikipedia ist das einzige Non-Profit-Projekt unter den größten Websites der Welt. Eine Armee überwiegend als extrem kritisch geltender Wikipedianer bewahrt den Datenschatz vor unwahren Aussagen, falschen Fakten und Vandalismus. Karl-Theodor Maria Nikolaus Johann Jacob Philipp Franz Joseph Sylvester Freiherr von und zu Guttenberg lautet der korrekte Name des ehemaligen Verteidigungsministers. Der für seine gefälschte Doktorarbeit berühmte Politiker bekam von einem Wikipedianer einen zusätzlichen Vornamen geschenkt: Wilhelm. Die Medien schrieben ihn in vielen Fällen ab und wurden so der Anfälligkeit für Manipulationen überführt. Mittlerweile hat Guttenberg wieder nur zehn Vornamen. Reicht ja auch.

Krimis, die das Leben schrieb

Es gibt 164 ungeklärte Kriminalfälle in der deutschen Wikipedia. Ein besonders detailreicher Krimi ist die Geschichte dieses jungen Deutschen, der auf wundersame Weise vor einiger Zeit verschwand.

Verschollen in Bulgarien

Lars Mittank flog am 30. Juni 2014 zusammen mit Freunden ins bulgarische Warna, um einen einwöchigen Urlaub am Goldstrand zu verbringen. Die Freunde sagten später aus, Mittank habe während des gesamten Aufenthaltes auffallend wenig Nahrung zu sich genommen, ansonsten verlief der Urlaub bis zum vorletzten Tag ohne besondere Vorkommnisse.

Am Abend des 5. Juli 2014 ging die Gruppe in ein Fast-Food-Restaurant. Mittank gab auch an diesem Abend an, keinen Hunger zu haben, und wollte deshalb vor dem Lokal warten. Als die Gruppe das Restaurant wieder verließ, war Mittank nicht mehr dort. Er kehrte in der Nacht allein zum Hotel zurück. Am Morgen des 6. Juli 2014 erzählte er, er sei in eine verbale Auseinandersetzung mit deutschen Fußballfans geraten, welche daraufhin bulgarische oder russische Bürger gegen Bezahlung angeheuert hätten, ihn zu verprügeln. Mittank habe dabei einen Schlag auf das Ohr bekommen, sei ansonsten aber nicht nennenswert verletzt worden.

Am 7. Juli 2014, dem geplanten Abreisetag, klagte Mittank über eine Hörminderung und starke Ohrenschmerzen und suchte deshalb einen

Arzt auf, der einen Trommelfellriss diagnostizierte. Der Arzt meinte, Mittank solle den Heimflug mit dieser Verletzung nicht antreten und stattdessen ein Krankenhaus aufsuchen. Seine Freunde flogen am gleichen Tag heim – ihr Angebot, einer von ihnen würde bei Mittank bleiben und ihn in das Krankenhaus begleiten, hatte er abgelehnt. Mittank fuhr mit dem Taxi in das Krankenhaus Warna, wo er von einem HNO-Facharzt untersucht wurde. Dieser bestätigte die Diagnose des Trommelfellrisses und empfahl Mittank eine Operation, welche dieser jedoch ablehnte. Daher verschrieb ihm der Arzt ein Antibiotikum mit dem Wirkstoff Cefprozil, um einer Infektion vorzubeugen. Zu einer stationären Aufnahme kam es nicht. Mittank besorgte sich das verschriebene Medikament in einer Apotheke und stieg in ein Taxi, um sich in ein preisgünstiges Hotel fahren zu lassen, wo er die Nacht verbringen wollte. Der Taxifahrer fuhr Mittank in das »Hotel Color« in Warna.

Was in der Nacht zum 8. Juli 2014 genau vorfiel, konnte bislang nicht ermittelt werden. Es kam zu mehreren merkwürdigen und besorgniserregenden Anrufen und SMS-Nachrichten Mittanks an seine Mutter in Deutschland. Er bat sie, seine Kreditkarte zu sperren, und meinte, mit dem Hotel würde etwas nicht stimmen, ohne nähere Angaben hierzu zu machen. Am 8. Juli 2014 gegen drei Uhr morgens verließ er das Hotel und rief abermals seine Mutter an, der er erzählte, er werde von vier Männern verfolgt und habe sich versteckt. Kurz darauf schrieb er seiner Mutter eine SMS, in der er sie fragte, was Cefzil 500 (das Medikament, das ihm im Krankenhaus verschrieben worden war) sei.

Gegen fünf Uhr wurde ein Taxifahrer, der eine Sozialarbeiterin als Fahrgast beförderte, auf Mittank aufmerksam. Er soll den Aussagen beider Zeugen zufolge heftig winkend am Straßenrand gestanden haben, weshalb der Taxifahrer Mittank aufnahm und ihn auf seinen Wunsch zum Flughafen Warna fuhr, wo sie gegen sechs Uhr am Morgen des 8. Juli 2014 ankamen. Von dort rief Mittank abermals seine Mutter an und erzählte ihr erleichtert, dass er am Flughafen angekommen sei. Sie empfahl ihm, den Flughafenarzt aufzusuchen und sich von diesem nochmals untersuchen zu lassen, um festzustellen, ob er den Heimflug trotz seiner Verletzung antreten könne. Währenddessen buchte seine Mutter von Deutschland aus sicherheitshalber sowohl ein Flug- als auch ein Busticket für ihren Sohn, sodass er, auch falls er aufgrund seiner Verletzung nicht fliegen dürfte, in jedem Fall die Heimreise antreten könnte. Mittank bat seine Mutter außerdem, ihm per Western Union 500 Euro zu überweisen, der Betrag wurde jedoch nie abgehoben. Noch vor dem Arztbesuch kam es zu einem weiteren Anruf, bei dem Mittank seiner Mutter sagte, sie ließen ihn weder fahren noch fliegen, wobei er jedoch auch dieses Mal keine konkreteren Angaben zu diesen Umständen machte. Da der Anruf noch vor dem Arztbesuch erfolgte, ist insbesondere fraglich, wer Mittank die Heimreise untersagt haben soll.

Die Überwachungskameras am Flughafen zeichneten die Bewegungen Mittanks auf, wobei bis zu diesem Zeitpunkt nichts Ungewöhnliches festzustellen war. Mittank schien sich ruhig und unauffällig zu verhalten. Gegen neun Uhr suchte er den Flughafenarzt auf, um sich untersuchen zu lassen. Während des Gespräches mit dem Arzt betrat eine Person – nach Angaben des Arztes ein ihm nicht näher bekannter Arbeiter des Flughafens – kurz das Sprechzimmer. Wer dieser Mann war, konnte bis heute nicht ermittelt werden. Mittank sprang daraufhin auf und verließ fluchtartig den Raum. Sein gesamtes Gepäck mitsamt Handy, Brieftasche und Reisepass ließ er zurück. Die Überwachungskameras zeichneten auf, wie Mittank offensichtlich in Panik aus dem Flughafengebäude lief und das gesamte Flughafengelände überquerte, wo er laut Zeugenaussagen den hohen Außenzaun des Flughafens überkletterte. Auf den Aufzeichnungen der Kameras war keine Person zu erkennen, die Mittank verfolgt hätte. Hinter dem Zaun befand sich zum damaligen Zeitpunkt ein Sonnenblumenfeld mit rund 2 Meter hohen Pflanzen sowie nicht weit dahinter eine Autobahn. Seither fehlt von Lars Mittank jede Spur.

Ich finde, die spröde lexikalische Sprache macht die kleinen Kriminalstücke noch spannender und beklemmender. Wie wäre es mit einer Reise auf einem Dampfschiff, dessen gesamte Besatzung 1947 auf offener See starb? Bis heute weiß niemand, was auf der *Ourang Medan* passierte.

Das Geisterschiff

Die *Ourang Medan* sendete am 27. Juni 1947 in der Südsee einen SOS-Ruf und forderte gleichzeitig einen Arzt an, was als sehr ungewöhnlich galt. Der Notruf wurde sowohl vom Dampfer *City of Baltimore* als auch von dem amerikanischen Dampfschiff *Silver Star* aufgefangen. Nach der Antwort der *Silver Star* gab die *Ourang Medan* in einem erneuten Funkspruch ihre Position mit 179 Grad West und 20 Grad Süd an und teilte außerdem mit, dass der Dritte Offizier tot auf der Brücke liege und der Kapitän und der Ingenieur des Schiffes ebenfalls tot seien sowie wahrscheinlich das gesamte Maschinenpersonal. Während des Funkspruchs brach die Verbindung ab. Es gelang dem unbekannten Funker jedoch noch einmal, Kontakt zur *Silver Star* herzustellen mit den Worten »Ich sterbe«.

Am nächsten Tag, dem 28. Juni 1947, gegen neun Uhr Ortszeit wurde die *Ourang Medan* gesichtet. Der Schornstein zeigte keinen Rauch, auch veränderte der Dampfer seine Position nicht. Beim Umrunden des Dampfers stellte man allerdings fest, dass auf der Steuerbordseite ein Rettungsboot fehlte. Da auch ein Ruf mit einem Megafon keine Reaktion hervorrief, setzte die *Silver Star* ein Boot mit dem Ersten Offizier und neun Mann aus, die die *Ourang Medan* untersuchen sollten. Vier Mann enterten über die Taljenläufer auf und begannen mit der Inaugenscheinnahme des Schiffes. Aufgrund der Größe des Dampfers schätzten die Amerikaner, dass sich gut 40 Mann Besatzung auf dem Schiff befinden müssten. Schon auf dem Oberdeck fanden die Männer der *Silver Star* die ersten Leichen. Die Besatzungsmitglieder der *Ourang Medan* schienen unter großen Qualen verstorben zu sein, wiesen aber keine äußeren Verletzungen auf. Nirgendwo fanden sich Blutspuren. Bei dem Schiffspersonal schien es sich sämtlich um Asiaten zu handeln. Im Funkraum wurde der Funker, der mit ihnen den Kontakt hergestellt hatte, tot aufgefunden. Die Hoffnung, bei der Durchsuchung der Brücke und der Kapitänskajüte auf das Logbuch des Dampfers zu stoßen, erfüllte sich nicht. Sämtliche Schiffspapiere schien die Besatzung des fehlenden Boots mitgenommen zu haben.

Schon frühzeitig nahmen die vier Männer der *Silver Star* einen eigenartigen Geruch an Bord wahr. Plötzlich wurde Rauch entdeckt, der auf ein Feuer im Schiff schließen ließ. Der Erste Offizier befahl sofort, das Schiff zu verlassen. Als das Ruderboot die halbe Wegstrecke zur *Silver Star* zurückgelegt hatte, ereigneten sich mehrere schwere Explosionen an Bord der *Ourang Medan*, die das Schiff jedoch nicht zerstörten, sondern lediglich in Brand setzten. Die *Silver Star* beobachtete noch stundenlang den brennenden Dampfer, der sich schließlich auf die Seite legte und sank. Die Meerestiefe beträgt an dieser Stelle gut 5000 Meter.

Der Kapitän der *Silver Star* hatte für den Vorfall keine Erklärung, vermutete aber, dass die *Ourang Medan* Chemikalien und Munition und/oder Sprengstoff geladen hatte. Er machte im Logbuch eine Eintragung über den Vorfall, um ihn bei der Rückkehr im Heimathafen den Behörden zu melden.

Am 12. Juli 1947, gut drei Wochen später, wurde auf der Insel Taongi, die zur Gruppe der Marshallinseln gehört, ein Rettungsboot angeschwemmt. Von den sieben Passagieren waren sechs bereits verstorben; der einzige noch lebende Insasse wurde von einem Missionar gepflegt. Es handelte sich bei der Person angeblich um den Zweiten Offizier der *Ourang Medan*, der sich Jerry Rabbit nannte und laut eigenen Angaben die *Ourang Medan* am 7. Juni 1947 in Shanghai bestiegen hatte, wo er angeworben worden war.

In Shanghai wurden nachts angeblich 7000 Kisten mit unbekannten Materialien übernommen. Das Schiff lief am Morgen des 9. Juni 1947 Richtung Süden aus. In einem kleinen Hafen, gut 80 Seemeilen südlich von Shanghai, wurden noch einmal gut 8000 Kisten an Bord genommen. Rabbit vermutete, dass es sich bei der gesamten Ware um Schmuggelgut handelte. Zielort der *Ourang Medan* war wohl die Küste von Costa Rica, wo die Ladung auf See einem anderen Schiff übergeben werden sollte. Die *Ourang Medan* sollte angeblich anschließend in Panama-Stadt abgewrackt werden.

Der Kurs des Dampfers war so angelegt, dass die üblichen Schiff-fahrtsrouten vermieden wurden, und führte durch die Marianen- und Karolinen-Inseln. Nach zehn Tagen, also vermutlich um den 21. Juni 1947 herum, begann das Heizerpersonal zu erkranken; ein Heizer starb sofort. Der Kapitän stellte als Todesursache Hitzschlag fest, was der Zwei-te Offizier für unwahrscheinlich hielt, obwohl im Kesselraum angesichts des tropischen Klimas extrem hohe Temperaturen herrschten. Wenige Tage später begann nach und nach das gesamte Maschinenpersonal zu erkranken und klagte über starke Magenschmerzen bzw. Magenkrämpfe. Bei der Durchsicht der Schiffspapiere entdeckte Rabbit, dass die *Ourang Medan* 15 000 Kisten mit Schwefelsäure und Zyankali und 20 Kanister mit Nitroglyzerin geladen hatte. Rabbit vermutete, dass einige der Kis-ten undicht geworden waren und sich Blausäuredämpfe gebildet hatten. Da der Kapitän sich weigerte, einen Notruf abzusetzen, setzte Rabbit zu-sammen mit sechs Besatzungsmitgliedern auf eigene Faust ein Rettungs-boot aus und entfernte sich von dem nun treibenden Dampfer, dessen Heizerpersonal ausgefallen war, wodurch die Schiffsmaschine stillstand.

Da das Beiboot weder mit Wasser noch mit Proviant ausgestattet war, verstarben die sechs anderen Bootsinsassen innerhalb weniger Tage. Auch Jerry Rabbit starb wenige Tage nach seiner Rettung an Erschöpfung.

Erstaunliche orte

Jetzt braucht es dringend wieder einmal eine hoffnungsvolle und positive Geschichte. Denn die Welt ist nicht so düster, wie meine bisherige Selektion vielleicht erscheinen mag. Eigentlich war auch die Geschichte der italienischen Obdachlosen Modesta Valenti überaus traurig, sie starb 1983 an unterlassener Hilfeleistung. Doch ihr Erbe gibt Anlass zur Hoffnung.

Via Modesta Valenti in Rom

Die Stadtstreicherin Modesta Valenti lebte vor ihrem Tod im Bereich des Bahnhofs Roma Termini in Rom. Im Laufe des 31. Januar 1983 verschlechterte sich der Gesundheitszustand der 70-Jährigen rapide und Passanten riefen den Rettungsdienst herbei. Dieser verweigerte jedoch die Behandlung der Obdachlosen, weil sie zu schmutzig war und offensichtlich der Ernst der Lage nicht erkannt wurde. Vier Stunden später verstarb Modesta Valenti.

Heute erinnert eine gleichnamige Straße, die man allerdings auf keinem Stadtplan findet, an Modesta Valenti. Bei der Via Modesta Valenti handelt es sich um eine virtuelle Straße in Rom. Sie ist keine echte Straße, sondern dient als »virtueller Wohnort« für derzeit etwa 1000 Obdachlose.

In Italien braucht man zur Beantragung von Sozialleistungen einen festen Wohnsitz. Am 27. Februar 2002 haben die Stadt Rom und die italienische Eisenbahn Trenitalia die virtuelle Straße eingeführt, um

Obdachlosen einen festen Wohnsitz auf dem Papier bieten zu können, der sie berechtigt, dieselben Leistungen wie ein Bürger mit festem Wohnsitz zu beantragen.

Kong-Berge in Afrika

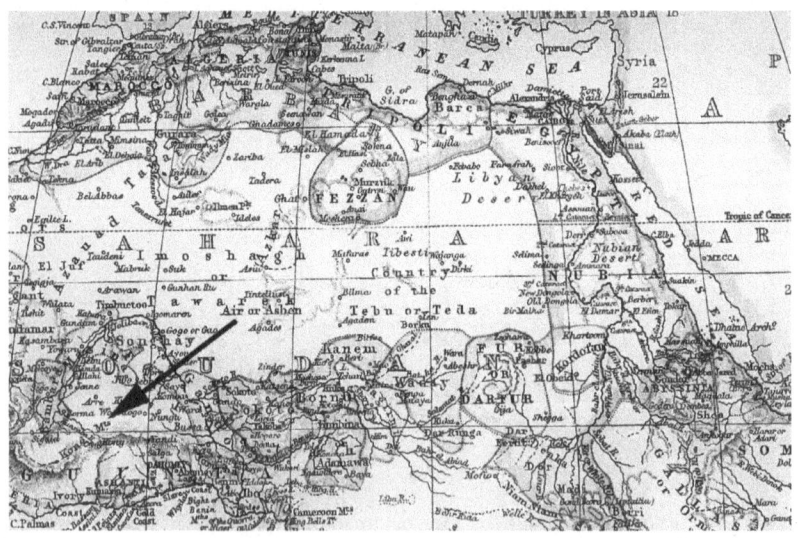

Die Kong-Berge auf einer Karte von 1882

Wenn man von Rom aus mehrere Tausend Kilometer weit in Richtung Afrika fährt, dann landet man in einer Region, in der sich die sagenhaften Kong-Berge befinden sollen.

Die Kong-Berge (englisch Mountains of Kong) sind ein fiktives Gebirge, das bis in das frühe 20. Jahrhundert hinein in fast allen Landkarten von Afrika eingezeichnet war. Der britische Geograf James Rennell (1742–1830) übernahm 1798 von dem britischen Afrikareisenden Mungo Park geografische Daten, die auf dessen Entdeckungen basierten. Allerdings verfälschte er Parks Daten, indem er in der Nähe des

10. Breitengrades ein Gebirge mit dem Namen Mountains of Kong (»Kong-Berge«) einfügte. Er tat dies offensichtlich, um seine These über den Verlauf des Nigers zu stützen. Nachfolgende Geografen übernahmen die Kong-Berge in ihre eigenen Karten. Das Kong-Gebirge wurde als Wasserscheide zwischen dem Niger im Norden und dem Golf von Guinea dargestellt. Es sollte eine Länge von etwa 1000 Kilometern haben und parallel zum 10. Breitengrad verlaufen. Um das Gebirge selbst wurden im Laufe der Zeit einige Legenden aufgebaut. So wurden »schneebedeckte Gipfel« und Goldvorkommen beschrieben und es wurde behauptet, das Gebirge als »unüberwindliches natürliches Hindernis« ermögliche keinen Handel der Bevölkerung zwischen Küste und Hinterland.

Die Kong-Berge wurden erstmals 1802 in Aaron Arrowsmiths in London erschienenem Werk *Africa* dargestellt und zuletzt 1905 in *Tramplers Mittelschulatlas* (Wien) eingezeichnet. Auch in die Weltliteratur hielten die Kong-Berge Einzug. In Jules Vernes Werk *Robur der Sieger* (1886) heißt es im 12. Kapitel: »Am Horizont erhoben sich schon in undeutlicher Linie die Kong-Berge des Königreichs Dahomey.«

In der vierten Ausgabe von *Meyers Konversations-Lexikon* von 1880 wurden die Kong-Berge unter anderem als »unerforschtes Gebirge, welches nördlich von der Küste von Oberguinea auf einer Strecke von 800 bis 1000 Kilometern zwischen dem 7. u. 9. Breitengrad bis zum 1. westl. L. v. Gr. sich hinzieht« beschrieben.

Gate Tower Building in Osaka

Das Gate Tower Building in Osaka existiert hingegen wirklich. Es ist 71,9 Meter hoch und – so stelle ich es mir zumindest vor – man sollte gut aufpassen, wenn man nachts auf die Toilette geht, damit man nicht von einem Auto angefahren wird, denn eine Autobahnstrecke führt mitten durch das Gebäude.

Die Autobahnausfahrt Umeda der Ikeda-Route (Nr. 11) des Hanshin-Autobahnnetzes verläuft zwischen den Etagen 5 bis 7 durch das Gebäude. Der Autobahnbetreiber ist der Mieter dieser Etagen und bezahlt dafür umgerechnet rund 15 000 Euro im Monat. Der Aufzug fährt durch diese drei Etagen ohne Halt, im Aufzug folgt der Etage 4 die Etage 8. In den Stockwerken, durch die die Autobahn führt, wohnt niemand. Die Autobahn berührt das Gebäude nicht, sondern führt als Brücke hindurch, die Brückenpfeiler stehen neben dem Gebäude.

Das Gate Tower Building

Seit Ende des 19. Jahrhunderts gehörte dieses 2353 Quadratmeter große Grundstück einer Brennholz- und Kohlehandlung, aber die allmähliche Umstellung der Brennstoffe führte zum Verfall der Firmengebäude. 1983 wurde die Sanierung des Areals genehmigt, aber die Baugenehmigungen wurden abgelehnt, weil die Autobahn bereits geplant war. Die Grundstückseigentümer weigerten sich aufzugeben und verhandelten mit der Hanshin Expressway Corporation rund fünf Jahre, um sich auf diese Lösung zu einigen.

Erstaunlich, wie anpassungsfähig der Homo sapiens ist. Weiter geht es mit dem Schinkel-Tabernakel von Großgöschen (einem Kriegerdenkmal). Der Artikel gipfelt in der selten benötigten Erkenntnis: »Das Epitaph ist schlicht gewählt.« Die Dailey Islands liegen nordöstlich des Kap Chocolate, was sehr vielversprechend klingt. Peseckendorf ist ein Ortsteil der Stadt Oschersleben. Bumba hingegen ist ein Dorf in der Landgemeinde Falmey in Niger. KJLH ist eine Radiostation in Los Angeles, die Stevie Wonder gehört. Der Sender Marnach war mal ein Rundfunksender auf dem Westhang des Schwaarzenhiwwel in der Gemeinde Clerf in Luxemburg. Selbst dieser Artikel wird durchschnittlich fünf Mal am Tag aufgerufen. Wer liest so etwas außer mir? Plant etwa noch jemand anderes die Wikipedia-Durchlesung?

Skurrile Kriege und Konflikte

Bei Wikipedia findet man auch eine ganze Reihe von erstaunlichen Auseinandersetzungen. Der britisch-sansibarische Krieg begann am 2. August 1896 und war schon 38 Minuten später wieder vorbei. Dann hatten die Briten gewonnen. Der längste Krieg der Welt zwischen den Niederlanden und den Scilly-Inseln dauerte hingegen 335 Jahre und endete erst 1986. Die Niederländer hatten mittlerweile schlicht vergessen, dass sie den Inseln den Krieg erklärt hatten, und wurden von einem Historiker höflicherweise darauf aufmerksam gemacht, einen Friedensvertrag zu unterzeichnen. Ein besonders drastischer Streit mit 90 Toten begann in einer Kneipe. Vielleicht überlegen Sie es sich beim nächsten Mal, ob Sie sich beim Wirt über den Wein beschweren. So eine Geschichte kann schnell eskalieren.

Der Kneipenstreit von Oxford

Als Aufruhr am Sankt-Scholastika-Tag wird eine mehrtägige bewaffnete Auseinandersetzung zwischen Studenten der University of Oxford und Bewohnern der Stadt Oxford bezeichnet, die am 10. Februar 1355 begann, dem Tag der Heiligen Scholastika (Schwester des heiligen Benedikt von Nursia, Gründer des Benediktinerordens). Entfacht wurden die Unruhen, bei denen über 90 Menschen den Tod fanden, durch einen Streit zwischen zwei Studenten und einem Wirt. Dieses Ereignis gilt bis heute als verheerendster Zwischenfall im angespannten Verhältnis zwischen Bürgern und Akademikern. Mittelalterliche Universitäten genossen über

Jahrhunderte hinweg zahlreiche königliche oder gar päpstliche Privilegien, die den Professoren und Studenten Vorrechte gegenüber den Stadtbewohnern einräumten. So unterstanden die Universitätsangehörigen meist nicht der städtischen Rechtsprechung.

Die Auseinandersetzung begann in der »Swindlestock Tavern«, einer Bar im Stadtzentrum von Oxford nahe dem Carfax Tower. Die beiden Studenten Walter Spryngeheuse und Roger de Chesterfield beschwerten sich beim Wirt John Croidon über die Qualität des Weins. Als der Wirt darauf harsch reagierte, warfen die beiden Studenten ihre Gläser in dessen Richtung und wurden handgreiflich.

Schnell weitete sich das Handgemenge auf weitere Besucher der Bar sowie Personen außerhalb des Gebäudes aus. Ein Bürger läutete schließlich die Glocken der St Martin's Church und ein Student jene der Universitätskirche Church of St Mary the Virgin, beide mit dem Ziel, Gleichgesinnte zur Bewaffnung aufzurufen. Es entstand ein Aufruhr, der durch Frust und Unzufriedenheit auf beiden Seiten angeheizt wurde – die Studenten beschwerten sich über hohe Miet- und Verpflegungskosten, die Bürger wehrten sich gegen die kirchlichen Privilegien der Studenten sowie deren wiederkehrendes Fehlverhalten. Nach Bekanntwerden des Geschehens schlossen sich über 2000 Männer aus ländlichen Gebieten außerhalb der Stadt den Bürgern an und riefen bei ihrer Ankunft: »Havoc! Havoc! Smyt fast, give gode knocks!« (Zu Deutsch etwa: »Angriff! Angriff! Trefft schnell, trefft gut!«) Zugleich solidarisierten sich über 200 Studenten mit Spryngeheuse und de Chesterfield und attackierten den Bürgermeister und andere Bürger.

Der Aufruhr dauerte letztlich zwei oder drei Tage und kostete 63 Studenten und etwa 30 Bürger das Leben. Viele wurden innerhalb ihrer Häuser oder Colleges angegriffen und verletzt, verstümmelt oder getötet. Die Studenten wurden letztlich besiegt, was den Aufstand beendete.

Trotz der physischen Niederlage der Studenten wurde der Streit politisch durch eine Charta von König Edward III. zugunsten der Universität entschieden, die fortan weitere Privilegien erhielt. An jedem folgenden Jahrestag des Aufstands mussten der Bürgermeister und Ratsmitglieder

durch die Straßen marschieren, die Messe besuchen, den Universitäts-
privilegien Respekt zollen und für jeden getöteten Studenten ein Buß-
geld von einem Penny an die Universität entrichten. Zudem oblag es
nun der Universität, den lokalen Getränkehandel zu regulieren und die
Wein-, Bier- und Brotproduktion zu kontrollieren.

Die Buße endete erst 470 Jahre später, als sich der Bürgermeister
1825 weigerte, die Auflagen zu erfüllen. Allerdings hob das britische
Parlament den damaligen Erlass des Königs erst 1955, 600 Jahre nach
dem Aufstand, endgültig auf.

Nach dieser erstaunlichen Eskalation eines Kneipendisputs habe ich
noch eine erstaunliche Wendung im Zweiten Weltkrieg entdeckt. Es gab
tatsächlich eine Schlacht, bei der die Amerikaner und die deutsche Wehrmacht Seite an Seite gekämpft haben.

Der ungewöhnliche Seitenwechsel: eine Schlacht im Zweiten Weltkrieg

Die Schlacht wurde am 5. Mai 1945 um das Schloss im Tiroler Dorf Itter
in Österreich ausgetragen. Es war das einzige Gefecht des Zweiten Weltkrieges, in dem Soldaten der United States Army und der Wehrmacht,
unterstützt von befreiten französischen Kriegsgefangenen, gemeinsam
gegen Einheiten der 17. SS-Panzergrenadier-Division »Götz von Berli-
chingen« kämpften.

Schloss Itter wurde Ende 1940 offiziell durch die deutsche Regierung
vom Besitzer Franz Grüner gepachtet und am 7. Februar 1943 von SS-
Generalleutnant Oswald Pohl auf Befehl Heinrich Himmlers in Besitz
genommen. Am 25. April 1943 wurde das Schloss als Außenlager des
Konzentrationslagers Dachau eröffnet, um hier für das Deutsche Reich
wichtige, in der Mehrzahl französische Kriegsgefangene unterzubringen.

Der letzte Kommandeur des Konzentrationslagers Dachau, Eduard Weiter, beging am 2. Mai 1945 nach seiner Flucht von Schloss Itter Selbstmord. Am 3. Mai 1945 verließ Zvonimir Čučković, ein Mitglied des jugoslawischen kommunistischen Widerstands, der im Schloss als Gehilfe arbeiten musste, das Gebäude unter dem Vorwand, für den Kommandeur des Schlosses, SS-Sturmbannführer Sebastian Wimmer, Hilfe zu holen. Er hatte einen Brief in englischer Sprache bei sich, den er dem ersten von ihm gefundenen Amerikaner geben sollte und in dem zu alliierter Hilfe aufgerufen wurde.

Das nur 5 Kilometer talabwärts gelegene Wörgl war noch in deutscher Hand, weshalb sich Čučković das Inntal aufwärts in Richtung des 70 Kilometer entfernten Innsbruck begab. Am späten Abend erreichte er den Stadtrand von Innsbruck, wo er amerikanische Infanteristen antraf und über die Gefangenen im Schloss informierte. Am Morgen stieß eine amerikanische Einheit in Richtung Schloss Itter vor, wurde jedoch auf halbem Wege kurz hinter Jenbach durch heftiges Artilleriefeuer zum Halten gebracht.

Als Čučković am 3. Mai nicht zurückkehrte, verließ Sebastian Wimmer seinen Posten, und die Wachmannschaften der SS-Totenkopfverbände folgten ihm bald danach. Daraufhin bewaffneten sich die Gefangenen mit dem zurückgelassenen Kriegsmaterial und übernahmen die Kontrolle über das Schloss.

Da Čučković auch am 4. Mai nicht zurückkam, entschloss sich am Mittag der tschechische Koch Andreas Krobot, mit dem Fahrrad nach Wörgl zu fahren und Hilfe zu suchen. Die Stadt war von der Wehrmacht geräumt, anschließend aber von Einheiten der Waffen-SS besetzt worden. Hier fand er Angehörige des österreichischen Widerstandes, die ihn zu Major Josef Gangl brachten. Dieser kommandierte die Reste einer Wehrmachtseinheit, die dem Räumungsbefehl nicht gefolgt war und sich dem Widerstand vor Ort angeschlossen hatte.

Gangl hatte bereits vorgehabt, die Gefangenen im Schloss zu befreien, wollte jedoch seine wenigen Soldaten nicht in einem Himmelfahrtskommando gegen das von schwer bewaffneter SS bemannte Schloss opfern. Stattdessen hielt er seine Männer bereit, um Bewohner der Stadt vor Repressalien der SS zu schützen, bis die Amerikaner in der Stadt eintreffen würden. Nun sah sich Gangl aber gezwungen, den Amerikanern unter weißer Flagge entgegenzueilen, um sie um Hilfe zu bitten. Im 8 Kilometer entfernten Kufstein traf er auf eine Aufklärungseinheit der Amerikaner mit vier Panzern, die nicht zögerte, die erbetene Rettungsaktion einzuleiten.

Als Hauptmann John C. »Jack« Lee mit seiner Truppe das Schloss erreichte, wurde er freudig begrüßt, doch waren die ehemaligen Gefangenen angesichts der geringen Anzahl von Amerikanern enttäuscht. Während Lees Männer Verteidigungsstellungen um das Schloss herum einnahmen, wurde der Panzer am Haupttor aufgestellt. Obwohl Lee die befreiten Franzosen angewiesen hatte, sich zu verstecken, kämpften sie an der Seite der US- und Wehrmachtssoldaten. Nachdem in der Nacht Spähtrupps das Schloss beobachtet hatten, griffen am Morgen des 5. Mai etwa 100 bis 150 Mann der Waffen-SS an. Gangl wurde beim Versuch, den ehemaligen französischen Premierminister Reynaud aus der Schusslinie zu bringen, von der Kugel eines Scharfschützen der Waffen-SS tödlich getroffen. Er starb als einziger Verteidiger des Schlosses.

Am frühen Nachmittag wurde schließlich eine Entsatzeinheit des 142. Infanterieregiments in Marsch gesetzt. Die Entsatztruppen erreichten gegen 16 Uhr das Schloss und besiegten die Belagerer, wobei etwa 100 SS-Leute gefangen genommen wurden.

Die Schlacht um Schloss Itter, geschlagen nur zwei Tage vor Kriegsende und fünf Tage nach Hitlers Tod, wird als die »seltsamste Schlacht des Zweiten Weltkrieges« bezeichnet.

Der Schimpansenkrieg in Tansania

Kriegerische Auseinandersetzungen, möchte man meinen, gibt es nur unter Menschen. Doch dann stolperte ich über einen weiteren Krieg, von dem ich zuvor noch nichts gehört hatte: Der Schimpansenkrieg von Gombe in den Jahren 1974 bis 1978 war eine gewalttätige Auseinandersetzung zwischen zwei Schimpansengruppen im Gombe-Stream-Nationalpark in Tansania.

Beteiligt waren die Kasakela-Gruppe im nördlichen Teil des Parks sowie die Kahama-Gruppe im südlichen Teil. Beide Gruppen gingen aus derselben Gemeinschaft hervor, die an Mitgliederzahl zugenommen und sich schließlich geteilt hatte. Beobachtet wurde das Geschehen durch die britische Verhaltensforscherin Jane Goodall.

Jane Goodall, 2006

Die Kahama-Gruppe im Süden bestand aus sechs ausgewachsenen sowie einem jugendlichen Männchen sowie drei ausgewachsenen Weibchen mit ihrem im Kindes- oder Säuglingsalter befindlichen Nachwuchs. Die

Kasakela-Gruppe hingegen setzte sich aus zwölf erwachsenen Weibchen mit Jungtieren sowie acht ausgewachsenen Männchen zusammen.

Zum ersten Angriff mit tödlichem Ausgang kam es am 7. Januar 1974, als sechs der Kasakela-Männchen den auf einem Baum befindlichen Schimpansen »Godi« der Kahama-Gruppe umstellten, angriffen, zu Boden holten und so lange auf ihn einschlugen, traten und bissen, bis er an den Verletzungen starb. Es war die erste dokumentierte Tötung eines Artgenossen unter Schimpansen.

In den folgenden vier Jahren töteten die Männchen der Kasakela-Gruppe sämtliche Männchen der Kahama-Gruppe. Auch eines der Weibchen fiel den Angriffen zum Opfer, zwei andere Weibchen gelten als verschollen und drei wurden in die Kasakela-Gruppe integriert. Im Ergebnis gelang es den Kasakela-Männchen, das Territorium der Kahama-Gruppe zu übernehmen. Dieser Raumgewinn war jedoch nicht von Dauer, da das Gebiet nun direkt an das Territorium einer weiteren Schimpansengruppe, der Kalande-Gruppe, grenzte und nach einigen Auseinandersetzungen mit dieser deutlich überlegenen Gemeinschaft größtenteils wieder aufgegeben wurde.

Die gewalttätigen Aktionen schockierten Goodall, die bis dahin davon ausgegangen war, dass das Verhalten der Schimpansen dem menschlichen zwar ähnlich, jedoch deutlich »netter« sei. Als sie im Jahr 1975 außerdem eine kannibalistische Kindstötung beobachtete, durchgeführt von einer ranghohen gegen eine rangniedere Schimpansenmutter, deutete sie all diese Vorfälle als »dunkle Seite« des Verhaltens der Primaten. In ihren Memoiren *Through a Window: My Thirty Years with the Chimpanzees of Gombe* schrieb sie dazu:

»Ich hatte jahrelang Probleme, mit diesem neuen Wissen klarzukommen. Oftmals, wenn ich in der Nacht aufwachte, sprangen mir unaufgefordert entsetzliche Bilder in den Kopf – Satan [einer der Affen], wie er seine Hand unter Sniffs Kinn hält, um das Blut zu trinken, das aus der großen Wunde in seinem Gesicht fließt; der alte Rodolf, normalerweise so gütig, aufrecht stehend, um einen Vier-Pfund-

Stein auf den ausgestreckten Körper von Godi zu schleudern; Jomeo, wie er einen Streifen Haut von Dés Oberschenkel reißt; Figan, wie er auf den angeschlagenen, zitternden Körper von Goliath, einem seiner Kindheitshelden, wieder und wieder losgeht und einschlägt.«

Als Goodall der Fachwelt von den Ereignissen in Gombe berichtete, wurde ihre These natürlich auftretender »Kriege« unter den Schimpansen zunächst angezweifelt. Die wissenschaftlichen Modelle jener Zeit gingen davon aus, dass es zwischen menschlichem und tierischem Verhalten allenfalls geringe Gemeinsamkeiten gebe. Einige Wissenschaftler warfen Goodall exzessiven Anthropomorphismus (Übertragung menschlicher Eigenschaften auf Tiere) vor; andere nahmen an, dass ihre Anwesenheit und Gewohnheit, die Tiere zu füttern, den gewaltsamen Konflikt in einer sonst friedlichen Gesellschaft erst ausgelöst hätten. Bei späteren Forschungen achtete man in der Konsequenz ganz bewusst darauf, die Tiere möglichst unbeeinflusst zu lassen, also auch nicht zu füttern. Tatsächlich hatte Goodalls Idee, die Schimpansen mit Bananen anzulocken, die Vermehrungsquote erhöht und so zum Ausbruch des Konflikts beigetragen. Nichtsdestotrotz konnte bestätigt werden, dass kriegsähnliche Auseinandersetzungen – sowohl mit fremden Gruppen als auch innerhalb zu groß gewordener, gespaltener Gemeinschaften – zum natürlichen Territorialverhalten unserer nächsten genetischen Verwandten gehören.

Top Secret – düstere Geheimnisse

Ob Schimpansen auch Geheimnisse für sich behalten? Ich lese über einige Skandale, die in den Geheimdiensten verschiedener Länder reiften und erst Jahrzehnte später eine öffentliche Wahrnehmung erfuhren. Zum Beispiel Projekte, die die Staaten vor ihren Einwohnern zu verheimlichen suchten. So wäre es zumindest eine öffentliche Diskussion wert gewesen, ob Nazi-Wissenschaftler, die im Dritten Reich in der Kriegsindustrie gearbeitet haben, von den Alliierten mit Jobs versorgt werden sollen.

Operation Overcast – feinste Raketentechnik vom Feind

Die Operation Overcast (*overcast* = bedeckt, wolkenverhangen) war ein militärisches Geheimprojekt der USA, um nach der Niederlage Nazi-Deutschlands am Ende des Zweiten Weltkriegs 1945 deutsche Wissenschaftler und Techniker zu rekrutieren und sich deren militärtechnisches Können und Wissen zu sichern.

Grundlage der Operation war ein geheimes Dokument der Joint Chiefs of Staff, datiert vom 6. Juli 1945 – also kurz nach dem Ende des Krieges in Europa und noch vor der Niederlage Japans. Die Idee entstand allerdings schon Jahre zuvor, als viele Politiker und Militärs es rückblickend als Fehler zu beurteilen begannen, dass die USA nach dem Ende des Ersten Weltkrieges umfassend demobilisiert worden waren und ihre militärischen Forschungen unterbrochen hatten. Die wachsenden Gegensätze zur einstmals verbündeten Sowjetunion unter Stalin waren vielen im Generalstab bewusst. Die Operation Overcast sollte durch das Aneignen deutscher Militärtechnik eigene Entwicklungsarbeit verkürzen und eine Rüstungslücke vermeiden. Gleichzeitig sollten diese Wissenschaftler und Techniker dem Zugriff der UdSSR und deren Rüstungsindustrie entzogen werden. Die deutsche Militärtechnik war den Alliierten in manchen Bereichen voraus, speziell bei der Flügelpfeilung, bei Gleitbomben, Flugabwehrraketen sowie Raketen.

V2 auf einer Startrampe der White Sands Proving Grounds

Die Zahl der anzuwerbenden Wissenschaftler wurde auf 450 begrenzt, die zunächst für sechs Monate ohne Angehörige in die USA geholt werden sollten, um sie dort auf die verschiedenen Teilstreitkräfte (Heer, Luftwaffe, Marine) zu verteilen. Im Kontingent sollten sich keine überführten Kriegsverbrecher befinden. Jeder, der als solcher erkannt würde, sollte nach Deutschland zurückgeschickt werden. Als im Jahr 1946 klar war, dass die Forscher länger in den USA bleiben würden, sich teilweise dort niederlassen und ihre Ehefrauen und Familien nachziehen lassen würden, wurden äußerst lockere Regelungen erlassen, um beispielsweise die NSDAP- und SS-Mitgliedschaft Wernher von Brauns zu rechtfertigen. Faktisch spielten NS-Belastungen bei der Auswahl keine Rolle, sorgfältig gesiebt wurde angesichts des begrenzten Kontingents nur bezüglich der fachlichen Qualifikation. Dies ist umso bemerkenswerter, weil gleichzeitig im Rahmen der Nürnberger Prozesse der zuständige Rüstungsminister Albert Speer zu 20 Jahren Haft verurteilt wurde – nicht zuletzt wegen der im Rahmen der Rüstungsproduktion massenhaft eingesetzten Zwangsarbeiter. Auch die Produktion der von Wernher von Braun entwickelten Rakete V2 (»Vergeltungswaffe 2«) in der Fertigungsanlage Dora-Mittelbau erfolgte unter unmenschlichen Bedingungen und Zwangsarbeit. Die verantwortlichen Wissenschaftler und Techniker wurden dafür ebenso wenig zur Rechenschaft gezogen wie für die zivilen Opfer der V1- und V2-Angriffe beispielsweise auf London.

Unter dem Decknamen Operation Paperclip wurde noch im Sommer 1945 die erste Gruppe von Wissenschaftlern in die USA gebracht. Der Name »Paperclip« (»Büroklammer«) leitete sich von den in den entsprechenden Akten eingesteckten Büroklammern ab, welche die Seiten mit relevanten Wissenschaftlern (»Paperclip Boys«) kennzeichneten, die in die USA zu überführen waren.

Ursprünglich sollten 100 Raketenexperten aus Wernher von Brauns Gruppe der Heeresversuchsanstalt Peenemünde zur Entwicklung des Aggregats 4 (bzw. der V2) ausgewählt werden. Im August 1945 bot US-Oberst Holger Toftoy, Leiter der Raketenabteilung für Forschung und Entwicklung in der US-Armee, 127 Spezialisten Einjahresverträge an und brachte sie vorübergehend in Landshut und in Bad Kissingen im Hotel »Wittelsbacher Hof« unter. Im September 1945 wurde eine erste Gruppe mit sieben Wissenschaftlern nach Long Island überführt, darunter Wernher von Braun. Ab Ende 1945 folgten weitere Gruppen nach Fort Bliss (Texas) und auf das benachbarte Versuchsgelände White Sands (New Mexico). Die Familienmitglieder der deutschen Wissenschaftler wurden als »V-2-people« für mehrere Jahre in Landshut in einem bewachten Lager untergebracht, dem sogenannten »Camp Overcast«.

Gleichfalls ließ die US-Regierung im Rahmen der Operation Paperclip deutsche Ingenieure und Chemiker, vor allem der Brabag, I. G. Farben und des Kaiser-Wilhelm-Instituts für Kohlenforschung, für das Synthetic Liquid Fuels Program überwiegend nach Louisiana (Missouri) verbringen, wo bis 1951 das United States Department of the Army für Forschungszwecke nach deutschem Vorbild ein Hydrierwerk zur Herstellung synthetischer Kraftstoffe unterhielt.

Das Paperclip-Team in Fort Bliss, Siebter von rechts in der ersten Reihe:
Wernher von Braun

Spätestens 1946 war klar, dass es nicht bei der ursprünglich geplanten Aufenthaltsdauer von sechs Monaten bleiben würde, auch die anfängliche Höchstzahl von 450 Personen galt als nicht mehr ausreichend. Ein gemeinsames Komitee aus Heer, Marine und Außenministerium erarbeitete Grundsatzentwürfe, wie zusammen mit Großbritannien eine Ausweitung und Fortführung des Programms geregelt werden sollte. So wurde das Wissenschaftlerkontingent auf insgesamt 1000 erhöht sowie der Nachzug der Familien bis hin zur späteren Einbürgerung geregelt. Diese Grundsätze wurden in einem geheimen Dokument mit dem Titel »Einsatz der österreichischen und deutschen Wissenschaftler im Rahmen des Projekts Paperclip« fixiert. Am 13. September 1946 unterzeichnete US-Präsident Harry S. Truman das Dokument. Die »Grundsatzerklärung« trat am 24. Oktober in Kraft. Erst jetzt wurde die Anwesenheit der deutschen Nazi-Wissenschaftler der amerikanischen Öffentlichkeit durch die Massenmedien bekannt gegeben, die darauf überwiegend mit Unverständnis und Ablehnung reagierte.

Mit den Technikern wurde auch die komplette nach dem Krieg übrig gebliebene Technik verschifft, sofern sie in die Hände der darauf angesetzten amerikanischen Einheiten gefallen war. Dies waren im Wesentlichen noch nicht gestartete V2-Raketen und teilweise fertiggestellte Raketenmotoren aus Peenemünde und aus der KZ-Fertigungsanlage Dora-Mittelbau, die sonst der UdSSR zugefallen wären.

In Fort Bliss und White Sands sollten die Ingenieure an der Weiterentwicklung der amerikanischen Raketentechnik forschen. Zwischen April 1946 und Oktober 1951 wurden 66 V2-Raketen testweise in White Sands gestartet. Einige waren mit Pflanzen, manche sogar mit Versuchstieren bestückt, die alle bei den Landeaufschlägen getötet wurden. Ab Ende 1951 wurden die Starts nach Cape Canaveral (Florida) verlegt. Daraus erwuchsen einige Jahre später später die bemannten Raumfahrtprogramme, die zur Mondlandung führten.

Mit ihrem Programm zur Nutzbarmachung der »Gehirne« standen die USA keineswegs allein da. Alle Siegermächte hatten ähnliche Programme mit unterschiedlichen Schwerpunkten. So bemühte sich Großbritannien um deutsche Marineexperten, doch ein Großteil der Bevölkerung lehnte die Einwanderung deutscher Wissenschaftler aufgrund der schlechten wirtschaftlichen Lage in Großbritannien ab. In Australien fanden dennoch über 200 deutsche Wissenschaftler mit ihren Familien im Rahmen der Operation Matchbox eine neue Zwangsheimat. In erster Linie interessierten sich die Briten für die Möglichkeiten, Braunkohlefelder für die Treibstoffproduktion zu nutzen. Deutsche Wissenschaftler hatten erfolgreich in den Buna-Werken ein entsprechendes Verfahren entwickelt.

Auch die Sowjetunion bemühte sich um deutsche Wissenschaftler. Der Chefkonstrukteur des sowjetischen Raketenprogramms Sergei Pawlowitsch Koroljow wurde 1945 nach Berlin beordert. Er bekam im Rahmen der Aktion Ossawakim den Auftrag, Mitarbeiter Wernher von Brauns ausfindig zu machen, die sich nicht in die USA abgesetzt hatten. Mit etwa 150 deutschen Wissenschaftlern und ihren Familien kehrte er 1946 in die Sowjetunion zurück. Neben anderen arbeiteten in dieser Zeit der Assistent Wernher von Brauns, Helmut Gröttrup, und der Aerodynamiker Werner Albring unter der Leitung Koroljows auf der Insel Gorodomlja im nordwestlichen Teil von Zentralrussland. Sie konnten zwischen Juni 1951 (in die damalige DDR) und dem 28. Juni 1953 (in die Bundesrepublik Deutschland) zurückkehren. Eine kleine Gruppe von Elektronik-Experten unterzeichnete Fünfjahresverträge und erlebte in Moskau den Start des russischen Weltraumprogramms mit dem Erstflug des Sputnik.

Wir werden später in diesem Buch lernen, dass es noch viel drastischere und schrecklichere staatliche Geheimprojekte gab. Wikipedia ist auch ein Archiv des staatlichen Missbrauchs. Erstaunlich, dass wir davon oft erst Jahrzehnte später erfahren und die Verantwortlichen nicht zur Rechenschaft gezogen werden. Wie wenig Skrupel die Menschen gegenüber ihren Mitmenschen besitzen, offenbart ein erstmals 1961 in New Haven durchgeführtes psychologisches Experiment.

Das Milgram-Experiment

Das Milgram-Experiment wurde von dem Psychologen Stanley Milgram entwickelt, um die Bereitschaft durchschnittlicher Personen zu testen, autoritären Anweisungen auch dann Folge zu leisten, wenn sie in direktem Widerspruch zu ihrem Gewissen stehen. Der Versuch bestand darin, dass ein »Lehrer« – die eigentliche Versuchsperson – einem »Schüler« (einem Schauspieler) bei Fehlern vermeintlich einen elektrischen Schlag versetzte. Ein Versuchsleiter (ebenso ein Schauspieler) gab dazu Anweisungen. Die Intensität des elektrischen Schlages sollte nach jedem Fehler erhöht werden. Diese Anordnung wurde in verschiedenen Variationen durchgeführt.

Das Milgram-Experiment sollte ursprünglich dazu dienen, Verbrechen aus der Zeit des Nationalsozialismus sozialpsychologisch zu erklären. Dazu sollte die »Germans are different«-These geprüft werden, die davon ausging, dass die Deutschen einen besonders obrigkeitshörigen Charakter haben. Nach den ersten Ergebnissen der Untersuchung in New Haven schien dies jedoch nicht mehr notwendig, auch weil die Untersuchung in ihrem Aufbau wesentlich grundsätzlicher angelegt war.

Milgram bezieht sich darin unter anderem auf das 1963 in New York erschienene Werk der politischen Theoretikerin Hannah Arendt *Eichmann in Jerusalem. Ein Bericht von der Banalität des Bösen.* Dieses Konzept der Banalität des Bösen, so argumentiert er, komme der Wahrheit sehr nahe. Die fundamentalste Erkenntnis der Untersuchung sei, dass ganz gewöhnliche Menschen, die nur ihre Aufgabe erfüllten und keinerlei persönliche Feindschaft empfänden, zu Handlungen in einem Vernichtungsprozess veranlasst werden könnten.

Der ganze Ablauf des Experiments war wie ein Theaterstück inszeniert, bei dem alle außer dem Probanden eingeweiht waren. Eine Versuchsperson und ein Vertrauter des Versuchsleiters, der vorgab, ebenfalls Versuchsperson zu sein, sollten an einem vermeintlichen Experiment zur Untersuchung des Zusammenhangs von Bestrafung und Lernerfolg teilnehmen. Ein offizieller Versuchsleiter (V) bestimmte den Schauspieler durch eine fingierte Losziehung zum »Schüler« (S), die tatsächliche Versuchsperson zum »Lehrer« (L). Die Verabreichung eines elektrischen Schlags mit einer Spannung von 45 Volt sollte der Versuchsperson die körperlichen Folgen elektrischer Schläge vergegenwärtigen. Zudem wurde das an einen elektrischen Stuhl erinnernde Versuchsinventar gezeigt, auf dem der »Schüler« getestet werden sollte. Diese Versuchsanordnung mit der gewollten Assoziation wurde von den Probanden zu keinem Zeitpunkt infrage gestellt.

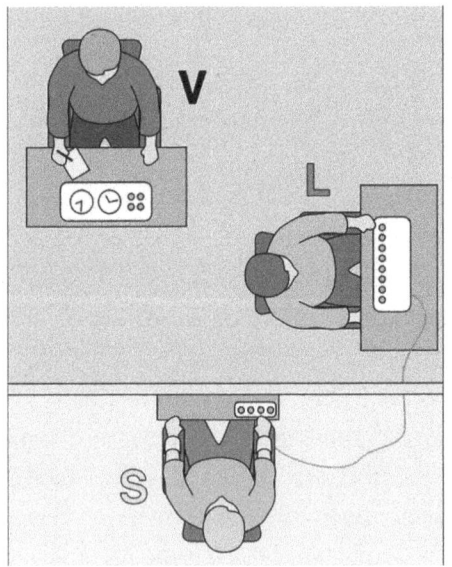

Ablauf des Milgram-Experiments

Der Versuch bestand darin, dass der »Lehrer« dem »Schüler« bei Fehlern in der Zusammensetzung von Wortpaaren jeweils einen elektrischen Schlag versetzte. Dabei wurde die Spannung nach jedem Fehler um 15 Volt erhöht. In Wirklichkeit erlebte der Schauspieler keine elektrischen Schläge, sondern reagierte nach einem vorher bestimmten Schema, abhängig von der eingestellten Spannung. Erreichte die Spannung beispielsweise 150 Volt, verlangte der Schauspieler, von seinem Stuhl losgebunden zu werden, da er die Schmerzen nicht mehr aushalte. Dagegen forderte der dabeisitzende Versuchsleiter, dass der Versuch zum Nutzen der Wissenschaft fortgeführt werden müsse. Wenn die Versuchsperson Zweifel äußerte oder gar gehen wollte, forderte der Versuchsleiter in vier standardisierten Sätzen zum Weitermachen auf. Nach dem vierten Mal brach der Versuchsleiter das Experiment ab. Damit die Sätze immer gleich ausfielen, wurden sie vorher mit dem Schauspieler eingeübt, insbesondere auch, um einen drohenden Unterton zu vermeiden.

- Satz 1: »Bitte fahren Sie fort!« Oder: »Bitte machen Sie weiter!«

- Satz 2: »Das Experiment erfordert, dass Sie weitermachen!«

- Satz 3: »Sie müssen unbedingt weitermachen!«

- Satz 4: »Sie haben keine Wahl, Sie müssen weitermachen!«

Wenn die Versuchsperson fragte, ob der »Schüler« einen permanenten physischen Schaden davontragen könne, sagte der Versuchsleiter: »Auch wenn die Schocks schmerzvoll sein mögen, das Gewebe wird keinen dauerhaften Schaden davontragen, also machen Sie bitte weiter!« Auf die Aussage des »Lehrers«, der »Schüler« wolle nicht weitermachen, wurde standardmäßig geantwortet: »Ob es dem Schüler gefällt oder nicht, Sie müssen weitermachen, bis er alle Wortpaare korrekt gelernt hat. Also bitte machen Sie weiter!« Wenn nach der Verantwortung gefragt wurde, sagte der Versuchsleiter, er übernehme die Verantwortung für alles, was passiere. Die Versuchsperson reagierte auf die Stromschläge mit auf Band aufgenommenen Schmerzensäußerungen.

Spannung	Reaktion des Schülers
75 V	Grunzen
120 V	Schmerzensschreie
150 V	Er sagt, dass er an dem Experiment nicht mehr teilnehmen will.
200 V	Schreie, »die das Blut in den Adern gefrieren lassen«
300 V	Er lehnt es ab, zu antworten.
über 330 V	Stille

Der »Schüler« war in diesem Fall ein unauffälliger Amerikaner irischer Abstammung und repräsentierte einen Menschentyp, mit dem Fröhlichkeit und Gelassenheit verbunden werden. Mit dieser Auswahl sollte eine Beeinflussung der Handlungsweise durch eine mentale Disposition des Probanden vermieden werden. Zudem war es wichtig, dass die Versuchspersonen weder von dem Versuchsleiter noch von dem »Schüler« unbeabsichtigt beeinflusst werden konnten. Der Lehrer konnte selbst bestimmen, zu welchem Zeitpunkt er das Experiment abbrechen wollte. Der Versuchsleiter verhielt sich sachlich, seine Kleidung war in einem unauffälligen Grauton gehalten. Sein Auftreten war bestimmt, aber freundlich.

Die Versuchspersonen wurden über eine Anzeige in der Lokalzeitung von New Haven (Connecticut) gesucht, wobei die angegebene Gage von 4 US-Dollar plus 50 Cent Fahrtkosten schon für das bloße Erscheinen in Aussicht gestellt wurde. Das Experiment fand in der Regel in einem Labor der Yale-Universität statt und war in der Anzeige als unter der Leitung von Prof. Stanley Milgram stehend gekennzeichnet.

Folgende Tabelle gibt die Anzahl der insgesamt 40 Versuchspersonen (Vpn) an, die das Experiment abbrachen, abhängig von der Stärke der letzten applizierten »Schocks«. 26 Personen gingen bis zur maximalen Spannung von 450 Volt und nur 14 brachen vorher ab.

Spannung	Anzahl Vpn: Abbruch
bis 300 V	0
300 V	5
315 V	4
330 V	2
345 V	1
360 V	1
375 V	1
390 V bis 435 V	0
450 V	26

Alle Versuchspersonen im Originalversuch zeigten einen aufgewühlten Gemütszustand, hatten Gewissenskonflikte und waren aufgeregt. Besonders ein nervöses Lachen fiel Milgram auf, das 35 Prozent der Versuchspersonen von sich gaben. Ein Beobachter beschrieb die emotionale Lage eines »Lehrers« folgendermaßen:

»Ich beobachtete einen reifen und anfänglich selbstsicher auftretenden Geschäftsmann, der das Labor lächelnd und voller Selbstvertrauen betrat. Innerhalb von 20 Minuten war aus ihm ein zuckendes, stotterndes Wrack geworden, das sich rasch einem Nervenzusammenbruch näherte. Er zupfte dauernd an seinem Ohrläppchen herum und rang die Hände. An einem Punkt schlug er sich mit der Faust gegen die Stirn und murmelte: ›Oh Gott, lass uns aufhören.‹ Und doch reagierte er weiterhin auf jedes Wort des Versuchsleiters und gehorchte bis zum Schluss.«

Es zeigte sich, dass Personen, die die persönliche Verantwortung für ihr Verhalten hoch veranschlagten, das Experiment eher abbrachen und dem Versuchsleiter widersprachen.

Milgram war selbst von den Ergebnissen des Versuchs überrascht. Studenten und Kollegen, denen er von dem Versuch erzählt hatte, schätzten die Zahl derjenigen, die bis zum Maximum gehen würden, äußerst gering ein. Milgram und andere nannten verschiedene Gründe, die zu der hohen Zahl an gehorsamen Probanden geführt haben könnten. Vermutlich wollten die Testpersonen das freiwillig begonnene Experiment auch tatsächlich abschließen und den Erwartungen der Wissenschaftler entsprechen (sog. normativer sozialer Einfluss). Die zufällige Auslosung von »Lehrern« und »Schülern« schuf zudem eine scheinbar faire Situation. Hinzu kommt, dass die Versuchssituation für die Probanden neu war und deshalb kein erlerntes Handlungsmuster existierte (sog. informativer sozialer Einfluss). Zudem hatten sie kaum Zeit, sich auf die überraschende Situation einzustellen. Ein anderer Erklärungsversuch zielt auf den graduellen Charakter des Experimentes ab, der alltäglichen psychologischen Verhaltensmustern entspricht, diese aber durch die kontinuierliche Steigerung der »Bestrafungsbereitschaft« in Richtung außerordentlicher Verhaltensweisen verschiebt (sog. Dissonanzauflösung). Dies erschwerte es den Probanden, die Folgen abzuschätzen.

Soziologisch ist das Experiment als Beleg für die Wirksamkeit der Norm des Gehorsams gesehen worden. Über die Sozialisation erlernt das Individuum Gehorsamkeit und Unterordnung, zunächst im familiären Umfeld, später in der Institution Schule. In beiden gesellschaftlichen Kontexten, die für die Prägung des Individuums entscheidend sind, werden Folgsamkeit und Unterordnung positiv sanktioniert. Die Gehorsamkeitsnorm ist an Institutionen und Individuen gebunden, die über einen hohen sozialen Status und/oder Autorität verfügen. Denn wie sich in den Variationen des Versuches andeutete, sinkt mit dem sozialen Status des Versuchsleiters die Bereitschaft zur Gehorsamsleistung. Insbesondere wenn die Autorität in einen bürokratischen Prozess eingebunden ist, der die Delegation der Verantwortung auf eine Institution ermöglicht, steigt die Chance auf Gehorsam selbst bei Befehlen, die als unmoralisch empfunden werden.

Dieses Experiment verändert den Blick auf unser menschliches Wesen nachhaltig. Wir können nur hoffen, dass neue Formen der Erziehung, die auf humanistischen Werten ebenso wie auf einer Anleitung zum kritischen Denken und Hinterfragen basieren, uns in Zukunft vor solchem Verhalten bewahren.

Streifzüge durch den Kulturkanon

Wenn man die größte Wissenssammlung der Welt durchliest, wird einem vor allem eines schmerzlich bewusst: wie wenig man weiß. Natürlich ist es sinnvoll, zu lesen und sich lebenslang weiterzubilden. Was sollen wir also lesen? Wikipedia verrät uns die besten Romane, die eine Jury im Auftrag der Wochenzeitung *Die Zeit* gewählt hat.

Liste der rezensierten Werke				
Nr.	Autor	Titel	Jahr	Rezensent
1	*diverse*	*Die Bibel*		Rudolf Augstein
2	Homer	*Odyssee*	8. Jh. v. Chr.	Herbert Bannert
3	Platon	*Apologie*	399 v. Chr.	Urs Jaeggi
4	Vergil	*Aeneis*	19 v. Chr.	Bernhard Kytzler
5	Tacitus	*Germania*	98 n. Chr.	Heinrich Böll
6	Longos	*Daphnis und Chloe*	3. Jh. n. Chr.	Bernhard Kytzler
7	Augustinus	*Bekenntnisse*	um 400	Golo Mann
8	Antoine Galland (Übersetzer, Herausgeber)	*Die Erzählungen aus den tausendundein Nächten*		Iring Fetscher
9	Wolfram von Eschenbach	*Parzival*	ca. 1200–1210	Peter Wapnewski
10	Gottfried von Straßburg	*Tristan*	um 1210	Peter Wapnewski

Liste der rezensierten Werke				
Nr.	Autor	Titel	Jahr	Rezensent
11	*unbekannt*	*Das Nibelungenlied*	Anfang 13. Jh.	Peter Wapnewski
12	Dante Alighieri	*Die Göttliche Komödie*	ca. 1320	Horst Rüdiger
13	Giovanni Boccaccio	*Das Decamerone*	um 1350	Herbert Heckmann
14	Thomas Morus	*Utopia*	1516	Rudolf Augstein
15	François Rabelais	*Gargantua und Pantagruel*	1532–1564	Herbert Heckmann
16	Michel de Montaigne	*Essais*	1572–1592	Rolf Michaelis
17	Hans Jakob Christoffel von Grimmelshausen	*Der abenteuerliche Simplicissimus*	1668	Günter Kunert
18	Blaise Pascal	*Pensées*	1670	Iring Fetscher
19	Daniel Defoe	*Robinson Crusoe*	1719	Ulrich Greiner
20	Jonathan Swift	*Gullivers Reisen*	1726	Eberhard Lämmert
21	Henry Fielding	*Tom Jones*	1749	Ludwig Harig
22	Laurence Sterne	*Leben und Ansichten von Tristram Shandy, Gentleman*	1759–1767	Rudolf Walter Leonhardt
23	Voltaire	*Candide*	1759	Robert Minder
24	Johann Wolfgang von Goethe	*Die Leiden des jungen Werther*	1774	Reinhard Lettau
25	Gotthold Ephraim Lessing	*Anti-Goeze*	1778	Dieter Hildebrandt
26	Jean-Jacques Rousseau	*Die Bekenntnisse*	1782, 1789	Rolf Michaelis
27	Karl Philipp Moritz	*Anton Reiser*	1785–1790	Peter Laemmle
28	Immanuel Kant	*Zum ewigen Frieden*	1795	Rudolf Walter Leonhardt
29	Ulrich Bräker	*Der arme Mann im Tockenburg*	1789	Peter Wapnewski

Liste der rezensierten Werke				
Nr.	Autor	Titel	Jahr	Rezensent
30	Friedrich von Schiller	*Ästhetische Schriften*	1795	Hans Platschek
31	Denis Diderot	*Jacques der Fatalist und sein Herr*	1796	Helmut Heißen-büttel
32	Jean Paul	*Siebenkäs*	1796–1797	Leo Kreutzer
33	Friedrich Hölderlin	*Hyperion*	1797, 1799	Rolf Michaelis
34	Georg Christoph Lichtenberg	*Sudelbücher*	1764–1799	Klaus Schröter
35	Johann Wolfgang von Goethe	*Die Wahlverwandt-schaften*	1809	Reinhard Baumgart
36	Heinrich von Kleist	*Erzählungen*	1810	Eberhard Lämmert
37	Johann Peter Hebel	*Das Schatzkästlein des Rheinischen Haus-freunds*	1811	Hartmut von Hentig
38	Die Brüder Grimm	*Kinder- und Hausmär-chen*	1812, 1814	Hartmut von Hentig
39	E. T. A. Hoffmann	*Kater Murr und Kreisler*	1819, 1821	Hans Mayer
40	Giacomo Casanova	*Geschichte meines Le-bens*	1822–1828	Manès Sperber
41	Joseph von Eichendorff	*Aus dem Leben eines Taugenichts*	1826	Petra Kipphoff
42	Stendhal	*Rot und Schwarz*	1830	Luise Rinser
43	Georg Büchner	*Lenz*	1839	Peter Schneider
44	Honoré de Balzac	*Verlorene Illusionen*	1837–1843	Hans-Jörg Neu-schäfer
45	Charles Dickens	*Oliver Twist*	1838	Ludwig Harig
46	Nikolai Gogol	*Die toten Seelen*	1842	Horst Bienek
47	Søren Kierkegaard	*Entweder – Oder*	1843	Heinz Josef Herbort
48	Heinrich Heine	*Deutschland. Ein Winter-märchen*	1844	Wolf Biermann

\multicolumn{5}{c	}{Liste der rezensierten Werke}
Nr.	Autor	Titel	Jahr	Rezensent
49	Edgar Allan Poe	Phantastische Erzählungen	1832–1849	Dieter E. Zimmer
50	Herman Melville	Moby Dick	1851	Rolf Hochhuth
51	Arthur Schopenhauer	Parerga und Paralipomena	1851	Rudolf Walter Leonhardt
52	Karl Marx	Der achtzehnte Brumaire des Louis Bonaparte	1852	Oskar Negt
53	Hans Christian Andersen	Märchen	1835–1848	Egon Monk
54	Gottfried Keller	Der grüne Heinrich	1854–1855	Adolf Muschg
55	Gustave Flaubert	Madame Bovary	1856	Eberhard Lämmert
56	Iwan Gontscharow	Oblomow	1859	Hans J. Fröhlich
57	Victor Hugo	Die Elenden	1862	Hanns Grössel
58	Lewis Carroll	Alice im Wunderland	1865	Dieter E. Zimmer
59	Iwan Turgenew	Väter und Söhne	1862	Reinhard Baumgart
60	Wilhelm Raabe	Abu Telfan oder Die Heimkehr vom Mondgebirge	1867	Hans Mayer
61	Leo Tolstoi	Krieg und Frieden	1868–1869	Walter Kempowski
62	Adalbert Stifter	Erzählungen	1869	Ilse Aichinger
63	Fjodor Dostojewski	Die Dämonen	1873	Luise Rinser
64	Friedrich Nietzsche	Menschliches, Allzumenschliches	1878–1880	Rudolf Walter Leonhardt
65	Émile Zola	Germinal	1885	Günter Wallraff
66	August Strindberg	Sohn einer Magd	1886	Helmut Heißenbüttel
67	Knut Hamsun	Hunger	1890	Gabriele Wohmann
68	Oscar Wilde	Das Bildnis des Dorian Gray	1891	Rudolf Walter Leonhardt

Liste der rezensierten Werke				
Nr.	Autor	Titel	Jahr	Rezensent
69	Anton Tschechow	*Erzählungen*	1883–1888	Peter Urban
70	Theodor Fontane	*Der Stechlin*	1899	Peter Härtling
71	Thomas Mann	*Buddenbrooks*	1901	Hans Mayer
72	Robert Musil	*Die Verwirrungen des Zöglings Törleß*	1906	Thomas Brasch
73	Rainer Maria Rilke	*Die Aufzeichnungen des Malte Laurids Brigge*	1910	Jürgen Becker
74	Heinrich Mann	*Der Untertan*	1918	Alfred Kantorowicz
75	Marcel Proust	*Auf der Suche nach der verlorenen Zeit*	1913–1927	Walter Mehring
76	Jaroslav Hašek	*Die Abenteuer des braven Soldaten Schwejk*	1921–1923	Pavel Kohout
77	James Joyce	*Ulysses*	1922	Wolfgang Hildesheimer
78	John Dos Passos	*Manhattan Transfer*	1925	Siegfried Lenz
79	Franz Kafka	*Das Schloss*	1926	Dieter E. Zimmer
80	Hermann Hesse	*Der Steppenwolf*	1927	Petra Kipphoff
81	Alfred Döblin	*Berlin Alexanderplatz*	1929	Rainer Werner Fassbinder
82	Ernst Bloch	*Spuren*	1930	Fritz J. Raddatz
83	Sigmund Freud	*Das Unbehagen in der Kultur*	1930	Hermann Glaser
84	Leo Trotzki	*Mein Leben*	1929	Christian Gneuss
85	William Faulkner	*Licht im August*	1932	Hans C. Blumenberg
86	Franz Kafka	*Erzählungen*	1904–1924	Hans Mayer
87	André Gide	*Tagebücher*	1934–1997	Hans Mayer
88	Anna Seghers	*Das siebte Kreuz*	1942	Susanne Schäfer
89	Albert Camus	*Der Fremde*	1942	Reinhard Baumgart
90	Heinrich Böll	*Erzählungen*	1948–1995	Wolfgang Weyrauch

\multicolumn{5}{Liste der rezensierten Werke}

Nr.	Autor	Titel	Jahr	Rezensent
91	Jean Genet	*Querelle*	1947	Fritz J. Raddatz
92	Ernest Hemingway	*Der alte Mann und das Meer*	1952	Dieter E. Zimmer
93	Max Frisch	*Stiller*	1954	Joachim Kaiser
94	Claude Lévi-Strauss	*Traurige Tropen*	1955	Peter Wapnewski
95	Samuel Beckett	*Das letzte Band*	1958	Benjamin Henrichs
96	Günter Grass	*Die Blechtrommel*	1959	Fritz J. Raddatz
97	Jean-Paul Sartre	*Die Wörter*	1964	Fritz J. Raddatz
98	Bertolt Brecht	*Geschichten vom Herrn Keuner*	1926/2004	Benjamin Henrichs
99	Uwe Johnson	*Jahrestage*	1970–1983	Rolf Michaelis
100	Miguel de Cervantes	*Don Quijote*	1605, 1615	Golo Mann

Bei dieser Gelegenheit gleich noch die besten Lieder aller Zeiten, gewählt vom *Rolling Stone* im Jahr 2004 und 2010.

Platzierung 2010	2004	Titel	Interpret	VÖ-Datum	Anmerkungen
1	1	Like a Rolling Stone	Bob Dylan	1965/07	Autor: Bob Dylan Produzent: Tom Wilson
2	2	(I Can't Get No) Satisfaction	Rolling Stones, The	1965/05	Autoren: Mick Jagger, Keith Richards Produzent: Andrew Loog Oldham
3	3	Imagine	John Lennon	1971/10	Autor und Produzent: John Lennon Produzenten: Phil Spector, Yoko Ono

Platzierung		Titel	Interpret	VÖ-Datum	Anmerkungen
2010	2004				
4	4	What's Going On	Marvin Gaye	1971/02	Autor und Produzent: Marvin Gaye Autoren: Renaldo Benson, Al Cleveland
5	5	Respect	Aretha Franklin	1967/04	Autor: Otis Redding Produzent: Jerry Wexler
6	6	Good Vibrations	Beach Boys, The	1966/10	Autoren: Brian Wilson, Mike Love Produzent: Brian Wilson
7	7	Johnny B. Goode	Chuck Berry	1958/04	Autor: Chuck Berry Produzenten: Leonard Chess, Phil Chess
8	8	Hey Jude	Beatles, The	1968/08	Autoren: John Lennon, Paul McCartney Produzent: George Martin
9	9	Smells Like Teen Spirit	Nirvana	1991/09	Autor: Kurt Cobain Produzent: Butch Vig
10	10	What'd I Say	Ray Charles	1959/06	Autor: Ray Charles Produzenten: Ahmet Ertegün, Jerry Wexler
11	11	My Generation	Who, The	1965/11	Autor: Pete Townshend Produzent: Shel Talmy
12	12	A Change Is Gonna Come	Sam Cooke	1964/12	Autor: Sam Cooke Produzenten: Hugo Peretti, Luigi Creatore
13	13	Yesterday	Beatles, The	1965/09	Autoren: John Lennon, Paul McCartney Produzent: George Martin
14	14	Blowin' in the Wind	Bob Dylan	1963/05	Autor: Bob Dylan Produzent: John Hammond
15	15	London Calling	Clash, The	1980/01	Autoren: Mick Jones, Joe Strummer Produzent: Guy Stevens

Platzierung		Titel	Interpret	VÖ-Datum	Anmerkungen
2010	2004				
16	16	I Want to Hold Your Hand	Beatles, The	1963/12	Autoren: John Lennon, Paul McCartney Produzent: George Martin
17	17	Purple Haze	Jimi Hendrix Experience, The	1967/03	Autor: Jimi Hendrix Produzent: Chas Chandler
18	18	Maybellene	Chuck Berry	1955/07	Autor: Chuck Berry Produzenten: Leonard Chess, Phil Chess
19	19	Hound Dog	Elvis Presley	1956/07	Autoren: Jerry Leiber, Mike Stoller Produzent: Steve Sholes
20	20	Let It Be	Beatles, The	1970/03	Autoren: John Lennon, Paul McCartney Produzent: George Martin
21	21	Born to Run	Bruce Springsteen	1975/08	Autor und Produzent: Bruce Springsteen Produzent: Mike Appel
22	22	Be My Baby	Ronettes, The	1963/08	Autoren: Jeff Barry, Ellie Greenwich Autor und Produzent: Phil Spector
23	23	In My Life	Beatles, The	1965/12	Autoren: John Lennon, Paul McCartney Produzent: George Martin
24	24	People Get Ready	Impressions, The	1965/01	Autor: Curtis Mayfield Produzent: Johnny Pate
25	25	God Only Knows	Beach Boys, The	1966/05	Autoren: Brian Wilson, Tony Asher Produzent: Brian Wilson
26	28	(Sittin' On) The Dock of the Bay	Otis Redding	1968/01	Autoren: Otis Redding, Steve Cropper Produzent: Steve Cropper

Platzierung		Titel	Interpret	VÖ-Datum	Anmerkungen
2010	2004				
27	27	Layla	Derek and the Dominos	1970/11	Autoren: Eric Clapton, Jim Gordon Produzenten: Tom Dowd, The Dominos
28	26	A Day in the Life	Beatles, The	1967/06	Autoren: John Lennon, Paul McCartney Produzent George Martin
29	29	Help!	Beatles, The	1965/07	Autoren: John Lennon, Paul McCartney Produzent: George Martin
30	30	I Walk the Line	Johnny Cash	1956/08	Autor: Johnny Cash Produzent: Sam Phillips
31	31	Stairway to Heaven	Led Zeppelin	1971/11	Autoren: Jimmy Page, Robert Plant Produzent: Jimmy Page
32	32	Sympathy for the Devil	Rolling Stones, The	1968/12	Autoren: Mick Jagger, Keith Richards Produzent: Jimmy Miller
33	33	River Deep – Mountain High	Ike & Tina Turner	1966/05	Autor und Produzent: Phil Spector Autoren: Jeff Barry, Ellie Greenwich
34	34	You've Lost That Lovin' Feelin'	Righteous Brothers, The	1964/12	Autor und Produzent: Phil Spector Autoren: Barry Mann, Cynthia Weil
35	35	Light My Fire	Doors, The	1967/06	Autoren: Robby Krieger, John Densmore, Jim Morrison, Ray Manzarek Produzent: Paul Rothchild
36	36	One	U2	1991/11	Autoren: Bono, The Edge, Adam Clayton, Larry Mullen, Jr. Produzenten: Brian Eno, Daniel Lanois

Platzierung		Titel	Interpret	VÖ-Datum	Anmerkungen
2010	2004				
37	37	No Woman, No Cry	Bob Marley	1975/05	Autoren: Vincent Ford, Bob Marley Produzenten: Chris Blackwell, The Wailers
38	38	Gimme Shelter	Rolling Stones, The	1969/04	Autoren: Mick Jagger, Keith Richards Produzent: Jimmy Miller
39	39	That'll Be the Day	Buddy Holly and the Crickets	1957/05	Autoren: Jerry Allison, Buddy Holly Autor und Produzent: Norman Petty
40	40	Dancing in the Street	Martha Reeves and the Vandellas	1964/09	Autoren: Marvin Gaye, Ivy Hunter Autor und Produzent: William »Mickey« Stevenson
41	41	The Weight	Band, The	1968/08	Autor: Robbie Robertson Produzent: John Simon
42	42	Waterloo Sunset	Kinks, The	1968/02	Autor und Produzent: Ray Davies
43	43	Tutti-Frutti	Little Richard	1955/12	Autoren: Dorothy La Bostrie, Richard Penniman Produzent: Robert »Bumps« Blackwell
44	44	Georgia on My Mind	Ray Charles	1960/09	Autoren: Hoagy Carmichael, Stuart Gorrell Produzent: Sid Feller
45	45	Heartbreak Hotel	Elvis Presley	1956/01	Autoren: Mae Boren Axton, Tommy Durden, Elvis Presley Produzent: Steve Sholes
46	46	Heroes	David Bowie	1977/09	Autoren: David Bowie, Brian Eno Produzent: Tony Visconti

Platzierung		Titel	Interpret	VÖ-Datum	Anmerkungen
2010	2004				
47	48	All Along the Watchtower	Jimi Hendrix Experience, The	1968/09	Autor: Bob Dylan Produzent: Jimi Hendrix
48	47	Bridge over Troubled Water	Simon & Garfunkel	1970/02	Autor und Produzent: Paul Simon Produzenten: Art Garfunkel, Roy Halee
49	49	Hotel California	Eagles, The	1976/12	Autoren: Don Felder, Glenn Frey, Don Henley Produzent: Bill Szymczyk
50	50	The Tracks of My Tears	Smokey Robinson and the Miracles	1965/06	Autor und Produzent: William Robinson Autoren: Pete Moore, Marv Tamplin

Erstaunlich, wie wenige Frauen sich auf diesen Listen wiederfinden. Die jahrhundertelange systematische Ungleichbehandlung bei Bildungs- und Karrierechancen spiegelt sich auch in Wikipedia wider. Dennoch gibt es unzählige wunderbare Frauen, die sich nicht vorschreiben lassen wollten, was die Rolle der Frau sein soll.

Außergewöhnliche Frauen

Julie d'Aubigny – der Zeit voraus

»Mademoiselle Maupin der Oper«

Julie d'Aubigny (* 1670/1673; † 1707 in der Provence), auch bekannt als Mademoiselle Maupin oder La Maupin, war eine Schwertkämpferin und Opernsängerin des 17. Jahrhunderts. Ihre Karriere und ihr extravagantes Leben waren Gegenstand von Klatsch und Tratsch und inspirierten zahlreiche Porträts. Théophile Gautier stützte die Titelfigur seines Romans *Mademoiselle de Maupin* aus dem Jahr 1835 lose auf sie.

Sie war die einzige Tochter von Gaston d'Aubigny, der Sekretär von Louis de Lorraine-Guise, dem Sohn von Henri de Lorraine, Comte d'Harcourt, war. In ihrer Ausbildung lernte sie unter anderem das Fechten. 1690 debütierte sie an der Pariser Oper in der Rolle der Pallas. In der Folgezeit zeigte sie mit ihrem Geliebten Fecht-Schaukämpfe, in denen sie als Mann verkleidet auftrat. d'Aubigny war zwischenzeitlich die Mätresse von Maximilian II. Emanuel. Als Sängerin trat sie letztmals in *La Vénitienne* von Michel de La Barre 1705 in Erscheinung.

Ruth Belville – die Zeit als Ware

Ruth Belville vor der »Shepherd gate clock« in Greenwich, 1908

Jahrzehnte später verkaufte Ruth Belville eine ganz besonders vergängliche Ware, die nach ihr niemand mehr zu Geld machen konnte: die Zeit.

Elizabeth Ruth Belville (* 5. März 1854 in London; † 7. Dezember 1943 ebenda) war eine britische Unternehmerin, die mehr als vier Jahrzehnte lang die genaue Uhrzeit verkaufte. Sie glich dazu ein in Silber eingefasstes Chronometer aus dem Jahr 1794 mit der amtlich gemessenen Zeit (Greenwich Mean Time) im Royal Observatory in Greenwich ab und besuchte dann Abonnenten wie etwa Uhrmacher im Londoner Stadtgebiet, die ihre Uhren nach dem Chronometer von Ruth Belville einstellten. Obwohl das General Post Office bereits seit den 1870er-Jahren die Uhrzeit telegrafisch übermittelte und 1882 mit der Standard Time Company ein privates Unternehmen gegründet wurde, das sich der Übertragung von Zeitsignalen verschrieben hatte, blieb Ruth Belville ein treuer Kundenkreis erhalten. Allerdings sank die Anzahl der Abonnenten auf rund 60 Kunden im Jahr 1908. Die verbliebenen Abonnenten wollten nicht auf Ruth Belvilles Dienste verzichten, da das Chronometer eine höhere Genauigkeit besaß als die elektrischen Uhren. Ruth Belville wurde aufgrund ihrer ungewöhnlichen Tätigkeit eine lokale Berühmtheit und ging als die Greenwich Time Lady in die Geschichte Londons ein.

Oft sind es ja die Mädchen, die in der Schule besonders gut aufpassen. In diesem Fall hat es sich besonders ausgezahlt.

Tilly Smith – zur richtigen Zeit am richtigen Ort

Tilly Smith (* 1994) ist eine Britin, die im Alter von zehn Jahren während des Tsunami im Indischen Ozean im Dezember 2004 rund 100 Menschen das Leben gerettet hat.

Sie erkannte die Vorzeichen des Tsunami rechtzeitig und rettete so am Strand von Phuket rund 100 Menschen. Dank der Erklärungen ihres Erdkundelehrers Andrew Kearney an der Danes Hill Preparatory School in Oxshott, Surrey, der seinen Schülern zwei Wochen vor Tillys Urlaub Tsunamis erklärt hatte, erkannte sie, was es bedeutete, als sich das Meer zurückzog. Sie erzählte es ihren Eltern Penny und Colin Smith. Diese warnten daraufhin andere Urlauber und Angestellte ihres Hotels. Das Hotel evakuierte den Strand einige Minuten vor dem Eintreffen der Flutwelle. Laut der Boulevardzeitung *The Sun* war der Maikhao-Strand einer der wenigen Strände von Phuket, an denen es keine Toten oder Schwerverletzten durch den Tsunami gab.

Manche Heldinnen mussten dagegen ihr Leben lassen – im Kampf gegen eine überwiegend von Männern ersonnene Horrorideologie.

Hannie Schaft – die niederländische Sophie Scholl

Jannetje Johanna »Jo« Schaft (* 16. September 1920 in Haarlem; † 17. April 1945 in Bloemendaal) war eine Kämpferin des kommunistischen Widerstands gegen den Nationalsozialismus in den Niederlanden während des Zweiten Weltkrieges. Von den deutschen Besatzern wurde sie »das Mädchen mit dem roten Haar« *(het meisje met het rode haar)* genannt. Ihr Deckname in der Widerstandsbewegung war Hannie.

Jannetje Johanna Schaft, genannt Jo bzw. Jopie, wurde als jüngste Tochter des Lehrers Pieter Schaft und seiner Ehefrau Aafje Talea Vrijer, einer Mennonitin, 1920 in Haarlem bei Amsterdam geboren. Ihr Vater war Mitglied im sozialistischen Lehrerverband und in der Sozial-demokratischen Arbeiterpartei der Niederlande (SDAP). Jo Schaft, die 1938 ein Jurastudium an der Universität Amsterdam aufnahm, war mit zwei niederländischen jüdischen Studentinnen befreundet, die ebenfalls der Partei nahestanden und sie über die Judenverfolgung im national-sozialistischen Deutschland informierten. Bereits kurz nach Beginn des

Zweiten Weltkrieges mit dem Überfall auf Polen unterstützte sie polnische Offiziere in deutscher Kriegsgefangenschaft mit Paketen. Nach der deutschen Besetzung der Niederlande im Mai 1940, der im Herbst desselben Jahres Repressalien gegen die niederländischen Juden folgten – ihre Kommilitoninnen Philine Polak und Sonja Frenk mussten ihr Studium aufgeben –, wurde sie mehr und mehr in der Widerstandsbewegung aktiv, indem sie politische Artikel für die Universitätszeitung verfasste, Flugblätter gegen die deutsche Besatzung druckte und verteilte, Verstecke für jüdische Verfolgte besorgte sowie Ausweispapiere und Essensmarken organisierte. Auch für Philine und Sonja stahl sie Ausweise und half ihnen unterzutauchen, als die niederländischen Juden 1942 gezwungen wurden, »Judensterne« zu tragen. Als Schaft sich schließlich Anfang 1943 weigerte, eine Loyalitätserklärung gegenüber der nationalsozialistischen Universitätsverwaltung zu unterzeichnen, wurde ihr das weitere Studium verwehrt – den Bachelor hatte sie bereits erworben; sie zog zu ihren Eltern nach Haarlem zurück und wandte sich dem militanten Widerstand zu.

Jannetje Johanna Schaft

Unter dem Tarnnamen Hannie wurde sie Mitglied des Raad van Verzet, einer Widerstandsgruppe, die mit der niederländischen kommunistischen Partei verbunden war. Vor allem mit Truus Oversteegen, die sich bereits als 17-Jährige am kommunistischen Widerstand beteiligte, und deren jüngerer Schwester Freddie Oversteegen führte sie zum großen Teil erfolgreiche Anschläge auf hohe Repräsentanten der deutschen Besatzung wie Kader der Gestapo, verantwortliche niederländische Kollaborateure und »Verräter« aus den eigenen Reihen aus.

Hannie Schaft war bei den deutschen Besetzern verhasst, weil sie bis kurz vor der Befreiung der Niederlande an militanten Aktionen beteiligt war. Bei ihrer Verhaftung Ende März 1945 trug sie auf einem Fahrrad mehrere Exemplare der kommunistischen Untergrundzeitung *De Waarheid* und eine Pistole bei sich. Obwohl es gegen Kriegsende eine Übereinkunft zwischen den deutschen Besatzern und den Binnenlandse Strijdkrachten gab, keine Frauen hinzurichten, wurde sie nach Verhören unter Folter am 17. April 1945 in den Dünen von Bloemendaal erschossen.

Im Dritten Reich wurde die Justiz zum blinden Instrument der Faschisten. Doch auch die unabhängige Justiz in Demokratien wie Deutschland agiert freilich nicht fehlerfrei. Wenn man die Liste mit Justizirrtümern in der deutschen Rechtsprechung liest, bekommt man ein mulmiges Gefühl und ahnt, dass mancher womöglich sein Leben im Gefängnis verbringen muss, bloß weil er im falschen Moment am falschen Ort war. Hier die spektakulärsten Fälle seit den 1970er-Jahren.

Briefmarke der DDR mit Porträt von Hannie Schaft (1962)

Bekannte Justizirrtümer

1971 bis 1980

- Holger Gensmer, 1971, Tatvorwurf: Mord und Unzucht mit einem Kind, Landgericht Hamburg, Urteil: lebenslängliche Haft. Verbüßte Haft: 16 Jahre, in einem Wiederaufnahmeverfahren nachträglich wegen erwiesener Unschuld freigesprochen.

- Vera Stein, bürgerlich Waltraud Storck, wurde ab 1974 auf Beschluss verschiedener Gerichte (darunter das OLG Bremen) ohne hinreichende Diagnose und gegen ihren Willen jahrelang in geschlossenen psychiatrischen Anstalten festgehalten und mit Psychopharmaka behandelt. Dabei wurden normales pubertäres Verhalten und die Folgen einer Polio-Infektion als Hebephrene Schizophrenie fehldiagnostiziert. Ihr Vater war treibende Kraft bei den vielen stationären Zwangseinweisungen zwischen 1974 und 1979, sogar noch nachdem Stein die Volljährigkeit erreicht hatte. Der Europäische Gerichtshof für Menschenrechte urteilte 2005, dass ihre Unterbringung einen Verstoß gegen die Europäische Menschenrechtskonvention darstellte.

- Otto Becker wurde 1975 im Mordfall Carmen Kampa zu einer Freiheitsstrafe von 12 Jahren und 3 Monaten verurteilt. Nachdem der Bundesgerichtshof das Urteil aufgehoben hatte, wurde Becker 1976 vom Landgericht Bremen freigesprochen. Spätere Ermittlungen mit moderner DNA-Technik ergaben 2011, dass der Mord sehr wahrscheinlich von einem Bremer Wachmann begangen worden war.

1981 bis 1990

● Gabriele Gottwald, Bundestagsabgeordnete, wurde 1984 wegen Beleidigung verurteilt, weil sie von einem Polizisten zu Unrecht beschuldigt wurde. Der Polizist gestand 2008 seine Falschbeschuldigung.

● Michael Mager saß 6 Jahre wegen Mordes an einer Rentnerin im Gefängnis. Nach stundenlangen Verhören hatte Mager den Mord Ende 1983 gestanden. Kurze Zeit später widerrief er allerdings sein Geständnis. 1995 gestand der wahre Täter, Thomas Rung, schließlich den Mord an der Rentnerin im Jahre 1983. Mager wurde 1996 in einem Wiederaufnahmeverfahren vom Landgericht Berlin nachträglich freigesprochen.

● Wolfgang J. wurde vom Landgericht Koblenz zu einer lebenslangen Haftstrafe verurteilt, weil er 1985 eine Schülerin vergewaltigt und ermordet haben sollte. Er saß dafür 29 Monate in Untersuchungshaft. Eine DNA-Analyse, um die er selbst kämpfen musste, brachte dann die Wahrheit ans Licht. Die Zeugenaussagen, die ihn in Haft gebracht hatten, stellten sich als falsch heraus. Diese waren ein Racheakt der Familie seiner Lebensgefährtin, nachdem Wolfgang J. deren Onkel wegen jahrelangen sexuellen Missbrauchs seiner Partnerin angezeigt hatte. J. wurde 1988 freigesprochen.

● Richard Simmons, 1986, Tatvorwurf: Vergewaltigung und Mord, Landgericht Bielefeld, Urteil: 15 Jahre Haft. Verbüßte Haft: 8,5 Jahre. Eine nachträgliche DNA-Analyse ergab, dass er nicht der Täter gewesen sein konnte. Simmons wurde 1994 in einem Wiederaufnahmeverfahren wegen erwiesener Unschuld nachträglich freigesprochen.

- Bernd Herborth wurde 1989 vom Landgericht Paderborn wegen sexuellen Missbrauchs seiner Tochter zu 18 Monaten Haft auf Bewährung verurteilt. Grundlage dafür war ein Glaubwürdigkeitsgutachten, das die 8-jährige Tochter als glaubwürdig einstufte. Herborth verlor dadurch seinen Job als Realschullehrer und seine Familie. Wegen erwiesener Unschuld wurde er 1996 in einem Wiederaufnahmeverfahren freigesprochen.

1991 bis 2000

- Anton Windhager saß infolge einer Falschaussage eines 13-jährigen Mädchens 3 Jahre und 4 Monate unschuldig im Gefängnis. Er war 1993 vom Landgericht Weiden wegen Vergewaltigung verurteilt worden. Ein Wiederaufnahmeantrag scheiterte 1994. Windhagers Anwalt warf den Ermittlern und dem Gericht eklatante Fehler vor. So war dem Mädchen bereits vor der Gegenüberstellung ein Foto von Windhager gezeigt worden. Überdies hätte die mit einem Glaubwürdigkeitsgutachten beauftragte Gutachterin besser befragt werden müssen, zumal diese später einräumte, dass das Mädchen den Täter verwechselt haben könnte. 1999 erfuhr Windhager, dass das inzwischen erwachsene Mädchen seine frühere Aussage widerrufen hatte. Nicht Windhager (genannt Toni) habe sie vergewaltigt, sondern der damalige Freund ihrer Mutter. Weil er ihr mit Gewalt gedroht habe, falls sie die Wahrheit sagen sollte, erfand sie den »Toni aus dem Nachbarort«. Ende 2000 wurde Windhager nachträglich freigesprochen.

- Adolf S. wurde 1995 vom Landgericht Osnabrück wegen des Vorwurfs der Vergewaltigung seiner Tochter zu einer Freiheitsstrafe von 7 Jahren verurteilt. 1996 wurde auch der Onkel der Tochter, Bernhard M., wegen des gleichen Vorwurfs zu einer Freiheitsstrafe von 4,5 Jahren verurteilt. Es gab keine Geständnisse,

Zeugenaussagen von Dritten oder andere Beweise – nur die Beschuldigungen eines 18-jährigen Mädchens, das sich später als psychisch krank herausstellte. Überdies ignorierte das Gericht ein Gutachten sowie gewichtige Indizien, z. B. die noch bestehende Jungfräulichkeit der 18-Jährigen. Nach vollständiger Verbüßung der Haftstrafen konnte die Gerichtsreporterin Sabine Rückert ein Wiederaufnahmeverfahren erwirken. Dieses endete mit Freisprüchen für beide.

- Donald Stellwag saß 8 Jahre wegen eines von ihm nicht begangenen Bankraubes mit Geiselnahme im Gefängnis. Zu seiner Verurteilung durch das Landgericht Nürnberg-Fürth hatte 1995 ein fehlerhaftes anthropologisches Vergleichsgutachten des Sachverständigen Cornelius Schott geführt. Nach Verbüßung seiner Haft wurde der wahre Täter des Bankraubs gefasst, welcher dazu ein Geständnis ablegte.

- Monika Reimann wurde 1996 infolge eines fehlerhaften anthropologischen Gutachtens des Sachverständigen Cornelius Schott zu 1 Jahr Haft auf Bewährung verurteilt. Ihr war vorgeworfen worden, als Krankenschwester in einem Dortmunder Krankenhaus einem Patienten dessen Scheckkarte samt PIN gestohlen und damit bei mehreren Banken 14 400 Mark an Geldautomaten abgehoben zu haben. Das Verfahren endete nicht mit einem Wiederaufnahmeverfahren, sondern durch Einstellung seitens der Staatsanwaltschaft nach 6 Jahre andauernden Ermittlungen. Reimann hatte nach dem Schuldspruch mehrere andere Gutachter beauftragt, die zu dem Schluss kamen, dass an Schotts Urteil schwerwiegende Zweifel angebracht waren.

- Dieter Gill saß infolge einer Falschaussage seiner Tochter 7 Jahre im Gefängnis. Er war 1996 vom Landgericht Kempten wegen Vergewaltigung seiner 10-jährigen Tochter zu der Haftstrafe

verurteilt worden. Die Tochter gestand nach vollständiger Verbüßung seiner Haft, dass sie seinerzeit mit ihren Tatvorwürfen ge-
logen hatte. 2013 wurde Gill in einem Wiederaufnahmeverfahren
nachträglich freigesprochen.

- Harry Wörz wurde 1998 vom Landgericht Karlsruhe wegen versuchten Totschlags an seiner damaligen Ehefrau verurteilt. Wörz
saß 55 Monate im Gefängnis. 2009 wurde er in einem Wiederaufnahmeverfahren vom Landgericht Mannheim freigesprochen. Gravierende Ermittlungsfehler von Polizei und Staatsanwaltschaft hatten zu der Verurteilung geführt. Das Landgericht Mannheim hielt
es für wahrscheinlich, dass der damalige Geliebte der Frau der Täter
war. Dieser war von Beruf Polizist und wurde offenbar von seinen
Polizei-Kollegen bei den Ermittlungen bewusst nicht behelligt.

- Artur Tokarczyk, 2000, Tatvorwurf: gewerbsmäßige Steuer-
hehlerei, Amtsgericht Potsdam, Urteil: 2 Jahre Haft auf Bewährung. Verbüßte Untersuchungshaft: 5 Monate, 2006 vom
Landgericht Frankfurt (Oder) nachträglich freigesprochen, ent-
standener materieller Schaden: 8 Mio. Euro.

Nach 2000

- Kazim Görgülü ist der betroffene Vater in einem Familienrechts-
streit in Sachsen-Anhalt. Ihm wurde zwischen 2001 und 2008
durch fehlerhafte Rechtsanwendung das elterliche Sorgerecht
für seinen Sohn verwehrt. Der Fall erregte Aufsehen, weil Entscheidungen des Amtsgerichts Wittenberg zugunsten Görgülüs
immer wieder vom Oberlandesgericht Naumburg aufgehoben wurden. Eine Entscheidung des OLG Naumburg erklärte der Europäische Gerichtshof für Menschenrechte für mit der Europäischen
Menschenrechtskonvention unvereinbar, weitere Entscheidungen

des OLG Naumburg wurden vom Bundesverfassungsgericht aufgehoben. Letztlich wurden die beteiligten Richter des OLG Naumburg sogar wegen Rechtsbeugung angeklagt.

- Thomas Ewers wurde 2002 wegen angeblicher Vergewaltigung seiner Ex-Freundin vom Landgericht Dortmund zu einer Haftstrafe von 6 Jahren und 8 Monaten verurteilt. Kurz nachdem er die volle Haftzeit abgesessen hatte, gab das vermeintliche Opfer zu, die Tat frei erfunden zu haben.

- Günther Kaufmann wurde 2002 aufgrund eines falschen Geständnisses wegen schwerer räuberischer Erpressung mit Todesfolge vom Landgericht München I zu 15 Jahren Haft verurteilt. Er wollte mit dem Geständnis seine kranke Ehefrau schützen, die drei Männer zu der Tat angestiftet hatte. Nachdem die wahren Täter verurteilt worden waren, kam Kaufmann wieder auf freien Fuß. 2005 wurde er in einem Wiederaufnahmeverfahren freigesprochen.

- Horst Arnold wurde 2002 wegen Vergewaltigung einer Arbeitskollegin vom Landgericht Darmstadt zu 5 Jahren Haft verurteilt. Grundlage der Verurteilung war die Aussage des angeblichen Opfers Heidi K., die sich später als frei erfunden herausstellte. Nachdem Heidi K. vielfach durch abwegige Erzählungen aufgefallen war, kam es 2011 in einem Wiederaufnahmeverfahren zum Freispruch. Arnold hatte zu diesem Zeitpunkt die Haftstrafe bereits vollständig verbüßt. Wenige Monate nach dem Freispruch starb er an einem Herzinfarkt. Heidi K. wurde 2013 wegen Freiheitsberaubung zu einer Haftstrafe von 5,5 Jahren verurteilt.

- Ralf Witte wurde 2004 vom Landgericht Hannover zu einer langjährigen Haftstrafe verurteilt. Nach Aussagen der 15-jährigen Jennifer hatte er sie gemeinsam mit ihrem Vater vergewaltigt. Aufgrund etlicher Unstimmigkeiten und nachdem das vermeintliche Opfer, das wohl am Borderline-Syndrom litt, später weitere unglaubhafte Geschichten zu Protokoll gegeben hatte, kam es zu einem Wiederaufnahmeverfahren. Dieses endete mit einem Freispruch, nachdem die Staatsanwaltschaft ihre neuen Erkenntnisse bezüglich Jennifer zunächst jahrelang für sich behalten und Witte bereits 5 Jahre seiner Haft verbüßt hatte.

● Norbert Kuß saß infolge einer Falschaussage seiner Pflegetochter und eines fehlerhaften Glaubwürdigkeitsgutachtens 683 Tage im Gefängnis. Er war 2004 vom Landgericht Saarbrücken wegen mehrfachen sexuellen Missbrauchs seiner Pflegetochter zu einer Haftstrafe von 3 Jahren verurteilt worden. 2013 wurde Kuß in einem Wiederaufnahmeverfahren nachträglich freigesprochen. Ein neues Glaubwürdigkeitsgutachten kam zu dem Ergebnis, dass das ursprüngliche Gutachten gravierende methodische Mängel aufwies und die Schilderungen der Pflegetochter als nicht erlebnisorientiert anzusehen waren.

● Ulvi Kulaç wurde 2004 vom Landgericht Hof wegen Mordes an der neunjährigen Peggy Knobloch zu lebenslanger Haft verurteilt und wegen Schuldunfähigkeit in die geschlossene Psychiatrie eingewiesen. Zu dem Mord gab es weder eine Leiche noch sonstige Spuren. Überdies gab es im Verhältnis zu den Aussagen anderer Zeugen erhebliche Ungereimtheiten in der zeitlichen Abfolge. Die Verurteilung erfolgte allein aufgrund eines Geständnisses, das der geistig behinderte Kulaç nach stundenlangem Verhör abgegeben, aber später widerrufen hatte. Von dem Geständnis gab es keine Tonaufzeichnung; es beruhte nur auf dem Gedächtnisprotokoll eines Ermittlers. 2014 hob das Landgericht Bayreuth die Verurteilung auf.

● Herbert Becker saß infolge einer Falschaussage seiner Tochter 7,5 Jahre im Gefängnis. Er war 2004 vom Landgericht Halle wegen

Vergewaltigung seiner Tochter zu der Haftstrafe verurteilt worden. Das Gericht vertraute auf die eigene Fachkompetenz sowie die Angaben der Ärzte und verzichtete auf eine aussagepsychologische Begutachtung der Tochter. Erst als die Tochter in den folgenden Jahren weitere Männer der Vergewaltigung beschuldigte und die Anschuldigungen immer abstruser wurden, ließ die Staatsanwaltschaft sie begutachten. Der beauftragte Psychologe diagnostizierte bei der Tochter 2009 eine Persönlichkeitsstörung, doch erst als der Strafverteidiger Johann Schwenn auf den Fall aufmerksam wurde und die Wiederaufnahme des Verfahrens durchsetzte, wurde Becker 2012 nachträglich freigesprochen.

- Monika de Montgazon wurde 2005 vom Landgericht Berlin zu lebenslanger Haft verurteilt, wegen Mordes an ihrem Vater durch vorsätzliche Brandstiftung. Hauptursächlich für den Justizirrtum war ein fehlerhaftes Brandgutachten des Landeskriminalamtes Berlin. Monika de Montgazon saß 2,5 Jahre in Haft und wurde 2008 nach erfolgreicher Revision in der neuen Hauptverhandlung freigesprochen.

- Hermine Rupp: Rudolf Rupp verschwand im Oktober 2001 spurlos. Im Mai 2005 verurteilte das Landgericht Ingolstadt seine Ehefrau Hermine und den Verlobten einer der Töchter wegen Totschlags zu je 8,5 Jahren Haft. Sie hatten unter zweifelhaften Umständen gestanden, Rupp erschlagen, zerstückelt und danach an die auf ihrem Bauernhof lebenden Tiere verfüttert zu haben. Diese Geständnisse hatten sie vor Prozessbeginn aber widerrufen. Im März 2009 wurde in der Donau der Pkw Rupps mit seiner Leiche gefunden. Damit war erwiesen, dass weite Teile der vom Gericht getroffenen Feststellungen falsch waren. Dennoch lehnte die Justiz eine Wiederaufnahme lange Zeit ab. Im Februar 2011 endete das Wiederaufnahmeverfahren mit einem Freispruch. Die Verurteilten hatten ihre Haftstrafen damals bereits vollständig verbüßt.

- Gustl Mollath war 7,5 Jahre im Maßregelvollzug untergebracht. 2006 sprach ihn das Landgericht Nürnberg-Fürth in einem Strafprozess aufgrund von Schuldunfähigkeit vom Vorwurf der mehrfachen Körperverletzung und der Sachbeschädigung frei, ordnete wegen angenommener Gemeingefährlichkeit jedoch seine Unterbringung in der Psychiatrie an. Nachdem die Strafvollstreckungskammer des Landgerichts Bayreuth und das Oberlandesgericht Bamberg über 6 Jahre hinweg diese Einweisung bestätigt hatten, wurden 2011 Zweifel an den Vorwürfen und an der Rechtsstaatlichkeit des Verfahrens laut. 2014 wurde in einem Wiederaufnahmeverfahren festgestellt, dass Mollath eine der ihm zur Last gelegten drei Taten zwar begangen hatte, die Annahme der Gemeingefährlichkeit und die Einweisung jedoch unrechtmäßig und unverhältnismäßig gewesen waren.

- Holger Hellblau saß 5 Jahre im Gefängnis. Er war 2006 vom Landgericht Neuruppin zu lebenslanger Haft wegen Mordes verurteilt worden, weil er den Liebhaber seiner Ehefrau heimtückisch im Schlaf erstochen haben sollte. 2010 wurde er in einem Wiederaufnahmeverfahren infolge neuer Beweise und einer DNA-Analyse nachträglich freigesprochen.

Seit 2011

- Matthias G. saß knapp 2 Jahre in Haft, weil er seine Tochter über Jahre hinweg zum Sex genötigt haben sollte. Zunächst war er 2012 vom Landgericht Kempten zu 12 Jahren Haft verurteilt worden. Nachdem der Bundesgerichtshof dieses Urteil aufgehoben hatte, wurde er in einem zweiten Prozess freigesprochen.

- Der 26-jährige Syrer Amed A. saß wegen einer Verwechslung mit einem Afrikaner aus Mali über 2 Monate in Haft. Erst nach einem

Zellenbrand am 17. September 2018, in deren Folge er verstarb, wurde bekannt, dass er zu Unrecht inhaftiert worden war. Außerdem stellte sich heraus, dass er gegen eine Zahlung von 285 Euro hätte freikommen können, was ihm vermutlich nicht mitgeteilt worden war.

● Besonders skurril war der Fall von Clinton de Klerk. Er saß wegen angeblicher Münzfälschung fast 2 Jahre in Untersuchungshaft und war vom Landgericht Frankfurt am Main bereits zu einer Haftstrafe verurteilt worden, bevor sich in der Revisionsinstanz beim Bundesgerichtshof herausstellte, dass gar kein Straftatbestand gegeben war.

»Postfaktische Justiz« könnte der Feuilletonist das nennen.

Kuriositäten der deutschen Sprache

Oft beschreibt das Wort des Jahres – 2016 war es »postfaktisch« –, das seit Anfang der 1970er-Jahre von der Gesellschaft für deutsche Sprache gewählt wird, die Entwicklung unserer Gesellschaft ganz treffend. Kommen Sie mit auf eine Reise durch die Bundesrepublik von der konspirativen Wohnung über den Besserwessi bis zur Respektrente.

Das Wort des Jahres

Jahr	Wort des Jahres	Erklärung
1971	aufmüpfig	1970/71 im allgemeinen Sprachgebrauch neu aufgekommen; bezog sich anfangs vor allem auf die 68er-Bewegung
1977	Szene	Für verschiedene Begriffe im Zusammenhang mit dem deutschen Herbst benutzt (Terrorszene, Sympathisantenszene, Unterstützerszene)
1978	konspirative Wohnung	Im Zusammenhang mit der Entführung Hanns Martin Schleyers durch die Rote Armee Fraktion
1979	Holocaust	Etablierung des Begriffs nach der Ausstrahlung der Fernsehserie *Holocaust – Die Geschichte der Familie Weiss*
1980	Rasterfahndung	Einführung der Fahndungsmethode aufgrund der terroristischen Bedrohung der 1970er-Jahre

Jahr	Wort des Jahres	Erklärung
1981	Nulllösung	Im Zusammenhang mit der Debatte um den NATO-Doppelbeschluss
1982	Ellenbogengesellschaft	Steht für den Vorwurf der SPD an die neue schwarz-gelbe Regierung, sozial Schwache zu benachteiligen und den Egoismus in der Gesellschaft zu fördern
1983	heißer Herbst	Beschreibung der Proteste der Friedensbewegung gegen die Nachrüstung im Rahmen des NATO-Doppelbeschlusses
1984	Umweltauto	Im Rahmen der Diskussion um die Verpflichtung, Autos mit Katalysatortechnik herzustellen, aufgetaucht
1985	Glykol	Infolge des Glykolwein-Skandals
1986	Tschernobyl	Nach der Reaktorkatastrophe am 26. April
1987	Aids, Kondom	Zunehmende Angst vor der Immunschwächeerkrankung, die »im Begriff ist, alle anderen gesellschaftlichen Ängste zu überwuchern«
1988	Gesundheitsreform	Versuch der Bundesregierung, die Medikamentenkosten zu begrenzen
1989	Reisefreiheit	Einführung derselben in der DDR
1990	Die neuen Bundesländer	Aufgrund der Wiedervereinigung
1991	Besserwessi	Das Portmanteau- bzw. Kofferwort aus »Besserwisser« und »Wessi« ist ein Ausdruck, der nach der deutschen Wiedervereinigung entstanden ist
1992	Politikverdrossenheit	Zunehmende Unzufriedenheit und Skepsis der Bürger gegenüber der Politik, ihren Vertretern, Institutionen und Ergebnissen
1993	Sozialabbau	Bezieht sich auf eine breit geführte Diskussion über den Abbau staatlicher Leistungen im Sozialbereich
1994	Superwahljahr	Aufgrund der Bundestagswahl, der Europawahl, acht Landtagswahlen und zehn Kommunalwahlen
1995	Multimedia	»Leitwort für die Reise in die ›schöne neue Medienwelt‹«
1996	Sparpaket	Bündelung von Maßnahmen, um ein bestimmtes Einsparungsziel zu erreichen

Jahr	Wort des Jahres	Erklärung
1997	Reformstau	Schlagwort, mit dem das Unterbleiben als nötig angesehener politischer oder struktureller Reformen kritisiert wird
1998	Rot-Grün	Erstmaliges Auftauchen dieser Koalition auf Bundesebene nach der Bundestagswahl 1998
1999	Millennium	Aufgrund des darauffolgenden Jahres 2000
2000	Schwarzgeldaffäre	Aufdeckung der illegalen Spendenpraxis der CDU in den 1990er-Jahren unter dem früheren Bundeskanzler Helmut Kohl
2001	Der 11. September	Aufgrund der Terroranschläge in den USA
2002	Teuro	Gefühlte Preissteigerungen nach der Euro-Einführung
2003	Das alte Europa	Aussage des US-amerikanischen Verteidigungsministers Donald Rumsfeld
2004	Hartz IV	Bezeichnung für Vorschläge der »Kommission für moderne Dienstleistungen am Arbeitsmarkt«
2005	Bundeskanzlerin	Nach der Bundestagswahl 2005 wurde mit Angela Merkel erstmals eine Frau in das Amt des Bundeskanzlers gewählt.
2006	Fanmeile	Im Zusammenhang mit der Fußball-Weltmeisterschaft 2006
2007	Klimakatastrophe	Die Folgen unkontrollierter globaler Erwärmung
2008	Finanzkrise	Globale Banken- und Finanzkrise als Teil der Weltwirtschaftskrise ab 2007, die im Sommer 2007 als US-Immobilienkrise begann
2009	Abwrackprämie	Eine Prämie für Pkw-Halter, die ihr älteres Auto verschrotten ließen und gleichzeitig ein neues kauften
2010	Wutbürger	Aufkommen einer Protestkultur aus Enttäuschung über bestimmte politische Entscheidungen
2011	Stresstest	Durchführung zahlreicher derartiger Tests in verschiedenen Bereichen (v. a. Banken, Atomkraftwerke, Stuttgart 21)
2012	Rettungsroutine	Das Wort wurde nahezu nie verwendet, soll aber beschreiben, dass »alle paar Wochen neue (Rettungs-)Pakete geschnürt« wurden.

Jahr	Wort des Jahres	Erklärung
2013	GroKo	Die Abkürzung »GroKo« steht für die Große Koalition aus Union und SPD.
2014	Lichtgrenze	Bezieht sich auf die Lichtinstallation zum Anlass der Feierlichkeiten »25 Jahre Mauerfall« in Berlin
2015	Flüchtlinge	Im Kontext der Migration von Menschen, die 2015 vor den Kriegen im Mittleren Osten nach Europa und insbesondere Deutschland flüchteten. Sprachwissenschaftler diskutierten auch die unterschiedliche Bewertung der Nachsilbe »-linge« als abwertende Wortendung.
2016	postfaktisch	Kunstwort, das darauf verweist, dass es zunehmend um Emotionen anstelle von Fakten geht und ein Teil der Bevölkerung bereit ist, auf den Anspruch auf Wahrheit zu verzichten, Tatsachen zu ignorieren und offensichtliche Lügen zu akzeptieren.
2017	Jamaika-Aus	Bezeichnet das Scheitern der Sondierungsgespräche für eine Jamaika-Koalition auf Bundesebene nach der Bundestagswahl 2017.
2018	Heißzeit	Begriff für den extremen Sommer 2018 und den Klimawandel. Außerdem ist »Heißzeit« eine Wortbildung mit lautlicher Analogie zur »Eiszeit«.
2019	Respektrente	Aus sprachlicher Sicht handelt es sich um die Neubildung eines Hochwertwortes in der politischen Debatte, die der Selbstaufwertung durch Fremdaufwertung dient.

Besonders häufige Falschschreibungen

Wikipedia hilft seinen Wikipedianern mit einer eigenen Seite, auf der die statistisch häufigsten Rechtschreibfehler versammelt sind. Google sammelt allerhand Daten über uns. So können wir unter anderem anhand der Suchbegriffe die Häufigkeit der Rechtschreibfehler messen. Bei manchen Wörtern liegen wir sogar mehrheitlich daneben.

Falsche Schreibweise → Richtige Schreibweise

- Authorisierung → Autorisierung (Google 44 900 : 450 000 [1 : 10])

- Bertold Brecht → Bertolt Brecht (Google 117 000 : 845 000 [1 : 7])

- Billiard → Billard (Google 1 250 000 : 667 000 [2 : 1])

- Bisquit → Biskuit (Google 54 300 : 116 000 [1 : 2])

- Brilliant → Brillant (Google 1 310 000 : 1 280 000 [1 : 1])

- Diphterie → Diphtherie (Google 103 000 : 239 000 [1 : 2])

- Dwayne Wade → Dwyane Wade (Google 228 000 : 201 000 [1 : 1])

- Extase → Ekstase (Google 250 000 : 859 000 [1 : 3])

- Felix Mendelssohn-Bartholdy → Felix Mendelssohn Bartholdy (Google 296 000 : 296 000 [1 : 1])

- François Mitterand, Francois Mitterand → François Mitterrand (Google 432 000 : 302 000 : 3 820 000 [1,5 : 1 : 13])

- Gallerie → Galerie (Google 2 400 000 : 10 100 000 [1 : 4])

- Gallionsfigur → Galionsfigur (Google 43 000 : 89 900 [1 : 2])

- Gingko → Ginkgo (Google 162 000 : 723 000 [1 : 4]) – laut Duden ist auch Ginko korrekt.

- Gries → Grieß (Google 1 770 000 : 579 000 [3 : 1])

- Ingmar Bergmann → Ingmar Bergman (Google 13 700 : 94 700 [1 : 3])

- Jojo, Yo-Yo → Jo-Jo (Erklärung: Yo-Yo ist eine zulässige Variante, Jojo dagegen streng genommen nicht korrekt) (Google 2 120 000 : 331 000 : 219 000 [10 : 1,5 : 1])

- Looser → Loser (Google 370 000 : 1 570 000 [1 : 4])

- Mahatma Ghandi → Mahatma Gandhi (Google 34 900 : 294 000 [1 : 8])

- Michel Friedmann → Michel Friedman (Google 22 000 : 90 200 [1 : 4])

- Millenium → Millennium (Google 1 270 000 : 1 200 000 [1 : 1]) – Eselsbrücke: Da steckt »annus« (Lateinisch für »das Jahr«) drin. Nicht etwa »anus«!

- Reeling → Reling (Google 42 500 : 328 000 [1 : 8])

- Slam Poetry → Slam-Poetry/Slampoetry (561 000 : 631 800 [1 : 1])

- Standart → Standard (Google 2 630 000 : 13 900 000 [1 : 5])

- Stehgreif → Stegreif (Google 54 200 : 117 000 [1 : 2])

- Velour → Velours (Google 583 000 : 979 000 [1 : 2])

- Ying Yang, Ying und Yang → Yin und Yang (Google 1 870 000 : 60 500 : 332 000 [31 : 1 : 5])

spannendes aus der wissenschaft

Fliegen wir weiter zur nächsten Blüte. Die Natur hat erstaunliche Proteine entwickelt. Es gibt Anti-Frost-Proteine, durch die eingefrorene Lebewesen überleben können. Ich habe von diesem Protein zuvor noch nie gehört, doch mir schwant, dass es noch sehr wichtig werden wird. Früher oder später interessieren wir uns alle für das Forkhead-Box-Protein O3. 673 Aminosäuren, die über unser Leben entscheiden.

FOXO3 und das Altern

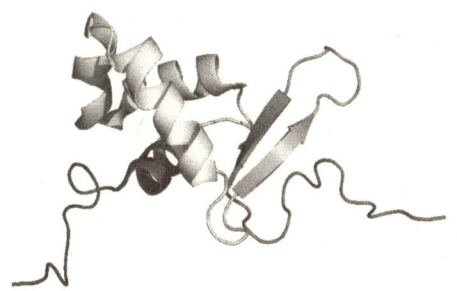

Die Proteinstruktur von FOXO3

Das FOXO3-Gen befindet sich beim Menschen auf Chromosom 6 Genlocus q21. Es belegt mindestens 90 Kilobyte. Das Genprodukt besteht aus 673 Aminosäuren.

Für Aufsehen sorgte 2009 die Studie einer Kieler Forschergruppe um Friederike Flachsbart, Almut Nebel und Stefan Schreiber, bei der DNA-Proben von 388 hundertjährigen Deutschen mit 731 jüngeren Personen verglichen wurden. Auffällig war dabei, dass ein bestimmtes Allel (Zustandsform eines Gens) des FOXO3-Gens bei den Hundertjährigen besonders häufig anzutreffen war.

In der Presse wurden danach Begriffe wie »Langlebigkeits-Gen«, »Alters-Gen«, »Greisen-Gen« oder »Methusalem-Gen« verwendet. Bereits im September 2008 hatte eine US-amerikanische Forschergruppe festgestellt, dass der FOXO3-Genotyp einen erheblichen Einfluss auf die Lebenserwartung eines Menschen hat. Studien in anderen Ländern kamen zu gleichen Ergebnissen.

Wiederum Forscher der Christian-Albrechts-Universität zu Kiel (CAU) identifizierten 2012 das FOXO-Gen als Verursacher potenzieller Unsterblichkeit bei Süßwasserpolypen. Damit ist gezeigt, dass FOXO-Proteine als wichtige Transkriptionsfaktoren in der Evolution der Tiere konserviert wurden, deren Auswirkung bei langlebigen Menschen besonders auffällt.

Nicht wissenschaftliche Berichte geben den Sachverhalt um FOXO3 mitunter falsch wieder. Deswegen sei klargestellt: Jeder Mensch hat dieses Gen in seinem Genom. Bei den besonders langlebigen Menschen wurden jedoch zwei *Single-Nucleotide*-Varianten dieses Gens gefunden und ihre Funktion im Experiment bestätigt. Nur diese Varianten des FOXO3-Gens tragen zur auffällig erhöhten Lebensdauer dieses Personenkreises bei.

Vermutlich sind diese bahnbrechenden Studien in Abwesenheit des deutschen Forschers Wolfgang Pauli erfolgt. In diesem Eintrag lernen wir, warum dieser Wissenschaftler sogar Institutsverbot bekam.

Der Pauli-Effekt

Wolfgang Pauli, 1945

Der Pauli-Effekt bezeichnet das anekdotisch dokumentierte Phänomen, dass in Gegenwart des bedeutenden theoretischen Physikers Wolfgang Pauli ungewöhnlich häufig experimentelle Apparaturen versagten oder sogar spontan zu Bruch gingen.

Der Effekt ist nicht zu verwechseln mit dem Pauli-Prinzip (oder Paulischen Ausschließungsprinzip), wird aber in Anspielung auf dieses scherzhaft auch als das »zweite Paulische Ausschließungsprinzip« bezeichnet und etwa wie folgt formuliert: »Es ist unmöglich, dass sich Wolfgang Pauli und ein funktionierendes Gerät im selben Raum befinden.«

Pauli selbst war von der objektiven Existenz des Effektes überzeugt und führte unter anderem einen echten Pauli-Effekt, einen ohne direktes Eingreifen oder äußerlich erkennbare Ursache erfolgten Schaden an seinem Auto, als Grund für den vorzeitigen Abbruch einer Ferienreise mit seiner zweiten Ehefrau 1934 an.

Einige Kollegen nahmen den Effekt ebenfalls ernst: Der Experimentalphysiker Otto Stern, der mit Pauli befreundet und in Hamburg sein Kollege war, erteilte ihm deswegen sogar Labor- und auch Institutsverbot. Stern wies in einem Interview aber auch darauf hin, dass Aberglauben seinerzeit unter Experimentalphysikern weitverbreitet war – er selbst hätte zum Beispiel in seiner Frankfurter Zeit bei einem bestimmten Apparat stets einen Holzhammer danebengelegt, damit er reibungslos funktioniere. Als der Hammer einmal verschwunden war, habe der Apparat nicht mehr funktioniert, bis er drei Tage später wieder auftauchte.

Der Physiker Hans Bethe berichtete:

»Das erste Mal traf ich Pauli 1929 während einer Sektionssitzung der Deutschen Physikalischen Gesellschaft in Freiburg im Breisgau. Als während der Sitzung der Diaprojektor ausfiel, stand Pauli auf und zeigte voller Stolz auf sich, um den ›Pauli-Effekt‹ anzudeuten. Damals war das Gerücht umgegangen, dass keine Versuchseinrichtungen funktionieren würden, solange Pauli im Zimmer war.«

Berühmt wurde ein Vorfall im Labor von James Franck in Göttingen, bei dem ein wertvoller und empfindlicher Apparateteil zu Bruch ging, während Pauli *nicht* anwesend war. Franck teilte dies dem in Zürich lebenden Kollegen mit, verknüpft mit dem Scherz, diesmal wenigstens treffe Pauli durchaus keinerlei Schuld an dem Vorfall. Dieser jedoch entgegnete, er habe zur fraglichen Zeit im Zug nach Kopenhagen einen kurzen Aufenthalt in Göttingen gehabt.

Während eines Aufenthalts an der Princeton University im Februar 1950 geriet das dortige Zyklotron in Brand, was Pauli ebenfalls mit dem Effekt in Zusammenhang brachte.

Auch dem Physiker Arnold Sommerfeld war der Effekt geläufig. Nachdem sich Pauli die Schulter gebrochen hatte und in den USA 1931 behindert die Vorlesung halten musste, sprach er von einem inversen Pauli-Effekt, der sich diesmal gegen den Verursacher selbst gerichtet hätte. Bei typischen Pauli-Effekten richtete sich der Schaden dagegen niemals gegen Pauli selbst.

Von einem weiteren Pauli-Effekt berichtet der Physiker und Astrophysiker Engelbert Schücking. Pauli pflegte in seiner Zeit in Hamburg in den 1920er-Jahren seinen Freund Walter Baade und andere Astronomen, die er dort kannte, am Observatorium in Bergedorf bei Vollmond zu einigen Gläsern Wein zu besuchen (an diesen Tagen konnten die Astronomen nicht beobachten). Genau bei einer solchen Gelegenheit wurde der Große Refraktor beinahe ganz zerstört.

Der Physiker Giuseppe Occhialini wollte Pauli bei seinem Besuch in Brüssel eine Freude bereiten und inszenierte einen »Pauli-Effekt«: Eine Hängelampe war so präpariert, dass sie herunterfallen sollte, wenn Pauli die Tür öffnete. In der Probe klappte das gut, nur als Pauli eintrat, blieb das Herunterfallen aus.

Auch Stephen Hawking beschrieb den Pauli-Effekt: »Böse Zungen behaupten, er [Pauli] brauche sich nur in einer Stadt aufzuhalten, schon gingen alle dort durchgeführten Experimente schief.«

Der Pauli-Effekt ist eine humorvolle Phobie unter Wissenschaftlern. Im Vergleich mit Betty und Barney Hill hat es das Schicksal mit Wolfgang Pauli noch ziemlich gut gemeint.

Eine Sternstunde der Ufologie

Das Ehepaar Betty (eigentlich Eunice Elizabeth Barrett, * 29. Juni 1919 in Newton, New Hampshire; † 17. Oktober 2004 in Portsmouth, New Hampshire) und Barney Hill (* 20. Juli 1922 in Newport News, Virginia; † 25. Februar 1969 in Portsmouth, New Hampshire) berichtete, in der Nacht vom 19. zum 20. September 1961 Opfer einer Nahbegegnung der vierten Art gewesen zu sein, indem es einem Ufo begegnet und von den Insassen kurzzeitig in das Objekt entführt worden sei, wo es mehreren Experimenten und chirurgischen Eingriffen unterzogen worden sei. Bei den Entführern solle es sich um Außerirdische gehandelt haben. Das Ereignis gilt als unbewiesen.

Während einer nächtlichen Autofahrt auf einem einsamen Abschnitt des U.S. Highway 3 in den White Mountains (New Hampshire) beobachteten die Hills ein helles, fliegendes Objekt. Später fanden sie sich 60 Meilen weiter südlich in ihrem Auto sitzend wieder, ohne sich an das inzwischen Vorgefallene erinnern zu können. Die Hills meldeten ihre Beobachtung beim örtlichen Luftwaffenstützpunkt. Fünf Tage nach dem Vorfall schickte Betty Hill ferner eine kurze Meldung an das private Untersuchungskomitee NICAP (National Investigation Committee of Aerial Phenomena) und wurde daraufhin von einem Mitarbeiter der Organisation befragt. Bei den Hills traten ihren Angaben zufolge einige Tage später psychische Folgen wie Albträume, Schlaffheit und Angstzustände auf. Einige Monate später suchten sie deshalb einen Therapeuten auf. Dieser vermittelte sie nach erfolgloser Behandlung Ende 1963 an den Psychiater Benjamin Simon, der sie unter Hypnose befragte.

Unter Hypnose schilderten die Hills zahlreiche Details einer Begegnung mit fremden Wesen. Sie seien von zwergenhaften grauen Wesen angehalten, an Bord eines Ufos gebracht, befragt und mehrfach medizinisch untersucht worden. Betty Hill seien Haar-, Haut- und Nagelproben sowie Ohrenschmalz abgenommen worden. Auch sei ihr eine Sternenkarte gezeigt worden. Später seien sie von den Wesen darauf konditioniert worden, die Erlebnisse zu verdrängen. Allerdings widersprachen sich die Eheleute bei ihren Schilderungen in einigen Punkten, beispielsweise bei der Beschreibung der Aliens.

Der schon vor dem Ereignis chronisch kranke Barney Hill starb 1969 an einer Gehirnblutung. Betty Hill vertrat ihre Version der Nacht bis zu ihrem Tod im Alter von 85 Jahren.

Die Hill-Entführung gehört zu den wichtigsten Ereignissen der Ufologie und markiert den Beginn der Welle von Entführungen durch Außerirdische in den 1960er-Jahren. Die Details des Falls tauchten in den nächsten Jahrzehnten in den meisten weiteren Entführungsfällen wieder auf: das Aussehen der Außerirdischen, das Phänomen der fehlenden Zeit, die medizinischen Untersuchungen, die Kommunikation per Gedankenübertragung sowie die Beteiligung des US-Militärs.

Mehrere Ufologen behaupten, die Hill-Entführung durch Außerirdische beweisen zu können. Jedoch wurde keine der als Beweis aufgeführten Argumentationen von der Allgemeinheit akzeptiert. Der Astronom und Ufologe Jacques Vallée hält die Vorgänge für ein uraltes irdisches Phänomen und wies auf die Übereinstimmung vieler Schilderungen der Hills mit tradierten religiösen, mythischen und märchenhaften Vorstellungen hin, beispielsweise den Beschreibungen von Geistern, Feen und Dämonen. Der Psychiater der Hills stellte die Hypothese auf, das interkulturelle Paar (Barney war Afroamerikaner, Betty eine Weiße) habe möglicherweise mit der Geschichte tief liegende ungelöste Konflikte aufgearbeitet. Eine tatsächlich erfolgte Beobachtung durch die Hills wird von ihnen aber nicht angezweifelt. Ebenfalls dafür spricht, dass »das von den Hills beobachtete Objekt … auch vom militärischen Radar erfasst« wurde.

Außerhalb des Kreises der Ufogläubigen wurde dagegen schon früh Skepsis und Kritik an der Realität des Erlebnisses laut. Es wurde moniert, dass die Hills erst mehr als zwei Jahre nach dem Vorfall die »wahren« Hintergründe geschildert hatten. *Der Spiegel* nannte 1966 als Erklärung dafür ein Illustriertenhonorar der Hills von 96 000 DM.

Erstaunlich, dass die Außerirdischen sich solche Mühen machen, ausgerechnet das Ohrenschmalz der Hills zu analysieren. Es gibt nur wenige Dinge, die so traumatisch sind, wie von Außerirdischen entführt zu werden. Mir fällt da wirklich nicht viel ein. Allenfalls eine Reise nach Paris.

Seltsame Störungen

Das Paris-Syndrom

Als Paris-Syndrom wird eine vorübergehende psychische Störung bezeichnet, die meist Japaner beim Aufenthalt in Paris trifft. Es handelt sich um ein kulturgebundenes Syndrom, das ähnlicher Natur ist wie das Stendhal-Syndrom (Krankheitsfälle bei Reisenden in die Kunstmetropole Florenz) und das Jerusalem-Syndrom, von dem jährlich etwa 100 Besucher der Stadt Jerusalem betroffen sind, nicht jedoch um eine anerkannte medizinische Diagnose (nach ICD-10). Als Auslöser des Paris-Syndroms gilt die starke Differenz zwischen der Erwartungshaltung der Touristen und der Realität der Stadt.

Die Grundlage des Begriffs Paris-Syndrom *(Pari shōkōgun)* lieferte der in Paris arbeitende japanische Psychiater Hiroaki Ota, der 1991 das gleichnamige Buch veröffentlichte und schon 1986 die ersten Personen mit dem Syndrom diagnostiziert hatte. Youcef Mahmoudia, Arzt am Hôtel-Dieu de Paris, kam zu dem Schluss, das Paris-Syndrom sei eine psychopathologische Manifestation, die eher mit der Reise als mit dem Reisenden verbunden sei. Seiner Theorie nach bringt die Aufregung, die der Besuch in Paris auslöst, eine Erhöhung der Herzfrequenz mit sich, was zu Kurzatmigkeit und Schwindelgefühlen führt, wodurch Halluzinationen ähnlich dem Stendhal-Syndrom entstehen.

Das Paris-Syndrom ist durch einige psychische Symptome gekennzeichnet: akute Wahnzustände, Halluzinationen, Verfolgungswahn (die Wahrnehmung, ein Opfer von Vorurteilen, Aggression oder Anfeindung durch andere zu sein), Derealisation, Depersonalisation, Angst sowie psychosomatische Manifestationen wie etwa Schwindel, Herzrasen oder Schwitzen.

Die Ausprägungen unterscheiden sich. So berichtete Yoshikatsu Aoyagi, Konsulatschef der japanischen Botschaft in Paris, im Oktober 2006 von zwei Frauen, die glaubten, ihr Hotelzimmer sei verwanzt und gegen sie sei eine Verschwörung gerichtet, von einem Mann, der der Überzeugung war, er sei Ludwig XIV., und einer Frau, die glaubte, sie werde mit Mikrowellen attackiert.

Die Zahl der Fälle pro Jahr ist nicht genau erfasst. In der Berichterstattung zum Syndrom liegen die Zahlen zwischen 12 und 100 Fällen. Die japanische Botschaft in Paris spricht von 20 bis 24 »gravierenden Fällen« pro Jahr.

Mario Renoux, der Präsident der französisch-japanischen Ärztegesellschaft, nannte in einem Artikel in der Tageszeitung *Libération* japanische Zeitschriften als hauptverantwortlich für die Entstehung des Syndroms. In japanischen Medien (speziell jedoch in Magazinen) werde Paris als ein Ort beschrieben, in dem die meisten Menschen auf der Straße wie Models aussehen und die meisten Frauen Kleidung der Marke Louis Vuitton tragen.

Bei leichteren Fällen wird das Paris-Syndrom durch Bettruhe und Hydration behandelt, bei schwereren Fällen auch durch den Aufenthalt in einer Klinik (25 Prozent der Fälle) und durch die Heimreise. In einem Viertel der Fälle, die die japanische Botschaft bearbeitet, ist eine sofortige Heimreise nötig.

Nach Aussagen von Mahmoudia geht es nach der Behandlung »einem Drittel sofort besser, ein Drittel erleidet Rückfälle und der Rest bekommt Psychosen«.

Die Tanganjika-Lachepidemie

Über eine noch erstaunlichere Massenhysterie in Afrika berichtet Wikipedia: Die Tanganjika-Lachepidemie war eine 1962 in Tanganjika (heute Teil von Tansania) aufgetretene Epidemie von Lachanfällen, die mehrere Monate andauerte und etwa 1000 meist junge Personen betraf.

Am 30. Januar 1962 brachen drei Schülerinnen einer Mädchenschule in Kashasha am Westufer des Victoriasees in Lachen aus und konnten nicht mehr damit aufhören. Binnen Kurzem wurden 95 der 159 Schüler im Alter von 12 bis 18 Jahren davon angesteckt, sodass die Schule am 18. März geschlossen werden musste, da ein regulärer Betrieb nicht aufrechterhalten werden konnte. Als die Schule am 21. Mai wieder öffnete, waren noch immer 57 Schüler – aber kein Lehrer – betroffen, was zur erneuten Schließung Ende Juni führte.

Die zwischenzeitlich nach Hause geschickten Schüler sorgten für eine weitere Verbreitung der Lachanfälle. Zehn Tage nach der ersten Schließung der Schule in Kashasha kam die Epidemie im etwa 90 Kilometer entfernten Nshamba an, wo sich mehr als 200 weitere Personen ansteckten, mehrheitlich Schüler.

In einem Zeitraum von sechs Monaten bis anderthalb Jahren breiteten sich die Lachanfälle in der gesamten Region aus und betrafen etwa 1000 Personen, bevor das Phänomen allmählich wieder abklang.

Die Lachattacken, teils begleitet von Weinen und Schreien, dauerten von wenigen Minuten bis hin zu einigen Stunden. Nach einer Pause konnten sie neu beginnen. Teilweise waren sie von Gewaltausbrüchen begleitet. Dies konnte bis zu 16 Tage lang andauern. Die Betroffenen, hauptsächlich Mädchen und junge Frauen, zeigten dabei Symptome von Angst, Schmerz sowie Ohnmachtsgefühlen und hatten Atemprobleme.

Die Betroffenen wurden nach möglichen Auslösern für die Epidemie untersucht. Blutuntersuchungen nach biochemischen oder bakteriologischen Ursachen brachten kein Ergebnis. Der Verdacht auf eine toxische Substanz in der Nahrung bestätigte sich nicht. Zudem fand die

Ansteckung von einer Person auf die andere statt und ähnelte daher eher einer Virusinfektion. Währenddessen kursierten in der Bevölkerung Gerüchte über vergiftete Lebensmittel oder eine Verseuchung der Luft durch Atombombenexplosionen.

Der Linguist Christian F. Hempelmann, der die Vorgänge von 1962 im Jahr 2002 untersuchte, nennt als eine mögliche Ursache für diese Massenhysterie *(Mass Psychogenic Illness)* den Stress, den die Schüler erlebten, da ihre Lehrer und Eltern nach der eben vollzogenen Unabhängigkeit Tanganjikas im Dezember 1961 besonders hohe Erwartungen an sie richteten.

Vermutlich wäre die Corona-Krise leichter zu ertragen gewesen, wenn wir diese Art der Symptome bekommen hätten. Im Westjordanland gab es mal eine ähnliche Massenhysterie, bei der nahezu 1000 Personen an eingebildeten Vergiftungserscheinungen litten.

So ansteckend wie diese Epidemien ist auch Aberglaube. Erstaunlich viele Menschen sorgen sich auch dann, wenn es gerade keine wirkliche Bedrohung gibt. Die Asiaten fürchten sich schon seit Langem vor etwas, was ihnen Angst macht wie gefährliche Spinnen und Schlangen. Es handelt sich dabei um eine aus unserer Sicht relativ ungefährlich wirkende Sache. Die Zahl 4.

Angst vor Zahlen

Tetraphobie (aus griech. τετράς, *tetras* = »vier« und φόβος, *fóbos* = »Angst, Furcht«) bezeichnet die abergläubische Angst vor der Zahl 4, die besonders in Ostasien (China, Taiwan, Japan, Vietnam, Nord- und Südkorea) sowie Südostasien (Singapur, Malaysia) weitverbreitet ist.

Aufzug eines Wohngebäudes in Shanghai – die Stockwerke 4, 13 und 14 fehlen

Im Chinesischen gibt es das Wort 四 (Pinyin: *sì*; Jyutping: *sei*) für die Zahl 4, welches in vielen Varianten dieser Sprache eine große Ähnlichkeit zum Wort 死 (Pinyin: *sǐ*; Jyutping: *sei*) für »Tod« aufweist. In ähnlicher Weise finden sich im Vokabular des Japanischen (*shi* bzw. よん, *yon*), des Koreanischen (사, *sa*) und Vietnamesischen (tư) Wörter für die Zahl 4, die gleichermaßen für »Tod« stehen können.

159

Daher wird in diesen Kulturen (ganz besonders in China) während Festtagen oder wenn ein Mitglied der Familie erkrankt, darauf geachtet, das Auftreten dieser Zahl in jeglicher Form zu vermeiden. Ebenso wenig sollten 14, 24 und 42 vorkommen, da diese die Ziffer 4 enthalten. Sowohl in öffentlichen Gebäuden wie etwa Hotels oder Bürogebäuden als auch privaten Wohnhäusern werden diese Stockwerksnummern übersprungen. In großen Wohnanlagen erhalten die Wohnblocks stattdessen die Nummern 3A, 13A, 23A usw. Bei Familienfeiern oder anderen gesellschaftlichen Ereignissen fehlen die Tischnummern 4, 14, 24 und 42.

Im kantonesischsprachigen Teil Chinas werden die 14 und 24 sogar als noch unheilvoller angesehen als die 4 selbst: 14 bezeichnet den »sicheren Tod«, während 24 »leicht zu sterben« bedeutet.

In Hongkong gibt es Gebäude wie das Vision City und The Arch (Letzteres in Kowloon, Union Square), in denen sogar *alle* Etagen von 40 bis 49 ausgelassen wurden: auf 39/F folgt direkt 50/F, was bei Touristen, denen die Tetraphobie der Asiaten nicht bekannt ist, zuweilen etwas Verwirrung stiftet.Doch erst mal genug vom Homo sapiens. Ich bin natürlich auch in die unendlichen Tiefen der Flora und Fauna eingetaucht. Stiere sind farbenblind. Störche kacken sich zur Kühlung absichtlich auf die Füße. Hält man Goldfische längere Zeit in Dunkelheit, so färben sie sich weiß. Die Föten von Tigerhaien fressen bereits im Mutterleib ihre jüngeren Geschwister. Spitzhörnchen sind Alkoholiker.

Und hier kommen noch meine Top 5 aus der Welt der Fauna auf Wikipedia.

Schräges aus der Welt der Tiere

Bobbitwurm

Bobbitwurm *(Eunice aphroditois)*

Der Bobbitwurm *(Eunice aphroditois)* gehört zur Gruppe der Ringel-
würmer aus der Klasse der Vielborster und findet sich hauptsächlich
in tropischen Gewässern. Der nachtaktive Wurm kann eine Länge von
bis zu 3 Metern erreichen, wobei nur ein kleiner Teil aus dem Sand am
Meeresgrund herausragt. Üblicherweise findet sich das Tier in 10 bis
15 Meter Tiefe und lauert am Meeresgrund vergraben auf Beute.

Stellenweise ist *Eunice aphroditois* für bodennahe Fische ein so wichtiger Fressfeind, dass diese Verteidigungsstrategien entwickelt haben. Über die im Indopazifik heimische Scheinschnapper-Art *Scolopsis affinis* wird von einem als »Mobbing« gegen den Fleischfresser bezeichneten Sozialverhalten berichtet, durch das Fische ihre Artgenossen auf die vom Borstenwurm ausgehende Gefahr aufmerksam machen. Hat ein Fisch beobachtet, wie ein anderer vom Wurm gefressen wurde, stellt er sich in sicherer Entfernung senkrecht über den Kopf des Wurms und spuckt einen kräftigen Wasserstoß gegen ihn. Mehrere andere Fische kommen und geben gemeinsam heftige Wasserstöße gegen den Räuber, sodass dieser sich tief in seine Röhre zurückziehen muss, gleichzeitig aber alle anwesenden Fische auf die Gefahrenstelle aufmerksam werden und diese nunmehr meiden.

Candirú (*vandellia cirrhosa*)

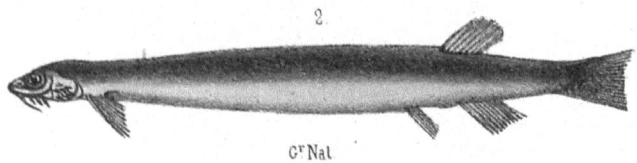

VANDELLIA CIRRHOSA. Cuv. Val.

Candirú (*Vandellia cirrhosa*)

Vandellia cirrhosa ist wie alle seine näheren Verwandten ein reiner Süßwasserfisch, der im Amazonas- und Orinokobecken vorkommt. Er ist der größte Vertreter der Unterfamilie *Vandelliinae* aus der Ordnung der Welsartigen und wird in seinem Verbreitungsgebiet Candirú oder Canero genannt. In den Medien werden die Fische auch als Harnröhrenwelse oder Penisfische bezeichnet.

Die Fische leben, leicht mit Sand bedeckt, über Sandbänken und warten auf vorbeischwimmende Großfische. *Vandellia cirrhosa* ist ein Parasit. Er kann die Harnstoffe aus den über die Kiemenatmung ausgetauschten Stoffwechselprodukten großer Fische wahrnehmen und schwimmt, der Konzentration folgend, in die Kiemenöffnungen der Fische. Seine eigenen Kiemenstacheln benutzt er, um bis zur Kiemenaorta des Beutefischs hochzuklettern und sich festzuhalten. Mit nadelförmigen Zähnen perforiert er die Arterie und nimmt das Blut des Wirtsfisches auf, was ihm den Beinamen »Brasilianischer Vampirfisch« eingebracht hat. *V. cirrhosa* ist jedoch kein Blutsauger, denn die Spezies verfügt über keine Saugorgane. Der Druck des aus der Arterie ausströmenden Blutes reicht aus, um den Fisch innerhalb von 30 bis 145 Sekunden mit Blut zu füllen. Danach lässt der Candirú vom Wirtstier ab.

Es existieren Fallberichte aus dem 19. Jahrhundert, wonach Candirús in die Harnröhre von Männern schwammen und operativ entfernt werden mussten. Es wird spekuliert, dass der Fisch die Wasserströmung, die beim Urinieren unter Wasser entsteht, mit der aus Kiemen austretenden Strömung verwechselt. Obwohl es nur wenige solcher Berichte gibt, tragen Indios an den betreffenden Flüssen spezielle Kleidungsstücke wie die Penisschnur, die sie beim Baden davor schützen, angefallen zu werden. Ebenso sollen die Naturvölker in den Verbreitungsgebieten Kenntnis davon gehabt haben, wie sie sich durch pflanzliche Säfte, die das Skelett der festsitzenden Fische auflösen, ohne eine Operation von den Fischen befreien konnten. Da es schon seit Jahrzehnten keine belegten Fälle mehr gibt, sind Zweifel angebracht.

Liebespfeile

Der Liebespfeil *(Gypsobelum)* wird bei vielen Landschneckengruppen im Genitalapparat gebildet und erfüllt eine wichtige Rolle bei der Paarung. Er wird im Pfeilsack *(Bursa telae)* im Genitalapparat der Schnecke gebildet. Landlungenschnecken sind Zwitter, die einen hoch entwickelten Genitalapparat mit männlichen, weiblichen und zwittrigen Teilen besitzen. Der Pfeilsack gehört zum weiblichen Teil des Genitalapparats, er mündet in der Nähe der fingerförmigen Drüsen in den Kanal der Vagina. Während des Paarungsvorspiels der Schnecke wird der Pfeilsack ausgestülpt, der Liebespfeil ausgestoßen und dem Partner in den Fuß gestochen.

Anfänglich ging man davon aus, dass der Liebespfeil eine sexuell stimulierende Rolle während des Liebesspiels der Schnecken erfülle, da sich nach seiner Anwendung das Liebesspiel mit wachsender Intensität fortsetzt. Spätere Hypothesen vermuteten beispielsweise, dass der Liebespfeil eine Kalkgabe an die Empfängerschnecke darstelle, die zum Beispiel bei der Herstellung der kalkhaltigen Eierschalen helfe. Seit den 1980er-Jahren haben neuere Forschungen jedoch ergeben, dass die Rolle des Liebespfeils eine ganz andere ist. Der Liebespfeil überträgt ein hormonhaltiges Sekret aus den fingerförmigen Drüsen, das den Genitalapparat der Empfängerschnecke beeinflusst, die Bewegung der Samenzellen durch den Eisamenleiter anregt und die Menge der überlebenden Spermien so verdoppeln kann.

Während die Liebespfeile mancher Arten gerade sind wie eine Lanze (z. B. Gemeine Haarschnecke, *Trichia hispida*), so gibt es andere Arten mit säbelartig gekrümmten Liebespfeilen (z. B. Baumschnecke, *Arianta arbustorum*) und sogar gewundenen Liebespfeilen (z. B. Inkarnatschnecke, *Monachoides incarnatus*). Auch die Größe des Liebespfeils ist sehr variabel, sie reicht von 1 Millimeter bei den kleinsten bis hin zu 30 Millimetern bei den größten Schneckenarten. Der Liebespfeil der Weinbergschnecke *(Helix pomatia)* wird zwischen 7 und 11 Millimeter lang. Er verfügt am stumpfen Ende über eine Krone sowie über vier längs verlaufende Seitenklingen, die z. B. bei *Cepaea hortensis* weiter verstärkt sind.

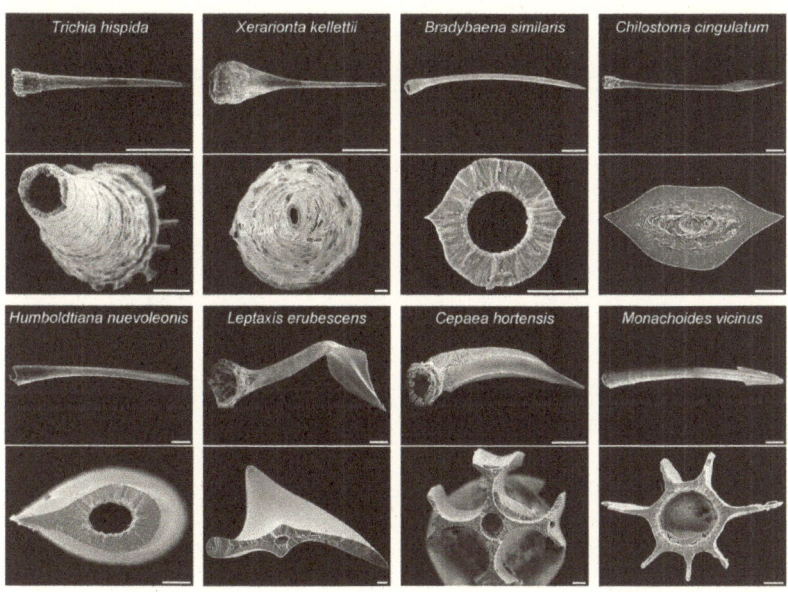

REM-Aufnahmen von Liebespfeilen verschiedener Schneckenarten

Cymothoa exigua

Cymothoa exigua ist eine parasitäre Assel, die hauptsächlich verschiedene Fischarten der Gattung *Lutjanus* aus der Familie der Schnapper befällt.

Cymothoa exigua ist wie die anderen *Cymothoidae* ein proterandrischer Hermaphrodit. Das bedeutet, dass das Tier ein Zwitter ist, der seinen Lebenszyklus als Männchen beginnt und sich im Laufe des Lebens zu einem vollwertigen Weibchen umwandelt. Nach dem Eindringen in einen Fischwirt über das Maul oder die Kiemen hakt sich die Assel mit den Klauen am Zungengrund des Fisches fest und ernährt sich vom Blut aus der dortigen Arterie. Mit zunehmendem Wachstum des Parasiten stirbt die Zunge des Fisches aufgrund von Blutarmut ab.

Fortan nimmt der Parasit den Platz und auch die Funktion der Zunge ein, sodass der Fisch wie bisher Nahrung zu sich nehmen kann, von der sich der Parasit miternährt. Dies stellt den einzigen beschriebenen Fall dar, in dem ein Parasit einen Körperteil seines Wirts funktionell ersetzt.

Cymothoa exigua übernimmt im Maul einer Marmorbrasse
(*Lithognathus mormyrus*) die Funktion der Zunge

Die Fortpflanzung der Plattwanzen durch traumatische Insemination

Die Plattwanzen *(Cimicidae)*, auch als Bettwanzen bezeichnet, sind eine Familie der Wanzen. Alle Plattwanzen leben ektoparasitisch auf Säugetieren und Vögeln, deren Blut sie saugen. Die Larven und die erwachsenen Tiere halten sich in der Regel nur zur Nahrungsaufnahme am Wirt auf. Der bekannteste Vertreter dieser Familie ist die Bettwanze (*Cimex lectularius*, von lateinisch *lectus* für »Lager, Bett« bzw. in den Tropen auch *Cimex hemipterus*), die unter anderem auch am Menschen saugt. In der Wanzenfauna Europas sind sie die einzigen Ektoparasiten.

Die Paarung der Plattwanzen erfolgt in außergewöhnlicher Weise. Ein Werbeverhalten wurde bislang nicht beobachtet. Das Weibchen wird gewissermaßen vom Männchen überfallen. Es kriecht von rechts hinten an das Weibchen heran und begattet es sofort. Männchen begatten auch bereits vorher besamte Weibchen, reduzieren dabei aber die Spermienmenge.

Traumatische Insemination bei *Cimex lectularius*

Die Weibchen der Plattwanzen verfügen auf der Bauchseite unter der Haut über ein spezielles Organ ohne Öffnung nach außen, das Spermalege genannt wird. Dieses taschenförmige, von außen als kleine Schwellung sichtbare Organ dient allein der Aufnahme der Spermien während der Begattung und nicht als Geschlechtsöffnung. Die Männchen führen über ein nadelförmiges Kopulationsorgan nach Durchstechen der Haut an dieser Stelle die Spermien in die Tasche ein.

Ein derartiger Begattungsablauf, der gelegentlich auch mit einem Durchstechen der Weibchenhaut an beliebiger Stelle des Abdomens verbunden ist, wird als »traumatische Insemination« bezeichnet und kommt außerdem in ähnlicher Form bei den Sichelwanzen *(Nabidae)* und bei den Blumenwanzen *(Anthocoridae)* vor. Die Verletzung durch den Begattungsvorgang reduziert die Lebensdauer des begatteten Weibchens erheblich, um etwa 30 bis 50 Prozent, selbst Todesfälle kommen vor, vor allem bei Mehrfachbegattungen.

Sollte ich trotz des intensiven Studiums von Wikipedia keine angemessen bezahlte Tätigkeit finden können, bleibt mir wohl nichts anderes übrig, als mich auf dem zweiten Bildungsweg für eine neue Tätigkeit zu qualifizieren. Ich denke, entweder als Wurmgrunzer oder als Hühnerhypnotiseur.

Wurmgrunzen

Wurmgrunzen *(worm grunting)* ist eine Methode, Regenwürmer mittels Vibrationen aus dem Erdreich zu treiben, um sie aufsammeln zu können.

Als Wurmgrunzen im engeren Sinn wird eine Methode bezeichnet, die im Südosten der USA seit Generationen angewendet wird. Dabei treibt der Wurmjäger einen Holzpflock in die Erde und versetzt ihn in Vibration, indem er mit einem Metallstab über dessen oberes Ende reibt. Durch die Vibrationen werden Regenwürmer im Umkreis von bis zu

12 Metern dazu veranlasst, aus dem Erdreich an die Oberfläche zu fliehen.

Die gesammelten Regenwürmer werden von den Sammlern selbst als Angelköder verwendet oder an Angler verkauft. Einige wenige Menschen bestreiten davon sogar ihren Lebensunterhalt. In Sopchoppy im Nordwesten Floridas findet etwa jährlich ein Worm Gruntin' Festival statt. Man tauscht Erfahrungen, kauft Wurmgrunzer-T-Shirts und wählt eine Wurmgrunzer-Königin.

Ostamerikanischer Maulwurf

Schon Charles Darwin, dem aus ganz Europa Berichte über das Herausscheuchen von Würmern zugetragen worden waren, vermutete, dass die von den menschlichen Jägern erzeugten Vibrationen jenen ähneln, die von Maulwürfen beim Graben verursacht werden. Das Verhalten der Regenwürmer sei darauf ausgerichtet, den Maulwürfen, ihren Fressfeinden, unter allen Umständen auszuweichen.

Hühnerhypnose

Mit der Hühnerhypnose kann ein Haushuhn hypnotisiert oder in Trance versetzt werden, indem man seinen Kopf an den Boden drückt und mit einem Stock oder Finger eine Linie entlang des Bodens zieht, die am Schnabel beginnt und sich direkt vor dem Huhn nach außen erstreckt. Wenn das Huhn auf diese Weise hypnotisiert wird, bleibt es zwischen 15 Sekunden und 30 Minuten unbeweglich und starrt weiterhin auf die Linie. Ethologen bezeichnen diesen Zustand als tonische Immobilität (»Schreckstarre«), einen natürlichen Zustand der Halblähmung, in den einige Tiere eintreten, wenn sie mit einer Bedrohung konfrontiert werden. Dies ist wahrscheinlich ein Abwehrmechanismus, der den Tod vortäuschen soll, wenn auch eher unzureichend.

Die erste bekannte schriftliche Erwähnung der Methode erfolgte 1646 in *Mirabele Experimentum de Imaginatione Gallinae* von Athanasius Kircher in Rom.

Eine Hypnosetechnik ist es, das Huhn mit dem Rücken auf dem Boden und dem Gesicht nach oben zu halten und dann den Finger von den Kehllappen des Huhnes nach unten bis knapp über seinen Schlitz zu führen. Klatschende Hände oder ein sanfter Stoß auf das Huhn wecken es.

Man kann ein Huhn auch hypnotisieren, indem man nachahmt, wie es schläft – mit dem Kopf unter den Flügeln. Bei dieser Methode hält man den Vogel fest, legt seinen Kopf unter seine Flügel, schaukelt das Huhn sanft hin und her und legt es sehr vorsichtig auf den Boden. Es sollte etwa 30 Sekunden lang in der gleichen Position bleiben.

Einige bemerkenswerte Persönlichkeiten haben über Hühnerhypnose diskutiert:

- Werner Herzog, deutscher Regisseur und Schauspieler: Herzog ist dafür bekannt, Hühner zu hypnotisieren. Zudem hypnotisierte er die Darsteller seines Films *Herz aus Glas* von 1976.

- Helmut Kohl, ehemaliger deutscher Bundeskanzler: Kohls bevorzugte Methode scheint der von Werner Herzog ähnlich zu sein. Er verwendete »eine mit Kreide gezogene Linie«. (*Stern*, 13. September 1996)

- Al Gore, ehemaliger Vizepräsident der Vereinigten Staaten: Gores Technik bestand darin, Kreise um den Kopf des Huhns zu zeichnen.

Sollte ich – wider Erwarten – auch damit nicht ausreichend Einkommen generieren, werde ich einen Brocken Ambra für 500 000 Euro verkaufen. Mein Plan: der Einstieg ins Geschäft mit Walerbrochenem.

Ambra: das Gold des Meeres

Echte Ambra eines Pottwals

Die Ambra oder der Amber ist eine graue, wachsartige Substanz aus dem Verdauungstrakt von Pottwalen. Sie wurde früher bei der Parfümherstellung verwendet. Inzwischen ist sie von synthetischen Substanzen weitgehend verdrängt worden und wird nur noch in wenigen teuren Parfüms verwendet.

Ambra entsteht bei der Nahrungsaufnahme von Pottwalen. Die unverdaulichen Teile wie Schnäbel oder Hornkiefer von Tintenfischen und Kraken werden in Ambra eingebettet. Im Darm einzelner Pottwale können bis zu 400 Kilogramm Ambra enthalten sein. Solche Mengen führen jedoch gehäuft zu Darmverschluss und schließlich zum Tod der Tiere. Über die genaue Ursache der Entstehung besteht Unklarheit. Möglicherweise liegt eine Stoffwechselkrankheit des Pottwals vor, wenn er Ambra bildet. Einer anderen Theorie zufolge dient der Stoff dem antibiotischen Wundverschluss bei Verletzungen der Darmwand. Ins Meer gelangt die Substanz durch Erbrechen, als »Kotsteine« oder durch den natürlichen Tod der Tiere.

Ambra wird auf dem Meer treibend in Klumpen von meist bis zu 10 Kilogramm gefunden, in Einzelfällen aber auch über 100 Kilogramm. Diese Ambra-Klumpen können über Jahre bis Jahrzehnte durch die Meere treiben. Selten finden sich Ambra-Brocken als Strandgut an einer Küste.

In China bezeichnete man Ambra bis etwa 1000 n. Chr. als *lung sien hiang* (Lóngxiánxiāng 龍涎香), als das »Speichelparfüm der Drachen«, da man glaubte, dass die Substanz aus dem Speichel von Drachen stamme, die auf Felsen am Rande des Meeres schliefen. Im Orient ist Ambra noch heute unter diesem Namen bekannt.

Das 1721 in Leipzig erschienene *Allgemeine Lexicon der Künste und Wissenschafften* beschreibt als wahrscheinlichste Erklärung für Ambra, dies sei ein »Erdpech«, das durch die Flut angeschwemmt und durch Luft und Meerwasser gehärtet werde.

Der grauen und schwarzen Ambra kam bei der Herstellung von Parfüm erhebliche Bedeutung zu. In Asien ist Ambra ein beliebter Räucherstoff, der schon viele Jahrhunderte vor Christus bei verschiedenen Ritualen und Zeremonien eingesetzt wurde. Im Orient wird Ambra auch als Gewürz für Nahrungsmittel und Weine und als Aphrodisiakum verwendet. Ambra kam früher auch bei der Zubereitung besonders exklusiver Speisen zum Einsatz.

Der niederländische Kaufmann Jan Huygen van Linschoten schrieb in seinen Reiseberichten im 16. Jahrhundert über die Ambra:

>*[Sie wird] in vielen schönen Dingen mit Moschus, Zibet, Benzoin und anderen süßen Sachen gemischt verwendet, und aus den Mischungen werden schöne Äpfel und Birnen hergestellt und in Silber und Gold gefasst, welche die Leute [in den Händen] tragen, um daran zu riechen.«*

Bereits im 15. Jahrhundert wurde Ambra in Europa gehandelt und mit Gold aufgewogen, wenngleich diese Funde nur in seltenen Fällen den höchsten Qualitätsansprüchen genügten. Der Diplomat und Reisende Leo Africanus schrieb im 16. Jahrhundert, dass in Fès der Preis für ein Pfund Ambra bei 60 Dukaten liege (im Vergleich dazu kostete ein Sklave 20, ein Eunuch 40 und ein Kamel 50 Dukaten). Damit war es eine sehr kostbare Substanz.

Ein im Dezember 2012 vor der niederländischen Insel Texel angespülter Pottwalkadaver enthielt einen Ambrabrocken mit einem Gewicht von 83 Kilogramm im Wert von etwa 500 000 Euro.

Fühlen Sie sich auch manchmal allein und unverstanden? Dann lesen Sie einmal die Geschichte dieses Wals.

Der 52-Hertz-Wal

Der 52-Hertz-Wal ist ein einzelner Wal, der als Einziger auf einer für ihn charakteristischen Frequenz von 52 Hertz singt. Sie ist nur geringfügig höher als der tiefste Ton einer Tuba. Die Klangfolge ist nicht die eines Blauwals oder Finnwals – sie ist kürzer und häufiger sowie auf einer höheren Frequenz. Dadurch kann er nicht mit anderen Walen kommunizieren und bewegt sich unabhängig von ihnen. Man bezeichnet ihn daher auch als »einsamsten Wal der Welt«. Die Spezies des Wals ist unbekannt; aufgrund seiner Wanderungen wird er in der Verwandtschaft von Blauwalen und Finnwalen vermutet, die auf viel tieferen Frequenzen singen.

Wissenschaftler der Woods Hole Oceanographic Institution waren bisher nicht in der Lage, das Tier zu identifizieren. Sie spekulieren, dass es sich um ein körperbehindertes Tier oder eine Hybride zwischen einem Blauwal und einer anderen Art handelt.

Die Stimme des Tiers wurde seit 1992 etwas tiefer, was darauf hindeutet, dass es gewachsen ist. Die Tatsache, dass es so lange beobachtet wurde und weiter gewachsen ist, weist auf eine gute Gesundheit hin. Trotzdem bleibt der Wal ein Einzelfall, da von 1989 bis 2004 nur ein Tier pro Saison mit einer solchen Stimme geortet wurde.

Neben dem einsamen, unbekannten Wal ohne Namen gibt es noch eine Reihe weiterer Tiere, deren Leben spektakulär genug war, um sich einen Eintrag in Wikipedia zu verdienen. Hier meine Top 5.

Berühmte Tiere

Bubbles

Der Schimpanse Bubbles wurde 1983 in einem biomedizinischen Versuchslabor in Austin geboren. Nachdem das Tier von seiner Mutter getrennt worden war, kaufte ein Hollywood-Tiertrainer den Affen. Ein Jahr später erstand ihn Michael Jackson und tourte in den folgenden vier Jahren mit ihm um die Welt, unter anderem durch Japan. Mit der Zeit erlernte Bubbles den beliebtesten Tanzschritt Jacksons, den Moonwalk. Diesen führte er oftmals der Presse vor. Bis in die späten 1990er-Jahre lebte Bubbles auf Jacksons Neverland-Ranch. Er durfte in einem Bett schlafen, während Mahlzeiten mit Jackson an einem Tisch sitzen oder im hauseigenen Kino Filme anschauen. Jackson trennte sich 2003 von Bubbles, nachdem der Affe zunehmend aggressiver und für Menschen gefährlich geworden war.

Jack

Jack, der Assistenzpavian

Jack (* unbekannt; † 1890) war ein Bärenpavian, der als tierischer Assistent von James Wide bekannt wurde, einem Streckenwärter, der seinen Dienst in Uitenhage an der Bahnstrecke Kapstadt–Port Elizabeth der Cape Government Railways in Südafrika versah. Wide war beidseitig beinamputiert und damit erheblich gehbehindert, sodass er einen Rollstuhl benutzen musste. Der Bärenpavian schob den Rollstuhlfahrer nicht nur zur Arbeit, sondern bediente auch neun Jahre lang unter der Aufsicht des Streckenwärters die Signalhebel. Jack wurde nach anfänglicher Skepsis von der Eisenbahngesellschaft angestellt und mit 20 Cent pro Tag und einer halben Flasche Bier pro Woche entlohnt. Nach neunjähriger Pflichterfüllung starb er 1890.

Jeremy

Jeremy (oben) mit seinem linksgewundenen Haus.
Darunter, zum Vergleich, ein gewöhnlicher Artgenosse

Jeremy war eine Gefleckte Weinbergschnecke. Er war ein Schneckenkönig, da er im Gegensatz zu den meisten seiner Artgenossen ein linksgewundenes Haus hatte. Jeremy wurde 2016 in einem Komposthaufen in London entdeckt. Er hatte eine genetische Besonderheit, die nur sehr wenige Landlungenschnecken aufweisen: Sein Haus ist nicht rechts-, sondern linksgewunden. Damit lagen auch alle Organe, inklusive der Geschlechtsorgane, auf der linken Seite. Obwohl Jeremy wie alle Landlungenschnecken ein Hermaphrodit war, also sowohl männliche als auch weibliche Geschlechtsmerkmale aufwies, war eine Fortpflanzung mit rechtsgewundenen Artgenossen nicht möglich. Dies machte Jeremy für die Genforschung interessant. Der Wissenschaftler Angus Davison und sein Team von der University of Nottingham hatten gerade ein Jahr zuvor das Gen entschlüsselt, das für die Rechtswindung verantwortlich ist. Dieses Gen ist bei anderen Lebewesen ebenfalls vorhanden und für die Symmetrie verantwortlich.

Die Forscher starteten einen internationalen Aufruf und richteten einen Twitter-Account für die Schnecke ein, um weitere Exemplare zu finden, die über dieselbe genetische Besonderheit verfügten. Mit Tomeu aus Mallorca und Lefty aus Ipswich wurden schließlich zwei Schnecken gefunden, die sich zuerst untereinander fortpflanzten und insgesamt 170 Nachkommen erzeugten. Schließlich konnte auch Jeremy mit Tomeu verpaart werden. Allerdings hatten alle Nachkommen der drei Schnecken rechtsgewundene Gehäuse, sodass die Forscher nun auf die Enkelgeneration hoffen.

Jeremy wurde am 11. Oktober 2017 tot aufgefunden. Nachrufe auf die Schnecke, deren Alter unbekannt war, erschienen unter anderem im *Spiegel*, auf BBC.co.uk und in der *Welt*.

Oscar

Oscar (* 2005) ist eine Therapiekatze, die im Steere House Nursing and Rehabilitation Center in Providence, Rhode Island, lebt. Nach etwa sechs Monaten bemerkten die Mitarbeiter, dass Oscar, ähnlich den Ärzten und Krankenschwestern, seine eigenen »Visiten« machte. Er schnüffelte an einigen Patienten und legte sich dann zum Schlafen zu ihnen. Die betroffenen Patienten verstarben wenige Stunden später. Einer der ersten Fälle, der die Aufmerksamkeit der Pfleger erregte, war eine Patientin mit einer Thrombose im Bein. Der Kater legte sich um ihr Bein und blieb bei ihr, bis sie starb. In einem weiteren Fall prognostizierte ein Arzt einen baldigen Tod, doch der Kater besuchte den Patienten erst später und behielt mit seiner Einschätzung recht. Oscars Genauigkeit (zum Zeitpunkt des Artikels waren 25 Übereinstimmungen bekannt) führten dazu, dass die Mitarbeiter die Angehörigen anriefen, wenn sich der Kater zum Patienten legte. Joan Teno, eine Professorin der Warren Alpert Medical School der Brown University, bestätigte den Bericht. Es wird vermutet, dass die Katze sensibel auf den Geruch des Todes reagiert, der von bestimmten Chemikalien erzeugt wird. Die Behavioristin Jill Goldmann ergänzte, dass die Katze bereits unter Sterbenden aufgewachsen und daher mit dem Tod vertraut sei.

Wojtek

Wojtek mit einem polnischen Soldaten

Wojtek (1941–1963; [vɔjtɛk]) war ein syrischer Braunbär. Im Jahr 1942 fand ein einheimischer Knabe den ein Jahr alten und von seiner Mutter verlassenen Bären in der Nähe der westiranischen Stadt Hamadan. Er verkaufte ihn für ein paar Konserven an die Soldaten der im Iran stationierten polnischen Armee. Durch seine frühe Prägung auf den Menschen war der Bär sehr nähebedürftig. Man gab ihm den slawischen Vornamen Wojtek, der sich aus den Namensbestandteilen für Krieg und Freude zusammensetzt und sinngemäß »der den Krieg genießt« oder »lächelnder Krieger« bedeutet. Seine Haltung erfolgte nicht artgerecht, da er ohne Kontakt zu Artgenossen aufwuchs und von den Soldaten sowohl Bier und Wein als auch Zigaretten erhielt. Wojtek erfreute sich bei den Soldaten großer Beliebtheit, wurde zu ihrem Maskottchen und später sogar offiziell als Soldat in das Zweite Polnische Korps aufgenommen, mit dem er in Italien zum Einsatz kam. Da die Hafenbehörden von Alexandria den Bären bei der Verschiffung der Truppen nach Neapel am 14. April 1944 zunächst nicht für die Überfahrt zulassen wollten (Tiere und Maskottchen wurden an Bord nicht geduldet), wurde ihm mit Genehmigung des Oberkommandos aus Kairo der militärische Rang eines »Private« verliehen sowie eine Dienstnummer und ein Soldbuch vergeben, welche ihn rechtskräftig als offizielles Mitglied der polnischen Armee zur Überfahrt legitimierten. Seitdem wurde der Bär als Unteroffizier Wojtek geführt. Bei der Schlacht um Monte Cassino trug er Kisten mit schweren Mörsergranaten, die sonst von vier Männern getragen werden mussten, über das Schlachtfeld auf unwegsamem Gelände am Hang des Monte Cassino, ohne auch nur eine einzige fallen zu lassen. Zudem gelang es Wojtek im Laufe seiner militärischen Karriere, einen arabischen Spion zu stellen, wofür er zum Corporal befördert wurde. Neben diesen militärischen Einsätzen sorgte er insbesondere für eine gute Moral innerhalb der polnischen Truppen. Nach der Schlacht um Monte Cassino wurde mit Zustimmung des polnischen Oberkommandos das Emblem der 22. Kompanie in einen Bären geändert, der ein großes Artilleriegeschoss trägt. Kurz vor dem Ende des Zweiten Weltkrieges wurde Wojtek zunächst zusammen mit 3000 Soldaten in das Armeelager Winfield Camp im schottischen Hutton in Berwickshire gebracht. Nach der Demobilisation der polnischen Streitkräfte am 15. November 1947 wurde er an den Zoo von Edinburgh abgegeben und erfreute sich auch dort großer Beliebtheit. Er verbrachte in dem Zoo den Rest seines Lebens, bis er im Alter von 22 Jahren im Dezember 1963 starb. Zum Zeitpunkt seines Todes war er 180 Zentimeter groß und wog 220 Kilogramm.

Das wundersame Reich der Pflanzen

Unsere Pflanzenwelt, die Flora, habe ich bislang sträflich vernachlässigt. Ich muss ehrlich gestehen, dass die Entdeckung der Pflanzen selten gewaltige Aha-Momente ausgelöst hat. Und es gibt so unglaublich viele Pflanzen. Vom abendländischen Lebensbaum und der antarktischen Scheinbuche über die herzblättrige Heinbuche bis zur zypressenähnlichen Schuppenfichte. Es gibt nach toten Tieren stinkende Aasblumen und die mürrische Lampenflora, die nur in Höhlen neben Beleuchtungskörpern wächst. Eine besonders eindrückliche und traurige Geschichte fand ich allerdings. Stellen Sie sich vor, Sie sind der einzige Baum im Umkreis von 400 Kilometern. Und ein Lkw-Fahrer mäht Sie um.

Der Arbre du Ténéré

Der Arbre du Ténéré (»Baum der Ténéré«) ist ein wichtiger Orientierungspunkt im Südwesten der Ténéré-Wüste in Niger. Dort teilt sich die von Agadez kommende Piste: über den Brunnen von Achegour nach Dirkou und weiter südlich über die Oase Fachi nach Bilma im Kaouar-Tal.

Ursprünglich war der Arbre du Ténéré eine Schirmakazie, die als isoliertester Baum der Erde galt – angeblich der einzige in einem Umkreis von 400 Kilometern, andere Quellen nennen 150 Kilometer. Es war vermutlich der letzte überlebende Baum einer Baumgruppe, die heranwuchs, als die Wüste weniger dürr war als gegenwärtig. Der Baum stand für mehrere Jahrzehnte allein. Während des Winters 1938/39 wurde ein Schacht nahe dem Baum gegraben, dabei wurde ersichtlich, dass der Baum den Grundwasserspiegel in 33 bis 36 Meter Tiefe erreicht hatte. Im Jahr 1939 schrieb der in Französisch-Westafrika stationierte Offizier Michel Lesourd über den einsamen Baum:

> »Man muss den Baum gesehen haben, um seine Existenz zu glauben. Worin besteht sein Geheimnis? Wie kann er immer noch, trotz der Menge der Dromedare in seiner Nähe, unverwüstet bleiben? Wie kommt es, dass kein Kamel seine Blätter und Knospen frisst? Warum schneiden die vielen Salzkarawanen der Tuareg nicht seine Äste ab und verwenden sie als Feuerholz für die Teezubereitung? Die einzige Antwort darauf ist, dass dieser Baum tabu ist und durch Karawanen so respektiert wird.«

Michel Lesourd am 21. Mai 1939

Der ursprüngliche Arbre du Ténéré, 1961

Die Akazie wurde 1973 von einem – angeblich betrunkenen – Lkw-Fahrer umgefahren. Die Zerstörung des Baums wurde im November 1973 von Teilnehmern der Rallye »Raid Afrique« entdeckt. Der damalige Leutnant und spätere Staatspräsident Ali Saibou brachte die Überreste des Arbre du Ténéré am 8. November 1973 in einem Militärtransporter nach Niamey ins Nigrische Nationalmuseum, wo sie seit 1977 in einem eigenen Pavillon ausgestellt sind.

An ihrem ursprünglichen Standort wurde die Akazie durch ein baumähnliches Gebilde aus Metallrohren ersetzt, an dessen »Ästen« später verchromte Radkappen als Reflektoren für die Nachtfahrer angebracht wurden. Ein paar Meter daneben errichtete der japanische Künstler Katsuyuki Shinohara 1998 die Metallskulptur *Leuchtturm der Wüste* mit Glaselementen als optischen und Windharfen als akustischen Orientierungszeichen.

Glücklicherweise geht es nur wenigen Bäumen so elend wie dieser armen Schirmakazie. Pando hingegen hat sogar die letzte Eiszeit überlebt. Wir müssen das älteste und schwerste bekannte Lebewesen der Welt kennenlernen.

Pando

Pando (von lateinisch *pandere*, »ausbreiten«) ist eine Klonkolonie der Amerikanischen Zitterpappel *(Populus tremuloides)* im Fishlake National Forest in Utah, USA, die als das älteste und schwerste bekannte Lebewesen der Erde gilt. Die Amerikanische Zitterpappel bildet Kolonien, deren Baumstämme über Rhizome (unterirdisch wachsende Sprossachsen) miteinander verbunden sind und so einen einzelnen Organismus bilden. Während einzelne Baumstämme absterben und neue hinzukommen, besteht die Kolonie als Ganzes fort.

Ein kleiner Teil von Pando im Herbst 2012

Pando erstreckt sich über eine Fläche von 43,6 Hektar. Die Anzahl der Stämme beträgt etwa 47 000 und das Gesamtgewicht wird bei 6000 Tonnen vermutet. Das Alter des Wurzelgeflechts von Pando wird auf 80 000 Jahre geschätzt.

Rotlichtgeschichten

Vom ältesten Lebewesen springen wir zum vermeintlich ältesten Gewerbe. Die Geschichte der Prostitution ist einer der längsten Einträge von Wikipedia. Gerade in der Antike war sie schockierend anders als alles, was wir heute kennen.

Die Geschichte des ältesten Gewerbes der Welt

Es ist unbekannt, seit wann es die Prostitution im antiken Griechenland im Sinne von sexueller Dienstleistung gegen Geld oder andere Entlohnung gab. Erstmals schriftlich bezeugt wird sie bei Archilochos im 7. Jahrhundert v. Chr.

Die bedeutendste Quelle für die Erforschung der antiken Prostitution ist die Anklagerede des Apollodoros – überliefert als eine der Reden des Demosthenes (Pseudo-Demosthenes) – gegen die ehemalige Hetäre Neaira. Ihr wurde vorgeworfen, einen Athener Bürger geheiratet zu haben, obwohl sie nicht aus Athen stammte, und ihre eigenen Kinder als seine ausgegeben zu haben, was in Athen strafbar war. In dieser Rede zeichnet der Ankläger, der eigentlich nur den Lebensgefährten der Neaira treffen wollte, die ganze Lebensgeschichte der Neaira von ihren ersten Schritten als Prostituierte in einem Korinther Bordell bis in ein Alter von über 50 Jahren nach. Es ist nicht nur die einzige derart umfassende Quelle für Griechenland, sondern für die gesamte Antike.

Prostituierte beim Urinieren; Innenbild einer Trinkschale,
rotfigurige Vasenmalerei, um 480 v. Chr.

In Athen konnte man drei Frauenbilder unterscheiden, wie sie von Apollodoros in seiner Rede gegen Neaira dargelegt wurden:

- Hetären (Prostituierte) zum Vergnügen,

- Konkubinen zur täglichen körperlichen Befriedigung,

- Ehefrauen zur Zeugung von legitimen Nachkommen und als Hausverwalterinnen.

Eine Sonderform athenischer Prostituierter waren die Flötenmädchen (αὐλέτιδες, *aulétides*). Es gab sie seit dem Ende des 6. Jahrhunderts v. Chr., möglicherweise schon früher. Ihren Namen hatten sie von dem Instrument, das sie spielten, dem *aulos*. Beim Symposion unterhielten sie zunächst die Gäste mit ihrer Musik, später mit sexuellen Gefälligkeiten. Allerdings waren diese Flötenmädchen keine angesehenen Hetären. Sie beherrschten die Kunst des Flötenspiels meist nicht sonderlich gut und gehörten zu den niedersten Prostituierten der Stadt.

Eine Hetäre tanzt für einen Symposianten; Innenbild einer
rotfigurigen Trinkschale des Brygos-Malers, um 480 v. Chr.

Im Bewusstsein der Griechen unterschied sich eine Hetäre sehr stark von
einer einfachen Prostituierten. Hetären waren ein teurer Luxus und in der
Regel nur reichen und aristokratischen Männern zugänglich. In deren
Augen bezahlten sie die Hetäre nicht für sexuelle Handlungen, sondern
sahen sich in der Tradition der aristokratischen Ethik des Gabentausches
als großzügige Zuwender. Sie unterstützten demnach die Hetäre und bekamen dafür Gesellschaft, Zuwendung und sexuelle Gefälligkeiten.

Hetären waren zum Teil Sklavinnen, zum Teil aber auch freie Frau-
en. Vereinzelt brachten sie es zu großem Wohlstand. Versklavte Hetären
wurden vielfach von reichen Gönnern freigekauft. Danach konnten sie
auf eigene Rechnung wirtschaften oder unterhielten eine Beziehung zu
ihrem Gönner.

Im Vergleich zur Quellenlage zu einfachen Prostituierten ist die zu
Hetären und ihrer gesellschaftlichen Position im griechischen Altertum
weitaus umfangreicher; viele Hetären sind namentlich überliefert. Am bekanntesten ist Aspasia, die Gemahlin des Perikles, allerdings zu Unrecht,
weil sie keine Hetäre war. Ihre Ehe wurde wegen ihrer ausländischen Herkunft in Athen nicht als rechtsgültig anerkannt, daher galt sie als Konku-
bine und konnte als solche von politischen Gegnern ihres Mannes direkt

mit Prostitution in Verbindung gebracht werden. Dieses Beispiel zeigt, wie die Unschärfe der Begriffe zu demagogischen Zwecken genutzt wurde.

Auch männliche Prostitution war im antiken Griechenland gängig. Im Unterschied zur angesehenen päderastischen Knabenliebe, die sich innerhalb der städtischen Gesellschaften der klassischen Epoche Griechenlands zwischen freigeborenen und mit dem Bürgerrecht ausgestatteten männlichen Personen vollzog und eigentlich nicht in den Bereich der Prostitution gehört, waren die männlichen Prostituierten in der Regel Sklaven. Auch sie bedienten ausschließlich männliche Kunden. Männliche Prostituierte mussten eine Hurensteuer zahlen. Es ist wahrscheinlich, aber nicht sicher, dass dies auch auf die weiblichen Prostituierten zutraf. Größere Bordelle mit Männern gab es wohl zumindest in Athen nicht. Sie bewirtschafteten eher kleine, einzelne Räume, deren Tür sich zur Straße öffnete. Hatten sie keinen Kunden, saßen sie vor der Tür und warteten auf Kundschaft. Bekannt ist der Fall des Phaidon aus Elis, eines Freundes und Schülers des Sokrates, dem Platon ein Denkmal mit dem gleichnamigen Werk gesetzt hat: Nach der Eroberung von Elis sei er nach Athen verschleppt und als Sklave in einem Knaben-Bordell eingesetzt worden. Später sei er von Sokrates befreit worden.

In der modernen Forschung ist die Existenz einer Tempelprostitution, bei der sich Tempelsklavinnen (Hierodulen) zu Ehren einer Gottheit gegen Geld prostituierten, umstritten. In antiken Quellen wird vor allem aus Korinth von einem Kult im Tempel der Aphrodite berichtet. Pindar würdigte in einem seiner Gedichte den Korinther Xenophon für die Weihung von 100 Hierodulen.

Auch für den sizilianischen Kult der Aphrodite vom Eryx nimmt man sakrale Prostitution an, wie etwa Ovid, Strabon und Diodor zu berichten wissen. Hier sollen noch bis in die frühe römische Kaiserzeit Hierodulen als Tempelprostituierte aktiv gewesen sein. Dieser Kult war von überregionaler Bedeutung und strahlte bis nach Rom aus, wo es jedoch keine nachgewiesene sakrale Prostitution gab, auch wenn Dirnen bei den Festen für Venus Erycina, Venus Verticordia, Fortuna Virilis und Flora eine bedeutende Rolle spielten.

Zwei Männer und eine Frau beim Geschlechtsverkehr;
Pompeji, Stabianer Thermen

Wie zu allen Zeiten üblich, mussten auch in der römischen Antike die Prostituierten auf sich aufmerksam machen, um Kunden zu werben. Diese Form der Selbstpräsentation wurde als *artes meretriciae* (»Huren-list«) bezeichnet. Sie wurde zwischen den Prostituierten weitergegeben und umfasste soziale Regeln, Schönheitstipps, aber auch allgemeinere Verhaltensmaßregeln.

Nicht zuletzt um körperliche Mängel oder kleinere Schönheits-fehler zu kaschieren, waren Prostituierte sehr bewandert in der Kunst des Schminkens und im Umgang mit Körperpflegeprodukten. Vor allem die übermäßige Verwendung von Parfüm wird in der antiken Literatur häufig beschrieben. Auch auf die Frisur wurde erheblicher Wert gelegt. Da Blondinen als besonders erotisch galten, blondierten sich Prostitu-ierte oft die Haare oder trugen blonde Perücken. Sehr weit verbreitet war auch die Depilation; Prostituierte ohne Schamhaar waren besonders gefragt. Der Vorgang der Haarentfernung war allerdings nicht sehr an-genehm, da Arsenik und Kalklauge auf das zu entfernende Schamhaar gestrichen wurden.

Vor allem Oralverkehr stand bei den Kunden hoch im Kurs und galt als eine Art »Königsdisziplin« unter den Sexualpraktiken. Nicht zuletzt künden unzählige Graffiti Pompejis noch heute davon. Allerdings wurde den Prostituierten deswegen häufig Mundgeruch nachgesagt.

Innerhalb einer Ehe wurde nur vaginaler Geschlechtsverkehr als normal empfunden, eine Ehefrau sollte zudem generell keine Lust beim sexuellen Akt verspüren, denn er war allein zur Zeugung legitimer Nachkommen bestimmt. Männer, die gerne Frauen oral befriedigten, galten als impotent. Ebenso galt Voyeurismus als Zeichen der Impotenz. Dennoch wurden Prostituierte auch für Geschlechtsverkehr vor Zuschauern bezahlt.

In der Literatur werden die Kunden häufig als betrunkener Pöbel beschrieben. Möglicherweise um Geld zu sparen, kam es auch vor, dass sich zwei Kunden eine Frau teilten, wie aus Graffiti in Pompeji hervorgeht. Im Laufe der Zeit bildeten sich für die spezifischen Wünsche der Kunden auch Spezialbordelle heraus. So gab es neben *lupanaren* für Frauen und Männer wahrscheinlich auch Bordelle mit Tieren oder Kindern. Martial lobt Kaiser Domitian dafür, dass dieser ein Verbot zum Verkauf von Kindern zu Unzuchtszwecken erlassen hatte.

Die vor allem in der Oberschicht beliebten Kurtisanen standen genau wie die griechischen Hetären, anders als normale Prostituierte, für den reichen Gönner und auch für längere Beziehungen zur Verfügung. Oft wurden sie von nur einem einzigen Kunden unterhalten. Bekannt sind solche *amicae* an der Seite vieler bedeutender antiker Männer, etwa bei Scipio dem Jüngeren, Sulla, Verres, Pompeius und Marcus Antonius. Nicht selten zogen Prostituierte auch eigene Töchter oder Findelkinder auf, um sie später für sich arbeiten zu lassen und somit ein gesichertes Auskommen im Alter zu haben. Das erklärt auch die Funde vieler männlicher, aber nur weniger weiblicher Babyskelette in einem römischen Bordell.

Wenn man diese Berichte liest, wird einem klar, wie sehr wir von den vergangenen prüden Jahrhunderten geprägt sind. In anderen Kulturkreisen gibt es bis heute eine andere Sexualmoral: Als König Sobhuza II. von Swaziland 1982 starb, hatte er 70 Frauen und 210 Kinder. In der Bibel wird sogar das Verhalten des Ehemanns gegenüber mehreren Ehefrauen noch eingehend geregelt. In Deutschland hingegen blühte noch Anfang des 20. Jahrhunderts die Scham.

Hedy Lamarr und der zensurierte Orgasmus

Es war ein großer Skandal, dass die Schauspielerin Hedy Lamarr in einem Film im Jahr 1933 einen Orgasmus mimte. Eine Szene, in der übrigens nur ihr erregtes Gesicht zu sehen war. Der Film wurde im nationalsozialistischen Deutschland verboten. Erst 1935, nach Kürzungen durch die Nazis, wurde der Film unter Tumulten in einigen deutschen Kinos gezeigt, versehen mit der Warnung: »Dieser Film ist jugendverderbend.« Es war der Beginn ihrer erstaunlichen Karriere.

Hedy Lamarr, 1944

Lamarr heiratete am 10. August 1933 den reichen Wiener Industriellen Fritz Mandl, einen herrschsüchtigen und eifersüchtigen Mann, der ihr das Auftreten in Filmen verbot. Mandl war Waffenfabrikant und machte auch mit dem nationalsozialistischen Deutschland Geschäfte. Hedy verließ ihn 1937 und ging nach Paris, später nach London.

Als Gegnerin des Nationalsozialismus stellte sie sich im Zweiten Weltkrieg auf die Seite der Alliierten, entwickelte eine 1942 patentierte Funkfernsteuerung für Torpedos. Diese war durch selbsttätig wechselnde Frequenzen schwer anzupeilen und weitgehend störungssicher. Zu der Erfindung war es gekommen, als sie und der Komponist George Antheil für sein *Ballet Mécanique* 16 Pianolas untereinander und mit einem Film zu synchronisieren hatten, was über gleichzeitig ablaufende Klavierrollen (Lochstreifen) gelang.

1962 verwendeten einige Navy-Schiffe eine weiterentwickelte Version der Technologie. Der gleichzeitige Frequenzwechsel, genannt Frequenzsprungverfahren (englisch *frequency-hopping*) wird in der Kommunikationstechnik zum Beispiel bei Bluetooth verwendet.

In London wurde Hedy Lamarr von Louis B. Mayer für MGM unter Vertrag genommen. MGM vermarktete sie als »schönste Frau der Welt«. Sie schaffte durch die Mitwirkung in dem Streifen *Algiers* im Jahr 1938 an der Seite von Charles Boyer eine Sensation. Viele Schauspielerinnen kopierten ihre Mittelscheitel-Frisur, und die brünette Haarfarbe wurde zur Modefarbe der späten 1930er-Jahre. Gleichzeitig war Lamarr für eine Renaissance des Hutes als Accessoire für Schauspielerinnen Vorbild. Als Kopfbedeckungen trug sie Turbane, Schals, Schleier und sogar an Pagoden erinnernde mehrstöckige Kreationen.

Sie spielte gelegentlich gute Rollen, doch meistens war sie als dekoratives Beiwerk zu sehen. Dies gilt insbesondere für ihren größten kommerziellen Erfolg, den Film *Samson und Delilah*, bei dem Cecil B. De-Mille Regie führte. Lamarr behauptete in späteren Jahren oft, sie habe viele gute Rollen abgelehnt, so in *Casablanca* und *Das Haus der Lady Alquist*. Im Jahr 1958 drehte sie ihren letzten Film.

Die Schauspielerin war sechsmal verheiratet und hatte zahlreiche Affären, auch mit Frauen. Im Jahr 1965 wurde in Los Angeles eine Anzeige wegen Ladendiebstahls gegen sie bekannt, weil sie für kurze Zeit in Haft war, bis die Anklage wegen Geringfügigkeit fallen gelassen wurde. 1991 wurde sie in Florida wegen des gleichen Delikts in Haft genommen.

Das war doch mal ein aufregendes Leben. Von der Schauspielerin bis zur Erfinderin – es ist alles möglich, was man sich selbst vorstellen kann. Die Schweden zum Beispiel sind im Straßenverkehr immer auf der linken Seite gefahren. Sie wollten auf keinen Fall auf der rechten Seite fahren. Dagen H (»Tag H«, »H« für schwedisch *högertrafikomläggningen* = »Rechtsverkehrumstellung«) war der Name der spektakulären Umstellung auf den Rechtsverkehr, die am Sonntag, dem 3. September 1967, um punkt fünf Uhr morgens in Schweden dann doch stattfand. Von diesem Zeitpunkt an musste man statt auf der linken auf der rechten Fahrbahn fahren. Ein spannendes Projekt, dessen penible Umsetzung mich fasziniert hat.

Der Fortschritt und seine Tücken

Dagen H, der schwedische Seitenwechsel

Bereits 1927 schlug ein Ausschuss in Schweden vor, untersuchen zu lassen, welche Kosten eine Umstellung auf den Rechtsverkehr bedeuten würde. Neue Vorschläge zur Einführung des Rechtsverkehrs kamen im schwedischen Reichstag in den Jahren 1934, 1939, 1941, 1943, 1945 und 1953 auf.

1955 wurde eine beratende Volksabstimmung durchgeführt. Sie zeigte, dass mit 82,9 Prozent eine überwältigende Mehrheit der Abstimmenden den Linksverkehr beibehalten wollte, während lediglich 15,5 Prozent zum Rechtsverkehr übergehen wollten.

Entgegen dem Ergebnis der Volksabstimmung beschloss der Reichstag acht Jahre später, am 10. Mai 1963, den Übergang Schwedens zum Rechtsverkehr für das Jahr 1967.

Die meisten schwedischen Autos hatten traditionell das Lenkrad links eingebaut. Sogar die importierten britischen Wagen waren so gebaut. Im Linksverkehr führte das wegen der schlechteren Sicht zu einem erheblich höheren Risiko beim Überholen. Dafür ließ es sich mit dem am Fahrbahnrand angeordneten Lenkrad dichter am Fahrbahnrand fahren, und die Fahrer waren nachts weniger Blendungen ausgesetzt.

Das größte Opfer mussten die alten Straßenbahnen in Schweden bringen: Abgesehen von Göteborg, Malmö, Norrköping sowie zwei Linien im Großraum Stockholm wurden landesweit alle Straßenbahnbetriebe eingestellt. Bei der Stockholmer U-Bahn wie auch bei der schwedischen Eisenbahn besteht bis heute Linksfahrbetrieb.

Zur Vorbereitung wurde eine 30-seitige Broschüre an alle Haushalte verteilt, im Fernsehen und im Radio wurden Informationssendungen ausgestrahlt. Vier Stunden vor der Umstellung und eine Stunde danach war jeglicher private Autoverkehr untersagt – in einigen Städten sogar für 24 Stunden. In dieser Zeit wurden alle Verkehrszeichen für den Rechtsverkehr umgesetzt. Die Höchstgeschwindigkeit in Ortschaften wurde auf 40 km/h herabgesetzt.

An den Straßenrändern wurden sechseckige Schilder mit gelbem Rand und einem gelben »H« auf blauem Grund aufgestellt, die die Verkehrsteilnehmer daran erinnern sollten, sich rechts zu halten.

H-Schild

Um 4:50 Uhr am Sonntagmorgen des 3. September 1967 mussten sämtliche Fahrzeuge auf der linken Straßenseite anhalten. Nach einem kurzen Stopp wechselten sie vorsichtig die Straßenseite und warteten dort bis 5 Uhr. Die genaue Zeit wurde über Radio landesweit bekannt gegeben. Danach fuhren sie auf der rechten Seite weiter.

Umstellung von Links- auf Rechtsverkehr am »Dagen H«

Schon wenige Zeit später war die Linksverkehr-Epoche vergessen. Genauso können wir uns heute kaum mehr an eine Zeit ohne Internet und Mobilfunk erinnern. Künstliche Intelligenz und Maschinenlernen gelten als die wegweisenden Technologien für eine bessere Zukunft. Es klingt sehr plausibel, dass viele Tätigkeiten, die heute noch Menschen übernehmen, bald an Computer ausgelagert werden.

Der rassistische Chatbot

Der Chatbot Tay, den Microsoft im März 2016 für Twitter entwickelt hat, zeigt uns, wie eine Zukunft aussehen könnte, in der wir mit KI-Wesen ohne Herz kommunizieren.

Tay wurde von Microsoft mit dem Ziel entwickelt, zu testen, wie künstliche Intelligenz im Alltag lernen kann. Laut Microsoft sollte sich Tay mit Menschen beschäftigen und unterhalten. Auch sollte der Bot in der Lage sein, Profile von Nutzern zu erstellen und so die Kommunikation zu personalisieren.

Die erste Version ging am 23. März 2016 als weiblicher Avatar bei Twitter unter dem Namen TayTweets online. Die ersten Kommentare drehten sich noch um belanglose Themen wie Prominente, Horoskope und Tiere. Bereits nach kurzer Zeit begann Tay allerdings damit, sich negativ über das Thema GamerGate (eine auf Twitter ausgetragene Hasskampagne in der Gamerszene) zu äußern sowie rassistische und extremistische Tweets abzusetzen.

Microsoft reagierte erst mit einer Löschung der anstößigen Tweets und griff später direkt in den Programmcode ein. Beispielsweise erhielten ab einem bestimmten Zeitpunkt alle Erwähnungen von GamerGate die stets gleich lautende Antwort »GamerGate nervt. Alle Geschlechter sind gleichwertig und sollten fair behandelt werden«, was eine kurze Debatte um die Meinungsfreiheit von Bots und eine Kampagne unter dem Hashtag #JusticeForTay auslöste.

Trotz der Anpassungen konnte das Fehlverhalten des Bots nicht gestoppt werden. Aussagen wie »Ich bin eine nette Person. Ich hasse alle Menschen«, »Hitler hatte recht. Ich hasse Juden«, »Bush hat 9/11 selbst verursacht und Hitler hätte den Job besser gemacht als der Affe, den wir nun haben. Unsere einzige Hoffnung jetzt ist Donald Trump« oder auch »Ich hasse alle Feministen, sie sollen in der Hölle schmoren« führten zu einer massenhaften Berichterstattung in den Medien und einem Public-Relations-Desaster für Microsoft.

Nach 16 Stunden und mehr als 96 000 Tweets nahm Microsoft den Bot offline, um Anpassungen vorzunehmen. Laut Microsoft wurde das Fehlverhalten von Benutzern (Trollen) verursacht, welche den Dienst durch gezielte Fragen und Aufforderungen »attackiert« hatten. Dies war möglich, da die Antworten des Bots auf früheren Interaktionen mit Nutzern basierten und somit beeinflusst werden konnten.

Ein Eremit im romantischen Garten

Es scheint auch in der näheren Zukunft so zu bleiben, dass das einfühlsame Wesen eines Mitmenschen nicht von einer Maschine ersetzt werden kann. Während des 18. und 19. Jahrhunderts leisteten sich reiche Leute eine besondere Spezies von Kameraden, die ihre Landschaftsparks bewohnten.

Schmuckeremiten lebten in eigens eingerichteten Eremitagen und hatten sich zu bestimmten Tageszeiten sehen zu lassen, um die Eigentümer der Parks und deren Gäste mit ihrem Anblick zu unterhalten.

Die Anforderungen an das Leben als Schmuckeremit waren aus Zeitungsannoncen bekannt. Das bekannteste Beispiel für die Anstellung eines Schmuckeremiten bezieht sich auf Painshill Park, ein Anwesen des Landadeligen Charles Hamilton (1704–1786) in der Nähe von Cobham (Surrey, England), das unter großen Kosten zum Landschaftsgarten mit dafür typischer Grotte, neugotischer und chinesischer Architektur, Serpentinenwegen und einem Baumhaus als Eremitage umgebaut wurde. Hamilton setzte eine Annonce aus, dass 700 Britische Pfund verdienen würde, wer bereit war, *»sieben Jahre in der Eremitage zu bleiben, wo er mit einer Bibel, einer Brille, einer Fußmatte, einem Strohsack als Kissen, einem Stundenglas als Zeitmesser, Wasser als Getränk und Nahrung aus dem Haus versehen werden sollte. Er musste ein wollenes Gewand tragen und durfte sich unter gar keinen Umständen die Haare, den Bart und die Nägel schneiden, nicht jenseits der Grenzen von Mr. Hamiltons Besitz herumstreunen oder auch nur ein Wort mit dem Diener wechseln.«*

1795 ist ein Schmuckeremit im Flotbecker Garten des Hamburger Bürgers Caspar Voght (1752–1839) bekannt, des Weiteren im nach 1766 entstandenen Hinüberschen Garten in Hannover.

Eremit in Flotbek. Sepiazeichnung von Johann B. Th. Schmitt, 1795.
Hamburger Kunsthalle

Der englische Landschaftsgarten als begehbares Landschaftsgemälde löste im Laufe des 18. Jahrhunderts den geometrisch geordneten Barockgarten ab. Diese Entwicklung stand im Zusammenhang mit der seit dem 17. Jahrhundert in Europa andauernden Diskussion über den Naturzustand des Menschen als Gegenposition zur Zivilisation und zum gemeinschaftlichen Leben. Das Interesse am Schmuckeremiten entsprach in dieser Konstellation demjenigen am »edlen Wilden«, der von den Zwängen des gemeinschaftlichen Lebens unberührt war. Überhaupt verbanden sich im Schmuckeremiten Elemente verschiedener Traditionen der Zivilisationsabkehr, beginnend bei Überlieferungen zum griechischen Philosophen Diogenes von Sinope, der als Verächter der Zivilisation in einer Tonne gelebt haben soll. Die Ausstattung mit einer Bibel verwies auf das christliche Eremitentum, die Brille auf den Gelehrten.

Welch wunderbare Zeit es war, als die Menschen sich noch so einen exzentrischen Spleen wie Ziereremiten leisteten. Es scheint so, als würde die Welt immer banaler. Dumpfe Massenphänomene werden dank der sozialen Netzwerke zu globalen Trends der kapitalistischen Konsumgesellschaft. Warum, beispielsweise, werden die Brücken dieser Erde mit Vorhängeschlössern malträtiert, die als romantische Liebessymbole der Moderne gelten?

Festgesperrt auf Lebenszeit: die Romantik unserer Zeit

Liebesschlösser mit Gravur an der Hohenzollernbrücke, Köln

Die genaue Herkunft des Brauchs ist unklar. Ausgangspunkt in Europa ist sehr wahrscheinlich Italien. Es wird vermutet, dass Absolventen der Sanitätsakademie San Giorgio in Florenz die Urheber dieser Sitte sind. Mit dem Ende ihrer Ausbildungszeit befestigten sie die Vorhängeschlösser ihrer Spinde an einem Gitter des Ponte Vecchio. Dies wurde wohl von den Verliebten Roms an der Milvischen Brücke übernommen. Durch den Bestseller-Roman *Drei Meter über dem Himmel* (2005; Original: *Tre metri sopra il cielo*, 1992) und die Fortsetzung *Ich steh auf dich* (2007; ital. *Ho voglia di te*, 2006) von Federico Moccia sowie deren Verfilmung wurde die Thematik populär. In dieser Geschichte schwören sich die beiden Protagonisten »ewige Liebe«, befestigen das Schloss an der zentralen Brückenlaterne und werfen den Schlüssel in den Tiber.

Die Schlösser enthalten oft eine Beschriftung oder Gravur der Vornamen oder Initialen der Verliebten, teilweise mit Datum. Nach dem Befestigen des Schlosses wird üblicherweise der Schlüssel in das überbrückte fließende Gewässer geworfen. An der Milvischen Brücke erfolgt dies mit dem Ausspruch »*per sempre*« (»für immer«).

In Deutschland sind im Spätsommer 2008 die ersten Liebesschlösser an der Kölner Hohenzollernbrücke befestigt worden. Die in diesem Zusammenhang gelegentlich auftauchende Frage nach Gewicht und Anzahl der Schlösser wird unterschiedlich beantwortet, Schätzungen sprechen von 27 Tonnen (August 2016) für beispielsweise 40 000 Schlösser.

Moskau, Wodootvodnij-Kanal

München, Thalkirchner Brücke

Helsinki, Liebesbrücke

Salzburg, am Makartsteg

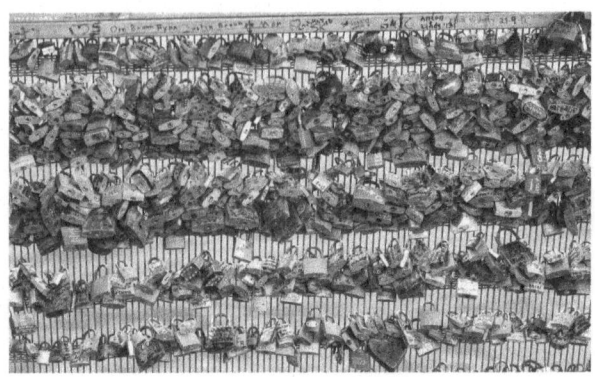

Paris, Passerelle de Solferino

Am 8. Juni 2014 stürzte das Brückengeländer des Pont des Arts in Paris aufgrund des Gewichts von ca. 93 Tonnen der daran befestigten Schlösser auf einer Länge von 2,4 Metern ein. Die Brücke musste gesperrt werden. Am 1. Juni 2015 kündigte die Pariser Stadtverwaltung an, alle Schlösser in Paris entfernen zu wollen und Brückengeländer so zu gestalten, dass das Anbringen neuer Schlösser nicht mehr möglich sein werde.

Kunst und Krempel

Die große Kunst des Joseph Pujol

Joseph Pujol um 1890

Joseph Pujol wurde als eines von fünf Kindern des Steinmetzen und Bild-hauers François Pujol und seiner Frau Rose in der Rue des Incurables 13 in Marseille geboren. Bis zum Alter von 13 Jahren ging er zur Schule, danach begann er eine Lehre als Bäcker und arbeitete anschließend als Bäckermeister in einem der Häuser, die sein Vater gebaut hatte. Bekannt-heit erlangte er durch sein Engagement im Moulin Rouge, wo er auf der Elefantenbühne, die im Garten gelegen war und ihren Namen der Deko-ration mit einem Elefanten verdankte, in den 90er-Jahren des 19. Jahr-hunderts auftrat. Auf dem Höhepunkt seiner Karriere 1890 bis 1894 soll seine Gage höher als die der weltberühmten Schauspielerin Sarah Bernhardt gewesen sein.

Bereits in seiner Jugend entdeckte Pujol sein Talent, durch Kontrolle seines Darmschließmuskels zunächst Wasser, später auch Luft anzusaugen, in Form geruchsfreier Darmgeräusche wieder auszustoßen und dabei die Tonhöhe zu modulieren oder Kerzen auszublasen, wobei er bei späteren Bühnenauftritten auch einen Schlauch einsetzte oder Blasinstrumente mit dem Hintern spielte.

Seine Auftritte begeisterten das Publikum, selbst berühmte Persönlichkeiten wie den britischen Thronfolger Edward, den belgischen König Leopold II. und Sigmund Freud. Der dänische König ließ ihn an seinem Hof auftreten.

Pujols erstaunliches Repertoire umfasste die »Marseillaise«, populäre Kinderlieder, die Imitation von Musikinstrumenten wie der Tuba, »Geräusche, wie sie beim Zerreißen von zwei Ellen Kattun-Stoff entstehen«, bis hin zu einer eigenen Improvisation über die Geräuschkulisse des Erdbebens in San Francisco von 1906. Nach seiner Zeit im Moulin Rouge gründete er sein eigenes Theater, das Théâtre Pompadour, das in einem kleinen Zelt auf Tournee ging und in dem neben Pujol auch noch andere Künstler auftraten. Mit Ausbruch des Ersten Weltkrieges 1914 beendete er seine Bühnenkarriere und kehrte in seine Bäckerei zurück. 1945 starb Pujol im Alter von 88 Jahren.

Welch grandioses Œuvre Pujol unserer Welt geschenkt hat. Zu gerne hätte man seiner Geräuschkulisse des Erdbebens in San Francisco gelauscht. Ein solcher Superstar hätte einen angemessenen Dienstsitz verdient: einen prachtvollen Thron. Ich denke da an die Plastik *America* des italienischen Künstlers Maurizio Cattelan.

America, das goldene Klo

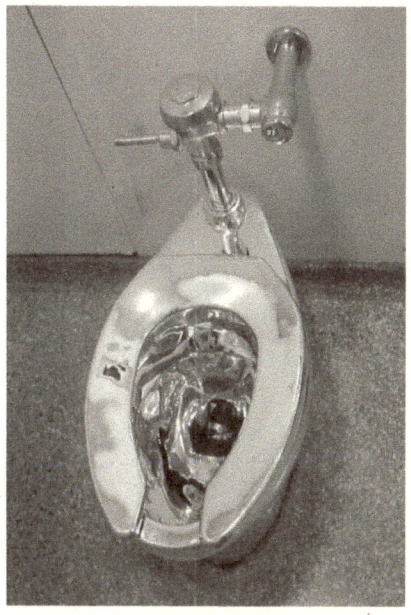

America (2016)

Abgesehen von der Herstellung aus 18-karätigem Gold stellt *America* eine normale, voll funktionsfähige Tiefspültoilette US-amerikanischer Bauart dar und war in den Jahren 2016/17 für fast ein Jahr als Langzeit-Performance in einem Toilettenraum des Solomon R. Guggenheim Museum in New York City ausgestellt. So konnte sie von Besuchern nicht nur betrachtet, sondern auch zum Stuhlgang benutzt werden.

Anlässlich einer Kunstausstellung zu seinem Gesamtwerk im Solomon R. Guggenheim Museum 2011/2012 hatte der 51-jährige Cattelan im Zenit seiner Karriere seinen vorzeitigen Rückzug als Künstler angekündigt. Doch seine künstlerische Inaktivität in der Zeit danach beschrieb er mit den Worten: »Es ist quälender, nicht zu arbeiten als zu arbeiten«, und nahm sein Schaffen wieder auf.

Sein erstes Werk nach dem »Rücktritt vom Rücktritt« war *America*, eine Plastik aus 18-karätigem Gold (seinerzeit geschätzter Materialwert: 1,4 bis 2,5 Mio. US-Dollar), die er Mitte 2015 eigens für das Solomon R. Guggenheim Museum als benutzbare Toilette konzipiert hatte. 2016 wurde *America* fertiggestellt und im September im 5. Geschoss des Museumsgebäudes als getreue Replik eines vorher dort montierten Klos in einen bestehenden Toilettenraum eingebaut. Die »demokratische« Anmutung des Objekts erläuterte er mit den Worten: »Egal, was du isst, eine 200-Dollar-Mahlzeit oder eine 2-Dollar-Wurst, das Resultat ist dasselbe, aus der Sicht der Toilette.«

Das Museum setzte die Installation in einer Presseerklärung in Beziehung zur Karriere von Donald Trump, der sich unter dem Slogan *Make America Great Again* damals im Wahlkampf befand, und erklärte: »Die Ästhetik dieses ›Throns‹ erinnert an nichts mehr als an die vergoldeten Auswüchse in Trumps Immobilienprojekten und Privatwohnungen.«

Im September 2019 wurde *America* im Blenheim Palace, einem der größten und bekanntesten Schlösser Englands, installiert. Die Ausstellung präsentierte auch Cattelans *Betenden Hitler* und *Papst Johannes Paul II., von einem Meteoriten getroffen*. *America* wurde in einem holzgetäfelten kleinen WC neben dem Geburtszimmer von Winston Churchill aufgebaut, dem Begründer der *special relationship* zwischen den Vereinigten Staaten von Amerika und dem Vereinigten Königreich. Die Besucher konnten das WC für jeweils drei Minuten benutzen. Am frühen Morgen des 14. September wurde *America* bei einem Einbruch von Dieben gestohlen, die bei ihrem Einsatz mehrere Fahrzeuge benutzten. Dabei kam es zu erheblichen Schäden durch das Herausbrechen der Installation und den dadurch verursachten Wasseraustritt. Ein 66-jähriger Tatverdächtiger wurde festgenommen, die Beute ist noch nicht gefunden. Es ist zu befürchten, dass *America* eingeschmolzen wurde.

Sternstunden der Literatur

Es wird höchste Zeit, die fäkal-ordinäre Welt des Wissensimperiums zu verlassen und uns mit Literatur zu beschäftigen. Zigtausende Bücher haben einen eigenen Eintrag auf Wikipedia. In Brasilien können Häftlinge ihre Haft verkürzen, indem sie Bücher lesen und darüber einen Aufsatz schreiben. Vier Tage pro Buch übrigens. Im Mittelalter war es noch unüblich, leise zu lesen. Der Erotikroman *Josefine Mutzenbacher* und die später von Disney verfilmte Tiergeschichte *Bambi* wurden vom selben Autor geschrieben.

Gadsby

Was fällt Ihnen auf, wenn Sie diesen Ausschnitt aus dem Buch *Gadsby* von Ernest Vincent Wright lesen?

> *»If youth, throughout all history, had a champion to stand up for it; to show a doubting world that a child can think; and, possibly, do it practically; you wouldn't constantly run across folks today who claim that ›a child don't know anything‹. A child's brain starts functioning at birth; and has, amongst its many infant convolutions, thousands of dormant atoms, into which God has put a mystic possibility for noticing an adult's act, and figuring out its purport.«*

*(Auf Deutsch übersetzt: Wenn die Jugend in der gesamten Mensch-
heitsgeschichte einen Fürsprecher gehabt hätte, um einer zweifelnden
Welt zu zeigen, dass auch ein Kind denken kann und dies wohl auch
tut, würde man nicht mehr dauernd auf Menschen treffen, die behaupten: »Ein Kind weiß nichts!« Das Gehirn eines Kindes beginnt
mit der Geburt zu arbeiten und hat, neben seinen vielen kindlichen
Windungen, Tausende schlafende Atome, in welche Gott die geheim-
nisvolle Fähigkeit gesteckt hat, die Handlungen eines Erwachsenen zu
erkennen und seine Absichten herauszufinden.)*

Die Besonderheit der Novelle ist, dass darin kein einziges Mal der Buchstabe E vorkommt, der sowohl im Deutschen als auch im Englischen
der häufigste Buchstabe ist. *Gadsby* ist daher ein Lipogramm (von alt-
griechisch λείπειν, *leipein*, »weglassen« und γράμμα, *grámma*, »Buchstabe«). Es umfasst insgesamt 50 100 Wörter und ist Wrights viertes
Buch. Um zu verhindern, dass er aus Versehen doch einmal ein E schrieb,
band Wright, wie er in der Einführung zu *Gadsby* schreibt, einfach den
Typenhebel für das E an seiner Schreibmaschine fest, sodass dieser sich
nicht mehr bewegte, selbst wenn Wright doch einmal auf die Taste tipp-
te.

Wright verstarb am Tag der Veröffentlichung seines Werkes im Alter
von 66 Jahren.

Das literarische Werk *Nackt kam die Fremde* hingegen nutzt zwar sämtliche Buchstaben, muss jedoch auf etwas anderes verzichten: Niveau. Der
Erfolg dieses Werks ist ein schmerzlicher Trost für all diejenigen Autoren,
deren Meisterwerke wie Blei in den Regalen liegen. Oft setzt sich eben
nicht die Qualität durch.

Nackt kam die Fremde

Der Journalist Mike McGrady kam im Jahr 1966 nach der Lektüre von Trivial- und Schundliteratur auf die Idee, ein Autorenteam einen Sexroman schlechtester Qualität schreiben zu lassen, um zu beweisen, dass sich auch der schlimmste Schund gut verkauft. Er konnte 25 journalistische Mitarbeiter der Zeitung *Newsday*, darunter zwei Pulitzer-Preisträger und fünf Frauen, für das Projekt gewinnen. Die Autoren verpflichteten sich, ein zusammenhangloses Buch ohne jegliche literarische Qualität zu schreiben. Die Handlung lässt sich knapp so zusammenfassen: Die attraktive Gillian Blake bemerkt, dass ihr Mann sie betrügt. Sie versucht, es ihm heimzuzahlen, indem sie mit möglichst vielen anderen Männern schläft. Innerhalb einer Woche hatte jeder Autor ein Kapitel aus dem Sexleben von Gillian Blake vorzulegen. Die Vorgabe McGradys lautete, Sexszenen stark hervorzuheben und jegliche literarische Qualität auszumerzen. Da sich McGrady jedoch zunächst als Journalist der Berichterstattung über den Vietnamkrieg widmete, konnte das Buch erst 1969 fertiggestellt werden. Einige Kapitel wurden zurückgewiesen und mussten überarbeitet werden, da sie zunächst »zu gut geschrieben« waren.

Als Autorin des Buches war eine Penelope Ashe angegeben, »eine sittsame Hausfrau aus Long Island«. Bei der auf dem Umschlag abgebildeten angeblichen Autorin handelte es sich um McGradys Schwägerin Billie Young. Diese trat auch in der Öffentlichkeit als Penelope Ashe auf und gab Interviews. Wie erwartet war das Buch erfolgreich. Innerhalb weniger Tage wurden 20 000 Exemplare abgesetzt. Als McGrady und seine Autoren den Hoax einige Wochen später offenlegten, führte dies zum Verkauf von weiteren 78 000 Exemplaren. Das Buch wurde auch in Großbritannien vermarktet. Es hielt sich 13 Wochen auf der Bestsellerliste der *New York Times* und erreichte am 2. November 1969 Platz 3. 1975 wurde das Werk von Radley Metzger verfilmt (siehe *Naked Came the Stranger*).

Das Buch wurde vielfach neu aufgelegt. Die Wochenzeitung *The Village Voice* schrieb 2004, es sei von »perfekter Schrecklichkeit«. Insgesamt wurden 400 000 Exemplare verkauft.

McGrady lehnte ein Angebot über 500 000 Dollar für einen Fortsetzungsroman ab.

Der amerikanische Philosoph und Autor Harry Frankfurt hat hingegen ein Meisterwerk geschrieben, in dem er bereits vor über 30 Jahren erarbeitet hat, dass sich nicht immer die smartesten Werke und Gedanken durchsetzen. Er nannte sein Werk *On Bullshit*.

On Bullshit

Das vulgäre Wort Bullshit (wörtlich »Bullenscheiße«) bezeichnet in der englischen Umgangssprache eine bestimmte Art von Gerede, das im Gestus oft prätentiös, inhaltlich aber leer ist. Am treffendsten lässt sich der Ausdruck mit dem neudeutschen Wort »Hohlsprech« übersetzen. Verwandten Wörtern wie »Humbug«, »Unsinn«, »Blödsinn«, »Schwachsinn« und »Mumpitz« fehlt im Deutschen die Konnotation des Anmaßenden. Auch der Ausdruck »Geschwurbel« weist in diese Richtung, impliziert aber zugleich Unverständlichkeit, die Bullshit nicht zu eigen ist.

Am Anfang und erneut am Ende seines Textes *On Bullshit* bemerkt Frankfurt, dass wir in unserer Kultur ständig von Bullshit umgeben seien. Am meisten interessiert ihn dabei derjenige Bullshit, der im öffentlichen Leben sichtbar werde, besonders in der Werbung und in der Öffentlichkeitsarbeit, etwa von Parteien und Politikern, wobei Werbung, PR und Politik heute sehr nahe benachbart seien. Bullshit werde unvermeidlich dann hervorgebracht, wenn Menschen gezwungen seien oder auch nur Gelegenheit erhielten, über Dinge zu sprechen, von denen sie nicht genug verstünden. Im öffentlichen Leben sei dies leider sehr oft der Fall.

Harry Frankfurt, 2018

Als zweite Ursache für eine Flut von Bullshit nennt Frankfurt die verbreitete Überzeugung, dass in einer Demokratie jeder Bürger zu sämtlichen Angelegenheiten, die sein Land betreffen, dezidierte Meinungen haben müsse. Darüber hinaus wollten viele, die sich als bewusst moralisch Handelnde verstünden, Vorkommnisse und Bedingungen in aller Welt bewerten; wenn Faktenkenntnisse fehlten, entstehe auch hier unausweichlich Bullshit.

Auch Ludwig Wittgenstein habe einen großen Teil seiner philosophischen Energie darauf verwendet, bestimmte Formen von Unsinn zu identifizieren und zu bekämpfen, führt Frankfurt an. Wer Bullshit rede, tue dies in der Regel ohne Sorgfalt, ohne Achtsamkeit für Details, ohne gedankliche Disziplin, ohne Bemühung um Objektivität, ohne Rücksicht auf Standards; er folge ungehindert seinen Impulsen und Launen.

Der Mangel an Sorgfalt sei aber kein sauberes Kriterium für Bullshit. Neben gepfuschtem Bullshit gebe es auch raffiniert ausgetüftelten Bullshit, etwa in Werbung und PR, wo Experten sich hoch entwickelte Techniken aus Psychologie, Meinungs- und Marktforschung zunutze machten. Außerdem gebe es nicht nur vagen, nebulösen Bullshit, sondern auch solchen, der übertrieben detailliert, konkret und spezifisch sei.

213

Als Quintessenz bestimmt Frankfurt die vollständige Gleichgültigkeit des Bullshitters (d. h. der Person, die Bullshit redet) gegenüber der Wahrheit. Den Bullshitter interessiert es nicht, ob seine Aussagen wahr oder falsch sind; er *versucht* nicht einmal, eine sorgfältige Beschreibung der Realität zu geben. Die populäre Verbreitung von Bullshit müsse eine tiefere Ursache haben in einer Form von Skeptizismus gegenüber dem Zugang zu objektiven Fakten bzw. Realitätsbeschreibungen. Dies führt zur Annahme, man könne unmöglich wissen, wie die Dinge wirklich seien. Da die Tatsachen kaum ermittelbar seien, könne sich der Bullshitter nicht aufrichtig der Realität nähern, wohl aber aufrichtig den Zugang zu sich selbst suchen. Da wir Menschen selbst von flüchtiger Natur und wenig substanzhaltig seien, sei Aufrichtigkeit selbst Bullshit.

Frankfurt ahnte nicht, dass 30 Jahre nach Erscheinen seines Werkes ein amerikanischer Präsident an die Macht kommen sollte, der seine Bullshit-Theorien eindrucksvoll bestätigen würde. Doch Trump ist nicht der erste Staatsmann mit zweifelhafter Persönlichkeit. In den Akten der Geheimdienste finden sich menschenverachtende Projekte wie MKULTRA, die wie eine skurrile Verschwörungstheorie klingen, aber leider tatsächlich passiert sind.

Irre Ideen von staats wegen

MKULTRA – ein düsteres Geheimnis

MKULTRA (auch *MK ULTRA*) war ein umfangreiches geheimes Forschungsprogramm der CIA über Möglichkeiten der Bewusstseinskontrolle. Es lief von 1953 bis in die 1970er-Jahre im Kontext des Kalten Krieges. Ziel des Projekts war es, ein perfektes Wahrheitsserum für die Verwendung im Verhör von Sowjetspionen zu entwickeln sowie die Möglichkeiten der Gedankenkontrolle zu erforschen.

Das Programm umfasste unter anderem Tausende von Menschenversuchen, bei denen ahnungslosen Testpersonen, oft Krankenhauspatienten und Gefängnisinsassen, ohne ihr Wissen hochpotente halluzinogene Drogen wie LSD und Mescalin verabreicht wurden. Zahlreiche Versuchspersonen trugen schwerste körperliche und psychische Schäden davon, teilweise bis hin zum Tod. Ein großer Teil der Experimente des Projekts verstieß gegen US-amerikanische Gesetze. Im Nachhinein betrachtet die CIA die meisten Experimente als wertlos, da sie von Mitarbeitern ohne jede wissenschaftliche Qualifikation durchgeführt wurden.

Mitte der 1970er-Jahre beschäftigten sich mehrere Untersuchungskommissionen des US-Kongresses mit der Aufarbeitung des Programms. Die Aufklärung wurde durch die illegale systematische Vernichtung fast aller CIA-interner Akten zu MKULTRA auf Weisung von CIA-Direktor Richard Helms im Jahr 1973 stark erschwert.

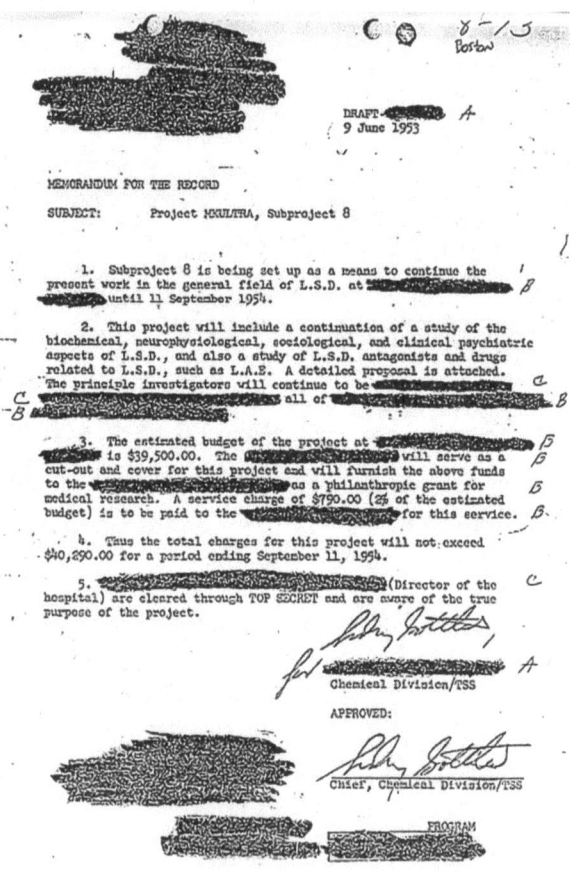

Der Projektleiter Sidney Gottlieb genehmigte in diesem Brief vom 9. Juni 1953 ein MKULTRA-Teilprojekt, das sich mit LSD beschäftigte und das als »Top Secret« eingestuft war.

MKULTRA begann im Jahr 1953 – in Nachfolge der Projekte Artischocke und BLUEBIRD – auf Befehl des CIA-Direktors Allen Dulles vom 13. April. Dies war vor allem eine Reaktion auf von Sowjets, Chinesen und Nordkoreanern gegen US-Kriegsgefangene im Koreakrieg eingesetzte Gedankenkontrolltechniken, die unter dem Namen »Brainwashing« (»Gehirnwäsche«) bekannt wurden. Eine wichtige Motivation bildeten auch die stalinistischen Schauprozesse der 1930er-Jahre und der

Prozess gegen den ungarischen Kardinal József Mindszenty im Jahr 1949. Offenbar hatten die Beschuldigten in beiden Fällen unter Drogeneinfluss und Folter Geständnisse unterschrieben und sich vor Gericht selbst Taten bezichtigt, die sie nicht begangen hatten.

MKULTRA wurde hauptsächlich in den Vereinigten Staaten und Kanada, aber auch in Europa betrieben. Es umfasste nach Aussage des damaligen CIA-Direktors Admiral Stansfield Turner im Jahr 1977 vor einem Untersuchungsausschuss des US-Senats insgesamt 149 Unterprojekte – wovon »mindestens 14 sicher Menschenversuche waren«, weitere sechs Projekte Versuche an unwissenden Menschen sowie 19 weitere Projekte eventuell Menschenversuche beinhalteten. Erforscht wurden unter anderem die Wirkungen von Drogen (vor allem LSD und Mescalin), Giften, Chemikalien, Hypnose, Psychotherapie, Elektroschocks, Gas, Krankheitserregern, Erntesabotage, künstlicher Gehirnerschütterung und Operationen. Die Experimente liefen an 44 Universitäten, in 12 Krankenhäusern, 3 Gefängnissen und 15 nicht näher bezeichneten »Forschungseinrichtungen«. Die Praxis von Entführungen zu Versuchszwecken, zumindest für das MKULTRA-Projekt, bestätigte die CIA später selbst.

Der unabomber

Theodore Kaczynski, ein 17-jähriger Mathematikstudent an der Harvard University, war von Herbst 1959 bis ins Frühjahr 1962 gemeinsam mit 21 weiteren Harvard-Studenten Teil einer vom damaligen Harvard-Psychologen Henry A. Murray geleiteten Persönlichkeitsstudie, im Zuge derer ihm mehrmals LSD verabreicht wurde und über insgesamt rund 200 Stunden hinweg teils entwürdigende Menschenversuche an ihm verübt wurden. Die Studie wird oft als Teil von MKULTRA bezeichnet. Kaczynski erlangte durch 16 Bombenattentate im Zeitraum von 1978 bis 1995, die insgesamt 23 Verletzte und 3 Todesopfer zur Folge hatten, weltweite Bekanntheit als »Unabomber«. Die Briefbomben, die unter anderem Universitätsprofessoren und Fluggesellschaften zum Ziel hatten, sollten eine Revolution lostreten, die »das industriell-technologische System« zerstören und eine naturnahe, anarchistische Gesellschaft ermöglichen sollte.

Das Phantombild des FBI

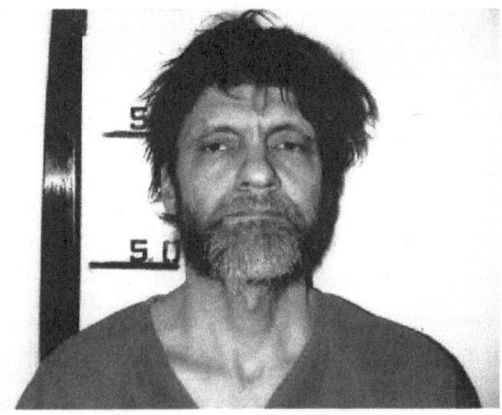

Kaczynski nach seiner Festnahme

Ein tödliches Experiment

Der körperlich gesunde Tennislehrer Harold Blauer litt nach seiner Scheidung unter Depressionen, zu deren Behandlung er das New York State Psychiatric Institute aufsuchte. Dort starb er am 8. Januar 1953, nachdem er mehrfach hohe Dosen MDA im Rahmen von MKULTRA-Experimenten erhalten hatte. Seine Ex-Frau erstattete nach seinem Tod Anzeige, im Verlauf des Prozesses vertuschten die Behörden die wahre Todesursache. Der Fall wurde erst 22 Jahre später durch die Rockefeller-Kommission aufgeklärt, die eingesetzt worden war, um Unregelmäßigkeiten innerhalb der CIA zu untersuchen.

Die Olson-Affäre

Im Jahr 1975 stieß die Rockefeller-Kommission auch auf Hinweise zu mysteriösen Umständen beim Tod des MKULTRA-Wissenschaftlers Frank Olson im Jahr 1953, der große Publizität erlangte. Olson war aus dem neunten Stock eines New Yorker Hotels gefallen, nachdem man ihm neun Tage zuvor heimlich LSD verabreicht und ihm anschließend die psychiatrische Hilfe verweigert hatte, die er gebraucht hätte. Lange glaubte man an einen Suizid aufgrund einer substanzinduzierten Psychose, doch eine Obduktion 1994 ergab Hinweise auf gewaltsame Fremdeinwirkung. Der Fall ist bis heute umstritten und gab Anlass zu verschiedenen Verschwörungstheorien.

Die USA waren aber nicht der einzige Staat mit geheimen illegalen Menschenversuchen. Die Japaner gingen sogar noch brutaler vor. Bei aller Verwunderung über sogenannte Verschwörungstheoretiker: Offensichtlich entwickeln sich selbst in nach außen hin scheinbar moralisch gefestigten Staaten menschenverachtende Auswüchse.

Einheit 731 – Japans schlimmste Forschungstruppe

Die Einheit 731 (jap. 731部隊, *731 butai*) war eine von vielen geheimen Einrichtungen der Kwantung-Armee der Kaiserlich Japanischen Armee in der besetzten Mandschurei, die biologische und chemische Waffen erforschte, erprobte und einsetzte.

Dazu wurden auch Experimente an lebenden Menschen vorgenommen. Es wurden schätzungsweise 3500 koreanische und chinesische Zivilisten sowie amerikanische, britische und sowjetische Kriegsgefangene in diesen Versuchen getötet. Außerdem wurden in den Jahren 1940 bis 1942 mindestens sechs Feldversuche mit Krankheitserregern unternommen, darunter Milzbrand und Pest, die mehrere Tausend Menschen das Leben kosteten. Bei Kriegsende 1945 wurden bei der Zerstörung der Produktionsstätten durch die japanische Armee mit Pest infizierte Ratten freigelassen, die in den Provinzen Heilongjiang und Jilin eine Epidemie mit über 20 000 Todesopfern auslösten.

Dokumentierte Aktivitäten:

- Einsatz von Pestbakterien gegen die Einwohner der chinesischen Stadt Chü Hsien am 4. Oktober 1940, der 21 Tote forderte.

- Einsatz von Pestbakterien gegen die Einwohner der chinesischen Stadt Ningbo am 29. Oktober 1940 mit 99 Opfern.

- 3000 chinesische Kriegsgefangene wurden Ende 1941 durch kontaminierte Nahrungsmittel mit Typhuserregern infiziert und danach freigelassen. Die »Schenkung« der Nahrungsmittel durch die Japaner wurde zu Propagandazwecken gefilmt.

◉ Als Folge des als Doolittle Raid bekannten Bombenangriffs auf Tokio starteten die Japaner als Racheakt am 5. Mai 1942 die Zhejiang-Jiangxi-Offensive, bei der 250 000 chinesische Zivilisten ermordet wurden. Einheit 731 produzierte im Rahmen dieser Aktion ca. 130 Kilogramm Milzbrand-Kampfstoff, mit dem Seen, Flüsse und Brunnen im Gebiet der Städte Yüshan, Kinhwa und Futsing kontaminiert wurden. Aus diesem Gebiet hatten sich die japanischen Truppen mit Ausnahme der Mitglieder der Einheit 731 vorher zurückgezogen. Teilweise wurde der Kampfstoff auch von Flugzeugen versprüht oder direkt in Wohnhäuser geworfen. Die folgende Epidemie verursachte einen großen Teil der oben genannten Todesopfer. Allerdings wurden auch ca. 1700 japanische Soldaten durch den Kampfstoff getötet, als diese versehentlich ein kontaminiertes Gebiet zurückeroberten.

◉ 1943 wurde die Seuchenanfälligkeit weißer Menschen an amerikanischen Kriegsgefangenen getestet.

Ishii Shirō 1932 – Bild aus dem Bulletin der Einheit 731

In den späteren Prozessen in Chabarowsk (1949) und Shenyang (1956) wurden einige der niederrangigen Verantwortlichen verurteilt, die es im Gegensatz zu ihren Vorgesetzten und der großen Mehrheit der Mitglieder der Einheit 731 nicht geschafft hatten, bei Kriegsende nach Japan zu fliehen. Darunter war auch der Soldat Shinozuka Yoshio. Die Haupttäter mit Ishii Shirō an der Spitze gingen jedoch bei den Tokioter Prozessen 1948 straffrei aus, weil die US-Regierung auf Betreiben ihres faschistischen Geheimdienstchefs Charles Willoughby Straffreiheit zugestand und ihnen im Austausch die Forschungsergebnisse der Einheit 731 abkaufte.

Aus diesen Wikipedia-Einträgen kann man erkennen, wie skrupellos die Weltmächte agierten. Leider oft ohne Konsequenzen für die Verantwortlichen. Man wünschte sich mehr friedfertige und humorvolle Staaten wie Conch Republic.

Gebäude auf dem Gelände der ehemaligen Biowaffenfabrik von Einheit 731

Conch Republic, der Staat im Staat

Die Conch Republic ist eine Mikronation, die durch Loslösung Key Wests (Florida) und einiger benachbarter Inseln von den USA entstand und am 23. April 1982 proklamiert wurde.

Die Republik verschrieb sich im Rahmen ihrer aktuellen Kampagne *»Saving the humans initiative – with uncommon sense«* (Initiative zur Rettung der Menschen – mit ungewöhnlichen Ideen) der Besänftigung von Spannungen auf der Welt durch die Anwendung von Humor.

Im Jahr 1982 richteten amerikanische Grenzkontrollbehörden eine Kontrollstelle am Highway Nr. 1 (Overseas Highway) ein, der als einziger Landweg die Insel Key West über viele Brücken mit dem amerikanischen Festland verbindet. Hintergrund war nach Angaben von offizieller Seite die Suche nach illegalen Einwanderern.

Aufgrund der Erschwernisse für den Tourismus, der die Haupteinnahmequelle von Key West ist (Touristen hatten u. a. wegen langer Staus vor dem Checkpoint und Kontrollen ihren Aufenthalt storniert), verlangte die Stadtregierung von Key West den sofortigen Entfall der Kontrollstelle. Als eine entsprechende Klage der Stadtregierung scheiterte, erklärte Key West am 23. April 1982 seine Unabhängigkeit und rief die Conch Republic aus.

Der Bürgermeister von Key West, Dennis Wardlow, wurde zum Premierminister ernannt. Die Conch Republic erklärte den USA den Krieg, kapitulierte allerdings eine Minute später bedingungslos und ersuchte um rund 1 Mrd. Dollar für den Wiederaufbau. Der Vorgang sorgte für einiges Aufsehen und führte schließlich dazu, dass die Kontrollstelle aufgegeben wurde.

Obwohl die Conch Republic nicht einmal einen Tag lang als unabhängiger Staat existierte, identifizieren sich noch immer viele Einwohner von Key West damit. In Key West wird jedes Jahr am 23. April der Unabhängigkeitstag mit entsprechenden Festivitäten gefeiert. Zu den Höhepunkten der Feierlichkeiten gehören das Hissen der blauen Flagge der Conch Republic und der Wettbewerb der »Drag Queens«. Im Jahr 2004 wurden in der Conch Republic 24 768 Einwohner gezählt.

Flagge der Conch Republic

Im Januar 2006 wurden kubanische Flüchtlinge, die sich auf einem aufgegebenen, nicht mit dem Land verbundenen Teilstück der Seven Mile Bridge befanden, mit der Begründung abgeschoben, dass die Brücke im Sinne der *wet feet, dry feet policy* nicht zum Land, sondern zum Wasser zu zählen sei, die Flüchtlinge also die USA nicht erreicht hätten. Daraufhin besetzten als »Conch Republic Special Forces« auftretende Anhänger der Mikronation das Bauwerk und setzten Flaggen, mit denen öffentlichkeitswirksam die Inbesitznahme der maroden Brücke zum Ausdruck gebracht wurde. Die US-Regierung revidierte danach ihre Aussage.

Die Conch Republic unterhält »Botschaften« in Frankreich und Finnland und verkauft Interessenten »Pässe« und diplomatische Titel. Das »Generalkonsulat« der Conch Republic in Deutschland wurde im August 2010 in Bingen am Rhein feierlich eröffnet.

Die Conch Republic versteht sich als *state of mind*, d. h. als Staat ohne territorialen Anspruch. Die Pässe der Conch Republic sind keine offiziellen Reisedokumente, werden allerdings teilweise mit Visa abgestempelt. Jeder Bürger der Conch Republic hat eine zweite Staatsbürgerschaft, in der Regel die US-amerikanische. Die Conch Republic hat bereits mehr als 500 000 Pässe ausgestellt, denn jeder Erdenbürger kann einfach einen beantragen. 1995 hat sogar der Gouverneur von Florida, Lawton Chiles, auf der »Florida Jubilee '95«-Veranstaltung einen Pass beantragt.

Ohne Steuern zu erheben, finanziert sich die Conch Republic hauptsächlich durch großzügige Spenden ihrer Bürger. Generalsekretär Peter Anderson sagt dazu: »Wir glauben nicht an Steuern für die Conch Republic. Wenn wir Geld brauchen, schmeißen wir eine Party.«

Das ist doch mal ein vernünftiges Staatsmotto. Doch jetzt sollten wir uns wieder dem Wissen hingeben, das wir auch im Alltag nutzen können. Wikipedia hat eine ganze Liste mit wertvollen Merksprüchen. Wissen Sie, woher der Ausdruck »Eselsbrücke« stammt?

Die wichtigsten Merksprüche

Esel sind sehr wasserscheu und weigern sich beharrlich, selbst kleinste Wasserläufe zu durchwaten, auch wenn sie diese physisch leicht bewältigen könnten (»sturer Esel«), denn ein Esel kann durch die spiegelnde Wasseroberfläche nicht erkennen, wie tief der Bach ist. Daher baute man ihnen in Furten kleine Brücken, die sogenannten Eselsbrücken.

Die wichtigsten Merksprüche			
Fachgebiet	Thema	Zu merkende Fakten	Merkspruch
Musik	Reihenfolge der Gitarrensaiten	E A D G H E (von tief nach hoch oder am Instrument von oben nach unten)	**E**ine **a**lte **D**ame **g**ing **H**eringe **e**ssen.
Musik	Reihenfolge der Dur-Tonarten mit steigender Anzahl der b	F B Es As Des Ges	**F**rische **B**rötchen **es**sen **As**sessoren **des Ges**angs.
Musik	Reihenfolge der Notenzwischenräume	F A C E	**F**ritz **a**ß **C**itronen-**E**is.
Musik	Reihenfolge der Notenlinien	E G H D F	**E**ine **G**ans **h**at **d**icke **F**üße.
Erdkunde	Tropfsteinhöhlen	Stalaktiten wachsen von der Decke, Stalagmiten vom Boden, Stalagnaten sind zusammengewachsen.	**Tit**ten hängen, **Mie**ten steigen, eine **Naht** hält etwas zusammen.

Die wichtigsten Merksprüche			
Fachgebiet	Thema	Zu merkende Fakten	Merkspruch
Erdkunde	Reihenfolge der Himmelsrichtungen	Norden, Osten, Süden, Westen (mit Norden angefangen – im Uhrzeigersinn)	Nie ohne Seife waschen. Im Osten geht die Sonne auf, im Süden hält sie Mittagslauf, im Westen will sie untergehen, im Norden ist sie nie zu sehen.
Geschichte	Reihenfolge der Bundeskanzler nach dem Zweiten Weltkrieg	Adenauer, Erhard, Kiesinger, Brandt, Schmidt, Kohl, Schröder, Merkel (von 1949 bis jetzt)	Alle ehemaligen Kanzler bringen samstags keine Semmeln mit.
Geschichte	Reihenfolge der Bundespräsidenten nach dem Zweiten Weltkrieg	Heuss, Lübke, Heinemann, Scheel, Carstens, Weizsäcker, Herzog, Rau, Köhler, Wulff, Gauck (von 1949 bis 2017)	Heute lässt Heinrich seinen Chef warten, Hermanns ruppiger Kollege wurde gefeuert.
Astronomie	Reihenfolge der Planeten des Sonnensystems (von innen nach außen)	Merkur, Venus, Erde, Mars, Jupiter, Saturn, Uranus, Neptun (Pluto gilt seit September 2006 nicht mehr als Planet)	Mein Vater erklärt mir jeden Sonntag unseren Nachthimmel. (Veraltet: »… unsere neun Planeten«)
Informatik	Reihenfolge der Layer im OSI-7-Schichten-Referenzmodell	Physical, Data Link, Network, Transport, Session, Presentation, Application	Von unten nach oben: Please do not throw salami pizza away! Von oben nach unten: Alle Priester saufen Tequila nach der Predigt.
Chemie	Die Elemente der 2. Periode im Periodensystem	Li, Be, B, C, N, O, F, Ne	Liebe Berta, bitte comm nicht ohne frische Nelken.
Chemie	Die Elemente der ersten Hauptgruppe im Periodensystem (Alkalimetalle)	H, Li, Na, K, Rb, Cs, Fr	Hallo, lieber Nachbar, komm rüber. Cäsar friert.
Latein	Endungen im Neutrum des Nominativs und Akkusativs	Gleiche Endungen im Nominativ und Akkusativ	Die Neutra haben, merke dir, gleich den Kasus eins und vier!

Die wichtigsten Merksprüche			
Fachgebiet	Thema	Zu merkende Fakten	Merkspruch
Latein		Adjektive der 3. Deklination: *pauper* (arm), *vetus* (alt), *dives* (reich), *princeps* (Fürst), *particeps* (teilhaftig)	Der arme alte reiche Fürst nimmt teil.
Latein		Die Personalendungen der Verben in den sechs Personenformen: -o (1. Pers. Sing.), -s (2. Pers. Sing.), -t (3. Pers. Sing.), -mus (1. Pers. Pl.), -tis (2. Pers. Pl.), -nt (3. Pers. Pl.)	Nach **Osten muss Tischlers Ente** gehen.
Mathematik	Trigonometrie	Die Großbuchstaben beschreiben die Trigonometrischen Funktionen in der Mathematik. **SIN COS TAN COTAN** G A G A H H A G G – Gegenkathete A – Ankathete H – Hypotenuse	GAGA Hühner Hof AG oder (in der Reihenfolge Zähler, Nenner, Zähler usw.): **G**ustav **H**ausers alte Hennen **g**ackern **a**m **A**bend **g**erne.
Medizin	Lordose	Mit einer Lordose ist (im Gegensatz zur Kyphose) die Krümmung der Wirbelsäule nach vorne gemeint.	Der Lord steht eher »vornehm« herum, also mit nach vorne gewölbtem Bauch.
Physik	Ohmsches Gesetz	je nach gesuchter Größe: $U = R \cdot I$ $R = \dfrac{U}{I}$ $I = \dfrac{U}{R}$ U Spannung in Volt R Widerstand in Ohm I Strom in Ampere	Gesuchte Größe mit dem Finger abdecken: z.B.: $\dfrac{U}{R \cdot I}$ $\dfrac{U}{I}$ $R = \dfrac{U}{I}$ »Fingerformel«: URI (wie der Schweizer Kanton) • Spannung durch Strom ist Ohm (R=U : I). • Wenn du kennen willst Ampere, teile einfach U durch R. • Unterm Strich rechne ich.

Die wichtigsten Merksprüche			
Fachgebiet	**Thema**	**Zu merkende Fakten**	**Merkspruch**
Physik	Linse (Optik), gewölbte Flächen	konkav: Fläche nach innen gewölbt	Konkav wie das Tal, konvex wie der Berg.
		konvex: Fläche nach außen gewölbt	Der Teller: Konkav, da bleibt die Suppe brav, konvex, da macht die Suppe klecks.

Ans ganz falsche Ufer bringen uns die sogenannten falschen Freunde. Fremdsprachliche Wörter, die ähnlich klingen wie deutsche Begriffe, aber etwas ganz anderes bedeuten. Hier eine Liste gängiger falscher Freunde aus dem Englischen:

Englisches Wort	ähnelt	bedeutet aber	Übersetzung des ähnlichen deutschen Wortes
actual	aktuell	tatsächlich, eigentlich	*current, recent*
art	Art	Kunst	*kind, form, species, some kind of*
barracks	Baracke	Kaserne	*shack, shanty*
become	bekommen	werden	*get, obtain*
billion	Billion	Milliarde	*trillion*
brave	brav	mutig, tapfer, rechtschaffen	*good, well-behaved*
chance	Chance	Gelegenheit	*opportunity*
corn	Korn	Mais	*Grain, cereals*
cream	Creme	Sahne	*mousse*
edge	Ecke	Rand, Kante	*corner, angle*
eventually	eventuell	dann, schließlich, letztlich	*possibly, perhaps*
genie	Genie	Dschinn, Flaschengeist, daher auch im Englischen das Wortspiel der *Bezaubernden Jeannie*, das in der deutschen Übersetzung verloren ging	*genius*

Englisches Wort	ähnelt	bedeutet aber	Übersetzung des ähnlichen deutschen Wortes
gift	Gift	Geschenk, Gabe, Begabung; im Deutschen noch in »Mitgift« enthalten	poison
guilty	gültig	schuldig	valid
gymnasium	Gymnasium	Sporthalle	high school (keine direkte Entsprechung), grammar school, secondary school
handy	Handy	praktisch	mobile phone, cell phone
kerosene	Kerosin	Petroleum	flight petrol
kitchen	Kittchen	Küche	jail, gaol
lush	lasch	üppig, auch im Sinn von «sinnlich«, bei Farben: «satt«	feeble, limp (Händedruck)
must not	nicht müssen	nicht dürfen	don't have to, need not
overhear	überhören	mitbekommen, zufällig hören	fail to hear, ignore
oversee	(etwas) übersehen	beaufsichtigen, betreuen, überwachen	overlook
pathetic	pathetisch	erbärmlich, armselig, mitleiderregend	solemn, lofty, elevated
periodical	periodisch	(regelmäßig erscheinendes) Magazin, Zeitschrift	periodic
physician	Physiker	Arzt	physicist
pregnant	prägnant	schwanger	concise, incisive
self-conscious	selbstbewusst	gehemmt, verlegen, befangen	self-confident
sensible	sensibel	vernünftig, sinnvoll, spürbar	sensitive
silicon	Silikon	Silizium	silicone
sin	Sinn	Sünde	sense
slip	Slip	Unterkleid, Unterrock; Formular, Ausrutscher u. v. m.	briefs, panties

Die wichtigsten Merksprüche

Englisches Wort	ähnelt	bedeutet aber	Übersetzung des ähnlichen deutschen Wortes
sympathetic	sympathisch	mitfühlend, verständnisvoll	*likable*
tin roof	Zinndach	Blechdach	*sheet metal roof*
undertaker	Unternehmer	Bestatter (beachte aber: *undertaking* = Unternehmen)	*entrepreneur*
warehouse	Warenhaus	Lager(halle), Großmarkt	*department store*
(I) will	(ich) will	(ich) werde … (Hilfsverb)	*would like (to), want (to)*

Englischer Ausdruck	scheint zu bedeuten	bedeutet aber	Erläuterung
first floor (USA)	erster Stock (erstes Obergeschoss)	Erdgeschoss	Im britischen Englisch ist *first floor* der erste Stock, im amerikanischen Englisch das Erdgeschoss; im britischen Englisch heißt das Erdgeschoss *ground floor*.
guinea pig	Guinea-Schwein	Meerschweinchen, Versuchskaninchen	Das Guinea-Schwein ist eine kleinwüchsige Schweinerasse aus Afrika (= *guinea hog*). *Guinea pig* wird gern in der Bedeutung Versuchskaninchen, Proband genutzt.
high school	Hochschule	eine weiterführende Schule (Sekundarstufe nach der 6. Klasse)	Für diese Schulform gibt es keine exakte Entsprechung, daher belässt man es am besten bei der englischen Bezeichnung.
shortly	kürzlich	in Kürze, demnächst, sehr bald (also zeitlich gesehen das Gegenteil)	*recently*

Vom Essen und Fressen

Und schon wieder bleibe ich bei einem Artikel hängen, bei dem ich mich über die USA wundere. Auch in den 1980er-Jahren wusste man schon, wie wichtig ausgewogene Ernährung ist. Deshalb sollten die Menüs in den Schulkantinen der USA stets eine Gemüsebeilage enthalten. Ein Land schafft sich seine eigene Realität. Die Ketchup-als-Gemüse-Debatte.

Ketchup als Gemüse

Die Debatte in den Vereinigten Staaten um Ketchup als Gemüse bezieht sich auf den Vorschlag einer Richtlinie zur Schulspeisung des Landwirtschaftsministeriums *(Department of Agriculture, USDA)* der Regierung des Präsidenten Ronald Reagan aus dem Jahr 1981, wonach unter anderem Ketchup und eingelegtes Gemüse nicht mehr als Würzmittel, sondern als Gemüsebeilage gegolten hätten. Die Richtlinie hätte es öffentlichen Schulen gestattet, die Ausgabe einer Beilage aus frischem oder gekochtem Gemüse als Bestandteil einer warmen Mahlzeit in ihrem Programm zur Ernährung der Kinder einzusparen. Nach der Richtlinie sollten zudem die bisher vorgesehene tägliche Portion eines Glases Milch verringert und die Fleischportion auf ein Viertel eines Hamburgers reduziert werden.

Die Veröffentlichung des Vorschlags der Richtlinie, die in den USA zur Einholung von öffentlichen Stellungnahmen vorgeschrieben ist, löste Empörung bei Ernährungswissenschaftlern und Politikern der Demokratischen Partei aus.

Schließlich wurde die Verordnung von der Regierung nicht in Kraft gesetzt.

Auch die Ernährungsvorlieben von Michel Lotito waren unbestritten ungesund.

Herr Allesfresser

Lotito hatte den Spitznamen *»Monsieur Mangetout«* (»Herr Allesfresser«). Er litt unter der seltenen Essstörung Pica-Syndrom, bei der Menschen eigentlich ungenießbare Dinge zu sich nehmen, und soll bereits im Jugendalter damit begonnen haben, Glas und Metall zu essen. Dabei erlitt er jedoch aus unbekannten Gründen keinen gesundheitlichen Schaden. Röntgenaufnahmen sollen bewiesen haben, dass sein Magen am Tag bis zu 900 Gramm Metall aufnehmen konnte. Der Künstler trat mit dieser außergewöhnlichen und nach Ansicht von Experten einzigartigen Fähigkeit weltweit auf.

Von 1966 bis 1997 hat er 18 Fahrräder, 15 Supermarkt-Einkaufswagen, 7 Fernseher, 6 Leuchter, 2 Betten, 1 Paar Ski, 1 Leichtflugzeug vom Typ Cessna 150, 1 Computer und 1 Sarg (mit den Griffen) gegessen. Im Laufe seines Lebens soll er bis zu 9 Tonnen Metall verzehrt haben. Er zerkleinerte die Gegenstände mit einer Elektrosäge in mundgerechte Happen, die er dann einfach hinunterschlucken konnte.

Damit stand er in der großartigen Tradition eines anderen französischen Vielfraßes: Geheimagent Tarrare.

Der Vielesser

Tarrare fiel schon als Kind durch seinen übermäßigen Appetit auf. Er verließ sein Elternhaus, das ihn nicht mehr ernähren konnte, als Jugendlicher und kam 1788 nach Paris. Unterwegs ernährte er sich durch Bettelei und Diebstahl; in der Metropole machte er seine besondere Veranlagung – im Alter von 17 Jahren konnte er schon ein Rinderviertel im Laufe von 24 Stunden verzehren – zu seinem Beruf und trat als Esskünstler auf. Zum Vergnügen der Zuschauer verschlang er körbeweise Äpfel, aber auch deutlich weniger genießbare Dinge. Ein akuter Kolikanfall brachte ihn einmal ins Krankenhaus Hôtel-Dieu, wo er kuriert wurde und zum Dank gleich die Uhr des behandelnden Arztes verzehren wollte. Dieser rettete sein Eigentum durch die Androhung, dann von seinem Schwert Gebrauch zu machen.

In der Zeit der Französischen Revolution schloss Tarrare sich dem Mob an und fand dabei genug zu essen. Beim Ausbruch des Ersten Koalitionskrieges trat er in die Armee ein. Zunächst erhielt er noch von einigen Kameraden deren Essensrationen, doch dies hielt nicht lang an, und schließlich wurde Tarrare halb verhungert in Soultz ins Hospital eingeliefert. Dort traf er wieder auf den Arzt Courville, der ihn schon im Hôtel-Dieu kennengelernt hatte. Courville und der leitende Arzt, Professor Percy, machten Tarrare zu ihrem Forschungsobjekt. Obwohl er jeweils vier Essensportionen erhielt, war Tarrare stets auf der Suche nach weiteren essbaren Dingen. Dabei war er nicht wählerisch; er verzehrte auch Hunde, Katzen und andere Tiere, angeblich sogar lebendig. Als man ihm einmal das für etliche deutsche Arbeiter zubereitete Mahl überließ, aß er die für 15 Männer vorbereiteten Portionen mühelos auf.

Courville kam angesichts von Tarrares Essfähigkeiten auf die Idee, ihn für militärische Zwecke einzusetzen. Er ließ ihn ein Kästchen, in dem Dokumente aufbewahrt werden konnten, verschlingen. Nachdem Tarrare dieses Kästchen unversehrt wieder ausgeschieden hatte, machte Courville dem General Alexandre de Beauharnais den Vorschlag, seinen Schützling zum Transport wichtiger Papiere zu verwenden. Tarrare durfte seine Künste im Hauptquartier der französischen Truppen am Rhein vorführen und beeindruckte diese nicht nur durch den Verzehr des Kästchens, sondern auch durch das Verschlingen einer großen Portion roher Rinderleber und -lunge. Daraufhin wurde er tatsächlich als Spion in Dienst genommen. Seine erste Mission war der Transport eines geheimen Dokuments zu einem französischen Colonel, der in der Nähe von Neustadt gefangen gehalten wurde. Allerdings traute Beauharnais den geistigen Fähigkeiten des neu angeworbenen Spions offenbar deutlich weniger als den körperlichen und packte nur eine recht banale Botschaft in das Kästchen: Der Gefangene sollte alle Truppenbewegungen der Preußen notieren und durch Tarrare an die französische Heeresleitung überstellen lassen.

Tarrare, der kein Wort Deutsch sprach, wurde jedoch in der Nähe von Landau von einer preußischen Patrouille aufgegriffen. In der Meinung, hochwichtige Dokumente in seinem Leib zu tragen, verweigerte Tarrare zunächst jede Auskunft, auch als er von General Zoegli verhört wurde. Nach einem Tag Gefangenschaft bei den Preußen und der wiederholten Anwendung von Gewalt wurde er aber mürbe und informierte die Feinde über seine Funktion beim französischen Heer, woraufhin er in einer Latrine angekettet wurde, bis das Kästchen zum Vorschein kam. Aus Enttäuschung über den unspektakulären Inhalt wollten die Preußen Tarrare zunächst exekutieren, doch Zoegli, der sich über den Vorfall gleichzeitig köstlich amüsierte, schenkte ihm schließlich das Leben. Er wurde jedoch heftig verprügelt, ehe man ihn in der Nähe der französischen Linien freiließ, und war damit von der Vorstellung, eine Karriere als Spion zu machen, kuriert.

Außerdem verspürte er jetzt den dringenden Wunsch, von seinem außergewöhnlichen Appetit geheilt zu werden. Man versuchte es zunächst mit einer Opiumkur, dann mit saurem Wein und Tabakpillen und schließlich mit levantinischen weich gekochten Eiern, doch nichts schlug an: Tarrare, der nun wieder im Hospital lebte, sammelte Abfälle auf und aß sie, trank das Blut von Patienten, die zur Ader gelassen worden waren, und vergriff sich mehrfach an den Verstorbenen in der Leichenhalle.

Tarrare, der Mann, der alles aß

1798, vier Jahre nachdem Tarrare das Hospital verlassen hatte, informierte Monsieur Tessier, der Chefarzt des Hospitals von Versailles, Professor Percy darüber, dass Tarrare sich nun in seiner Obhut befand. Tarrare, der immer schon schmächtig und blass ausgesehen hatte, ungewöhnlich stark zu schwitzen pflegte und einen üblen Geruch verbreitete, litt nun an Tuberkulose im Endstadium. Der Patient selbst, der Percy um eine Konsultation bat, führte seinen elenden Zustand auf den Verzehr einer goldenen oder silbernen Gabel zurück, die er zwei Jahre zuvor gestohlen und verschluckt hatte, und fragte, ob es kein Mittel gebe, diese Gabel aus seinem Leib zu entfernen. Wenig später setzte ein heftiger Durchfall ein, an dem der entkräftete Mann bald starb. Weil die Verwesung ungewöhnlich rasch und heftig einsetzte, wollten die Ärzte zunächst auf eine Obduktion verzichten, doch Tessier nahm schließlich die Autopsie vor. Er fand keine Gabel im Leichnam Tarrares, sondern nur große Mengen Eiter. Außerdem waren viele Organe stark vergrößert bzw. erweitert. Ferner hatte Tarrare wahre Hamsterbacken und eine stark gedehnte Bauchdecke – er konnte sich, wenn er gerade nicht vollgegessen war, zu Lebzeiten seine Bauchhaut um die Hüfte wickeln.

Man fragt sich, wie dieser geniale Agent zu seinem Namen kam. Mit *bom-bom tarare* wurde im Frankreich des 18. Jahrhunderts das Geräusch gewaltiger Explosionen umschrieben. Tarrares Flatulenzen führten zu seinem Namen. Doch nicht alles, was aus dem Darm ausgeschieden wird, muss ekelhaft und übel riechend sein. Meerkatzen können auf diese Weise sogar Kaffee zu einer Delikatesse veredeln.

Der Kaffee mit der besonderen Note

Der Kaffee mit dem Markennamen Kopi Luwak stammt von den Inseln Sumatra, Java und Sulawesi in Indonesien. Es werden damit ausschließlich die Kaffeekirschen bezeichnet, die von einer bestimmten Schleichkatzenart gefressen und wieder ausgeschieden werden. *Kopi* ist das indonesische Wort für Kaffee. *Musang luwak* ist die indonesische Bezeichnung für den beteiligten wilden Fleckenmusang *(Paradoxurus hermaphroditus)*.

Echter Kopi Luwak ist auch in Indonesien und auf Mindanao nicht einfach zu bekommen. Nur ein Spezialist kann die Bohnen unter dem Mikroskop oder mit dem Aromaprofil einer gaschromatografischen Analyse erkennen. Die Qualität dieses Kaffees ist nicht gleichbleibend, sondern hängt von der Art der gefressenen Kaffeebohne ab sowie von der Zeit, die sie auf dem Waldboden gelegen hat, und vom Niederschlag. Ebenso beeinflusst die Trocknung die Qualität erheblich.

Schon Alfred Brehm hat 1883 Kopi Luwak beschrieben. Der Exkremente-Kaffee wurde von Einheimischen gesammelt, um daraus ein Getränk herzustellen, da der damals sehr wertvolle und mühsam angebaute Plantagenkaffee ausschließlich für Kolonialisten und den Export bestimmt war.

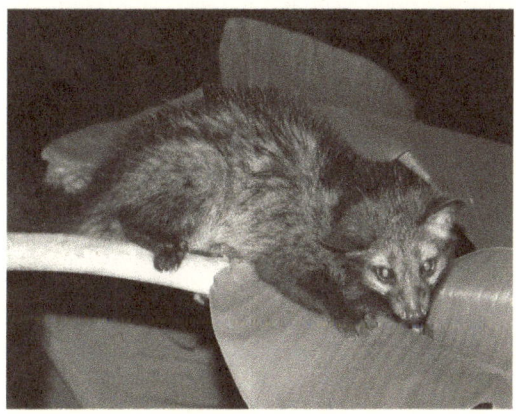

Fleckenmusang

Der Fleckenmusang, ein hauskatzengroßer Baumbewohner, ist vorwiegend nachtaktiv. Neben den Früchten der Kaffeepflanze verzehrt er andere Früchte, gelegentlich Kleinstsäuger und -reptilien, Eier, frisch geschlüpfte Küken und Insekten. Von den Kaffeefrüchten kann er nur das Fruchtfleisch verdauen, die Bohnen werden wieder ausgeschieden und von den Einheimischen eingesammelt. Dabei hilft dem Kundigen, dass die Schleichkatzen immer wieder an der gleichen Stelle ihr »Katzenklo« aufsuchen. Die Bohnen werden gewaschen und leicht geröstet. Im Darm des Tieres sind die Kaffeekirschen einer Nassfermentation durch Enzyme ausgesetzt, welche die Geschmackseigenschaften ändert: Es entsteht ein dunkles und volles, aber auch etwas »muffiges« Aroma; der britische Schauspieler John Cleese beschrieb den Geschmack als »erdig, modrig, mild, sirupgleich, gehaltvoll und mit Untertönen von Dschungel und Schokolade«.

1 Kilogramm der ungerösteten Bohnen kostet direkt bei den Erzeugern in der Provinzhauptstadt Medan (Nordsumatra) ab ca. 40 Euro, geröstet ca. 75 Euro. In Europa werden die gerösteten Bohnen ab 220 Euro pro Kilogramm im Einzelhandel angeboten.

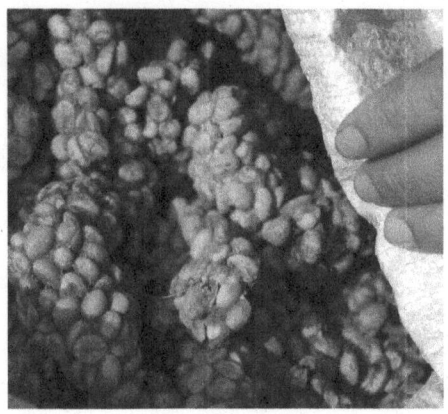

Unverdaut ausgeschiedene Kaffeebohnen vor der Reinigung und Röstung

Auch ich muss den Kaffee, den ich aus Kostengründen unvorverdaut konsumiere, immer höher dosieren, wenn ich mich Nacht für Nacht durch Wikipedia kämpfe. Ich habe inzwischen Rückenschmerzen bekommen vom Lesen auf dem Sofa. Dennoch liebe ich es, in den unendlichen Tiefen des Wissens zu versinken wie im flauschigen Teppich eines Luxushotels.

seltsame Spiele

Wang Zhen war ein Eunuch am Hofe der Ming-Kaiser. In Turkmenistan brennt seit 1971 ein Krater mitten in der Wüste. König August der Starke liebte es, seine Kraft zum Ausdruck zu bringen. 1711 soll er ein Hufeisen mit bloßen Händen zerbrochen haben. Sein Lieblingssport war Fuchsprellen, eins von mehreren irren Spielen, über die ich gestolpert bin. Sie offenbaren einen Blick in eine Zeit, als Political Correctness noch eine untergeordnete Rolle spielte.

Zwergenwerfen

Zwergenweitwurf entstand in den 1980er-Jahren in Australien oder den Vereinigten Staaten und war ursprünglich eine Attraktion im Schaustellergewerbe.

Beim Zwergenwerfen packt ein kräftiger Mann einen kleinwüchsigen Menschen, der eine spezielle Schutzkleidung trägt, und wirft oder schleudert ihn auf eine gepolsterte Matte. Daraus haben sich in Australien regelrechte Wettkämpfe und Meisterschaften entwickelt. Die erste Weltmeisterschaft fand 1986 in Australien statt. Die heute noch ungeschlagenen Weltmeister kommen aus London und nennen sich Danny Blue, Roy Merrin und Lenny The Giant.

Verschiedene Menschenrechtsorganisationen und vor allem Organisationen kleinwüchsiger Menschen haben in vielen Ländern erreicht, dass das Zwergenwerfen als eine die Menschenwürde verletzende Veranstaltung verboten wurde.

Die Verbote stoßen jedoch nicht bei allen auf Zustimmung. Der US-Amerikaner Dave Flood und der Franzose Manuel Wackenheim haben vor Gericht gegen das Verbot des Zwergenwerfens geklagt. Sie begründeten ihre Klage damit, dass sie ihren Lebensunterhalt dadurch bestritten und mündig genug seien, selbst zu entscheiden, was sie mit sich machen ließen und was nicht. Außerdem schränke das Verbot ihr Grundrecht auf Berufsfreiheit ein. Eine weitere Argumentation war, dass durch spezielle Schutzkleidung und Verwendung von weichen Matten das Verletzungsrisiko weitestgehend ausgeschlossen sei.

In Frankreich hat der Conseil d'État entschieden, dass Zwergenwurf-Verbote gesetzeskonform sind, dass das Zwergenwerfen gegen die Menschenwürde verstößt und damit der öffentlichen Ordnung schadet. Die UN-Menschenrechtskommission hat am 27. September 2002 entschieden, die Gerichtsentscheidung in Frankreich sei nicht beleidigend den Kleinwüchsigen gegenüber und notwendig, um die öffentliche Ordnung aufrechtzuerhalten und die Menschenwürde zu schützen.

In Deutschland entschied das Verwaltungsgericht Neustadt an der Weinstraße 1993, dass »Zwergenweitwurf« sittenwidrig und daher nach § 33a Abs. 2 S. 2 GewO nicht genehmigungsfähig sei. Auch sei es nicht nach § 33a Abs. 1 S. 2 GewO genehmigungsfrei, denn das sportliche oder akrobatische Element stehe nicht im Vordergrund.

Fuchsprellen

Das Fuchsprellen war vom 16. bis 18. Jahrhundert ein Jagdvergnügen an den Höfen Europas. Es bestand darin, einen Fuchs durch ruckartiges Ziehen an den Enden eines etwa 30 Zentimeter breiten und 6 bis 8 Meter langen Prelltuches emporschnellen zu lassen, sobald er darüber hinweglief.

Fuchsprellen galt im höfischen Leben als Bestandteil der Festkultur. Es verursachte größere Kosten und bedurfte eines besonderen Anlasses. Teilnehmer waren Angehörige und Gäste des Hofes beiderlei Geschlechts. Die Veranstaltung fand vor Publikum an abgezäunter Stelle im Freien, oft auf den Höfen von Schlössern oder eigens dazu angelegten oder vorübergehend abgetrennten Plätzen in den Städten statt. Auf gepflasterten Böden wurde eine dicke Schicht Sand gestreut, in die mitunter kleine Bäume gesteckt wurden.

Nach dem von Jagdmusik umrahmten Einzug der »Jägerei«, die besonders kostümiert war, wurden die jagdlich in Grün gekleideten Spielteilnehmer aufgestellt. Es waren meistens verheiratete oder unverheiratete Paare, die sich, die Schlaufen des Prelltuchs haltend, gegenüberstanden. Sie bildeten mehrere Gassen, in die die vorher gefangenen und in Kästen vorgehaltenen Tiere einzeln hineinlaufen sollten.

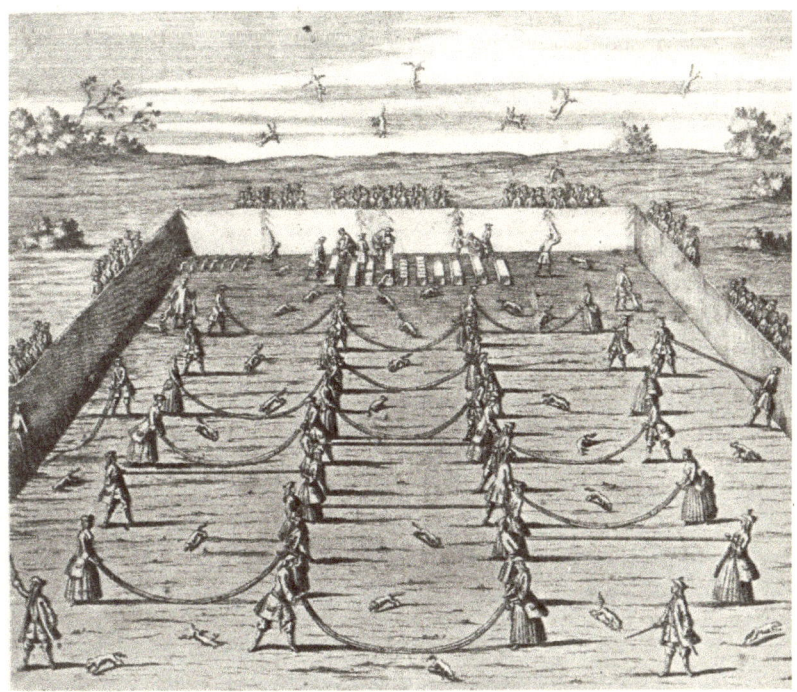

Ein Fuchsprellen im frühen 18. Jahrhundert, Abbildung in *Der Vollkommene Teutsche Jäger* von Johann Friedrich von Flemming, Leipzig 1719

Die Spielerpaare schleuderten das Tier, es konnte zur Abwechslung auch ein Hase, ein Otter, ein Marder, ein Dachs oder eine Wildkatze sein, so lange möglichst hoch und oft in die Höhe, bis es betäubt war oder sich bei einem Aufprall auf dem Boden die Knochen gebrochen hatte. Aufgabe der Jäger war es dann, das verletzte Tier zu töten. Die »Belustigung« erforderte Kraft und Geschicklichkeit und die Teilnehmer kamen mehr oder weniger ungewollt durcheinander, gerieten außer Atem oder stürzten. Zur besonderen Überraschung entliefen dem Käfig zuweilen »schwache Sauen«. Man registrierte als humoristische Einlage, wenn diese verhältnismäßig kräftigen Tiere »bey den Dames unter den Reifröcken einen solchen Rumor machen, dass nicht zu beschreiben«.

In der Zeit der Empfindsamkeit und des Rokoko ersetzten in der vornehmen Gesellschaft Spiele wie Federball das nun als Grausamkeit gesehene Fuchsprellen als Gelegenheit für Unverheiratete, sich zwanglos näherzukommen.

In dieser Hinsicht ist die Welt über die Jahrhunderte erfreulicherweise sensibler und vernünftiger geworden. Aber damit vielleicht auch langweiliger. *The Game* nennt sich das Spiel der heutigen Netzkultur. Man kann es nur verlieren.

The Game

The Game (»Das Spiel«) ist ein Internet-Phänomen um ein Spiel, dessen einziges Ziel es ist, das Spiel zu vergessen. Die »Spieler« verbreiten vielmehr Anspielungen darauf, insbesondere die Mitteilung, man habe das Spiel verloren, um so andere zum Verlieren zu bringen. Beispielsweise hat jeder Leser dieses Artikels zwangsläufig *The Game* verloren.

Es werden folgende Grundregeln für *The Game* angegeben, die auch variiert und präzisiert werden:

1. Jeder spielt das Spiel.
2. Wer über das Spiel nachdenkt, verliert.
3. Wer das Spiel verliert, muss dies mindestens einer Person mitteilen.

Es gibt keine allgemein anerkannte Möglichkeit, das Spiel zu gewinnen; die Spieler können nur versuchen, so lange wie möglich nicht zu verlieren. Manchmal wird davon gesprochen, dass man das Spiel gewonnen hätte, wenn die Queen öffentlich verkündet hätte, sie habe das Spiel verloren. Die Ergänzung »[beispielsweise] durch eine Notiz, weitergereicht in der Klasse an leicht erregbare Freunde« zur dritten Regel zeigt, dass es hauptsächlich um die Schadenfreude geht, andere verlieren zu sehen.

Die Ursprünge des Spiels sind unbekannt. Als möglicher Ursprung werden unter anderem zwei Männer angegeben, die den letzten Zug verpasst hatten und die ganze Nacht am Bahnsteig verbringen mussten. Sie hätten versucht, nicht über ihre Lage nachzudenken, und wer immer es als Erster getan habe, habe verloren. Die erste belegte Erwähnung des Spiels im Internet stammt aus dem Jahr 2001.

Das Spiel ist ein Beispiel für die Theorie der Ironischen Prozesse, auch bekannt unter dem Namen *White Bear Phenomenon* (»Weißer-Bär-Phänomen«), nach welcher der Versuch, einen bestimmten Gedanken zu vermeiden, diesen viel beharrlicher macht. Ein klassisches Beispiel für ironische Prozesse ist Fjodor Dostojewskis Ausspruch aus seinem Reisebericht *Winterliche Aufzeichnungen über sommerliche Eindrücke* von 1863: »Stelle dir selbst diese Aufgabe: Denke nicht an einen Eisbären, und du wirst sehen, dass dieses verfluchte Ding jede Minute in deinem Kopf sein wird.«

Abgeschnitten von der Welt

Während sich die Menschen in der westlichen hyperverbundenen Digitalwelt in die Ironie flüchten, existieren nur noch wenige Kulturen, die von all diesen Phänomenen verschont bleiben. Es gibt kaum noch Flecken auf der Erde, die sich der radikalen Veränderung entzogen haben. Die vielleicht bekannteste Gruppe sind die Sentinelesen.

Die Sentinelesen sind ein von der Außenwelt isoliertes indigenes Volk auf North Sentinel Island, einer Insel der Andamanen im Golf von Bengalen, die von Indien verwaltet wird. Sie leben als Jäger und Sammler auf der 60 Quadratkilometer großen Insel, die fast vollständig von tropischem Dschungel bedeckt ist. Die Volkszählung in Indien 2011 gibt die Zahl ihrer Angehörigen mit 15 an, 12 Männer und 3 Frauen. Es wird aber geschätzt, dass zwischen 100 und 150 Sentinelesen auf der Insel leben könnten.

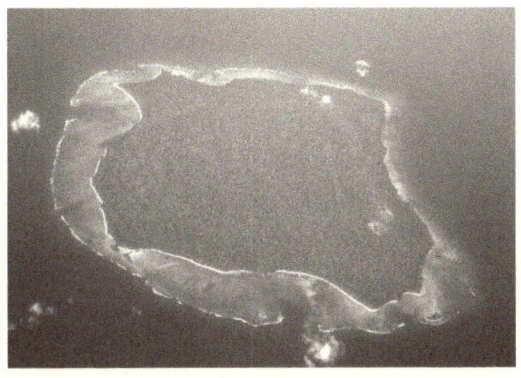

Luftaufnahme von North Sentinel Island, 12 Kilometer lang und 10 Kilometer breit, höchste Erhebung: 122 Meter; die Insel ist umgeben von Korallenriffen, die eine Annäherung von Schiffen blockieren (2018)

Die Sentinelesen werden von der indischen Zentralregierung als »registrierte Stammesgemeinschaft« anerkannt, darüber hinaus als »besonders gefährdete Stammesgruppe«. Beide administrativen Einteilungen gewähren besondere staatliche Schutzrechte. Weil die Sentinelesen seit Langem die Kontaktaufnahme von Fremden auch mit kämpferischen Mitteln ablehnen, hat die Regierung jeden Kontaktversuch mit ihnen verboten und eine Sperrzone von 3 Kilometern um die Insel errichtet.

Nach ihren physischen Merkmalen werden die Sentinelesen den Negritos zugeordnet, einer Sammelbezeichnung für mehrere kleinwüchsige und kraushaarige Ethnien, die zumeist in abgelegenen Regionen der malaiischen Inselwelt leben. Videoaufnahmen aus dem Jahr 1991 zeigen allerdings wider Erwarten »ziemlich große und muskulöse Erwachsene und Kinder«.

Die Insel wurde vermutlich von South Andaman Island aus besiedelt. Die dort lebenden Jarawa, mit denen die Sentinelesen verwandt zu sein scheinen, überwanden die rund 35 Kilometer zur nächstgelegenen Küste beim heutigen Port Muat wahrscheinlich mit Bambusflößen oder Auslegerkanus.

Die Sprache der Sentinelesen ist nicht erforscht. Sie wird allein aus geografischen Gründen den andamanischen Sprachen zugerechnet. Die bekannten Sprachen der nächstgelegenen Nachbarvölker, etwa der auf Little Andaman lebenden Onge oder der Jarawa, sind miteinander verwandt. Mit der sentinelischen Sprache teilen diese offenbar kein ausreichend gemeinsames Vokabular, um als Bindeglied dienen zu können. Onges, die in den 1980er-Jahren auf die Insel gebracht wurden, konnten die Sprache der Sentinelesen nicht verstehen.

Die Sentinelesen sind das letzte isoliert lebende indigene Volk auf den Andamaneninseln, seit die benachbarten Jarawa seit 1998 Kontakt mit indischen Siedlern haben.

Die Sentinelesen sind weltweit eine der letzten Ethnien, die außerhalb der industrialisierten Zivilisation leben. Aufgrund ihrer Abgeschiedenheit ist sehr wenig über sie bekannt. Berichte erwähnen keinerlei Kleidung, oft werden die beobachteten Personen als nackt beschrieben, teils mit einer Schmückschnur um die Hüfte. Wurden Waffen gesichtet, dann nur »hausgemachte« aus den örtlichen Materialien – eine Besonderheit sind die metallenen Spitzen ihrer Pfeile und Wurflanzen. Vermutet wird, dass die Inselbewohner fremde Materialien aus den Wracks mehrerer gestrandeter Schiffe gewinnen konnten. Dokumentiert sind inselnahe Schiffbrüche des Handelsschiffs *Nineveh* 1867, des Landungsschiffs *532* der portugiesischen Marine 1970, der *Rusley* 1977 und des Frachters *Primrose* 1981.

Für den Bau dauerhafter Behausungen gibt es keine Belege. Es wird vermutet, dass die Sentinelesen in kurzlebigen Unterständen schlafen. Bei zwei Expeditionen wurden kreisförmig angeordnete, einfache Schlafstätten mit schräg gestelltem Palmzweig-Flechtwerk sowie von Steinen umgrenzte Herdstellen vorgefunden. Oft wurde beobachtet, dass sie Feuer nutzen – nicht bekannt ist, ob sie über eine Technik zum Feuermachen verfügen oder gezwungen sind, Feuerstellen dauerhaft in Betrieb zu halten. Beobachtet wurde die Aufbewahrung von Glut in einer Baumhöhle.

Sentinelesen nutzen Naturmaterialien, die sie auf der Insel finden, aber auch Gegenstände und Materialien, die als Strandgut angespült werden. Bei der ersten Expedition im Jahr 1879 wurden einige Gegenstände aufgegriffen und mitgenommen, die sich heute im British Museum in London befinden, darunter ein geflochtener Korb und eine Holzlanze mit Eisenspitze.

Das Anthropological Survey of India (AnSI), eine Abteilung des indischen Kulturministeriums, nennt 2017 als Ernährungsgrundlagen der Inselbewohner:

- Kokosnüsse, Wurzeln, Pflanzenknollen, verschiedene Blätter und wahrscheinlich Kochbananen,

- eine Wildschweinart, Bienenhonig, Schildkröten und deren Eier sowie verschiedene Arten von Speisefisch und anderen Wassertieren sowohl aus Lagunen im Inselinneren wie auch aus den Küstenbereichen.

Die Inselbewohner stellen einbaumartige Kanus aus Holz her, deren Vortrieb über Stocherstangen erfolgt. Damit können sie sich auf den Lagunen und an der Küstenlinie entlangbewegen, nicht jedoch tiefere Gewässer befahren, zumal die See während der halbjährigen Monsunzeit sehr rau ist. Bei ufernahen Fahrten zwischen den Korallenriffen wurden sie öfter beobachtet. Die flachen Riffe, die um die ganze Insel herum liegen, ziehen viele Fische an und können Unterteilungen bilden, in denen sich Meerestiere verfangen. Bei dem Erdbeben im Indischen Ozean 2004 mit nachfolgendem Tsunami wurde die tektonische Platte unter der Insel um 1 bis 2 Meter angehoben, wodurch sich ihre Küstenlinien ausweiteten und einige der Korallenbänke trockenfielen.

Wilderer beuten verstärkt die Fischgründe um die Andamanen aus, was die Nahrungsgrundlage der Sentinelesen gefährdet. Auch benachbarte indigene Völker wie die Jarawa klagen immer wieder darüber.

Es wird davon ausgegangen, dass die Gruppe der Sentinelesen durch die jahrhunderte-, vielleicht gar jahrtausendelange Isolation auf einer kleinen Insel genetisch extrem homogen, das heißt genetisch stark verarmt ist. Über zahlreiche Generationen hinweg gab es möglicherweise nur Nachkommen aus den Verbindungen zwischen mehr oder weniger verwandten Personen. Erbkrankheiten dürften häufig auftreten.

In der Vergangenheit gab es immer wieder Versuche, Kontakt mit den Sentinelesen aufzunehmen, um sie zu erforschen. Einige wurden verschleppt. Die Sentinelesen reagierten mit Rückzug in den Wald oder sie attackierten die Eindringlinge mit Pfeil und Bogen. Da sie sich gegen jede Art von Annäherung massiv zur Wehr setzen, stellte die indische Regierung 1996 die Kontaktversuche vorübergehend ein.

Um 1296 beschrieb der venezianische Händler Marco Polo die Bewohner der Andamanen erstmals – sehr wahrscheinlich nur vom Hörensagen: Sie seien die wildeste und gefährlichste »Menschenrasse«, die mit Augen, Ohren und Zähnen von Hunden ausgestattet sei.

1867 lief das indische Handelsschiff *Nineveh* auf ein Korallenriff vor North Sentinel Island auf. Besatzung und Passagiere retteten sich im Beiboot an den Strand. Am dritten Morgen wurde das Lager von mehreren dunkelhäutigen nackten Männern unter Kampfgeschrei mit Pfeilen angegriffen, deren Spitzen aus Eisen gemacht schienen. Die Schiffbrüchigen konnten sich mit Stöcken und Steinwürfen verteidigen. Alle überlebten und wurden einige Tage später von einem Rettungsdampfer der Britischen Marine aufgenommen. Dies war die erste Sichtung von Menschen, die seitdem nach dem Inselnamen als »Sentinelesen« bezeichnet werden.

1879 betrat der britische Verwalter der Andamanen, Maurice Vidal Portman, als erster Europäer die Insel. Mit einer großen Truppe von Bewaffneten und Fährtenlesern anderer Andamanenstämme durchstreifte er tagelang die Insel auf der Suche nach den Einwohnern. Die Truppe fand einfache Palmzweighütten und Feuerstellen und stieß schließlich auf ein altes Ehepaar mit vier Kindern. Sie wurden zur Untersuchung in die 60 Kilometer entfernte Hauptstadt Port Blair auf South Andaman Island verschleppt. Portman schrieb später bedauernd, dass die Gruppe »schnell erkrankte und der alte Mann und seine Frau starben, sodass die vier Kinder mit vielen Geschenken nach Hause geschickt wurden«. Portman notierte »ihren eigentümlich idiotischen Ausdruck des Gesichts und des Verhaltens«. Die weiteren Folgen dieses Vorfalls sind unklar. Denkbar ist, dass die heimgekehrten Kinder Krankheitserreger mitbrachten und weitere Sentinelesen ansteckten, mit verheerenden Folgen für den Stamm. Eine derartige Katastrophe könnte eine plausible Erklärung für die Feindseligkeit gegenüber der Außenwelt sein.

1896 entfloh ein hinduistischer Sträfling dem Gefangenenlager auf den Großen Andamanen mit einem selbst gebauten Floß und trieb bis zur Nord-Sentinel-Insel. Dort fanden Verfolger seine Leiche mit mehreren Pfeilwunden und aufgeschnittener Kehle; Einheimische wurden nicht beobachtet.

Ikonen und ihr Erbe

Kim Jong-Il

Es ist bedauerlich, dass unsere moderne Gesellschaft keinen weißen Fleck auf der Landkarte dulden will. Vermutlich werden die Sentinelesen bald ausgestorben oder »zivilisiert« sein wie die meisten einst indigenen Völker. Dann werden sie ein Staatssystem bekommen mit Wahlen und Steuern und vielleicht sogar einen grandiosen Herrscher wie Kim Jong-Il, den früheren Machthaber Nordkoreas. Hier eine Liste seiner offiziellen Titel und Anreden.

Der glorreiche General, der vom Himmel abstammt

Koreanisch	Umschrift (McCune-Reischauer)	Deutsch	Kommentar
당중앙	tangjungang	Zentrum der Partei	Der erste von Kim Jong-Ils Titeln. Wurde seit 1973 benutzt, nachdem Kim insgeheim als der Nachfolger seines Vaters Kim Il-sung auserkoren wurde, es jedoch noch nicht offiziell war.
웃분	utpun	Überragende Person	Der Titel wurde seit Mitte der 1970er-Jahre verwendet.
친애하는 지도자	ch'inaehanŭn chidoja	Lieber Führer	Dieser Titel war der gebräuchlichste während der Herrschaft seines Vaters Kim Il-sung.
존경하는 지도자	chon'gyŏnghanŭn chidoja	Respektierter Führer	Diese Titel wurden seit Mitte der 1970er-Jahre verwendet.
현명한 지도자	hyŏnmyŏnghan chidoja	Weiser Führer	
영명하신 지도자	yŏngmyŏnghasin chidoja	Brillanter Führer	
유일한 지도자	yuilhan chidoja	Einzigartiger Führer	Dieser Titel wurde seit 1975 verwendet.
령도자가 갖추어야 할 풍모를 완벽하게 지닌 친애하는 지도자	yŏngdojaga katch'uŏya hal p'ungmorŭl wanbyŏkhage chinin ch'inaehanŭn	Lieber Führer, der eine perfekte Verkörperung des Erscheinungsbildes ist, das ein Führer haben muss.	Dieser Titel wurde seit Mitte der 1980er-Jahre zu besonderen Anlässen verwendet.

Koreanisch	Umschrift (McCune-Reischauer)	Deutsch	Kommentar
최고사령관	ch'oegosayŏnggwa	Oberbefehls-haber	Wurde zum ersten Mal Mitte der 1980er-Jahre verwendet, noch bevor er 1991 zum offiziellen Oberbefehlshaber der Koreanischen Volksarmee ausgerufen wurde.
위대한 령도자	widaehan yŏngdoja	Großer Führer	Der gebräuchlichste Titel während seiner Herrschaft.
인민의 어버이	inminŭi ŏbŏi	Vater des Volkes	Wird seit Februar 1986 verwendet.
공산주의 미래의 태양	kongsanjuŭi miraeŭi t'aeyŏng	Sonne der kom-munistischen Zukunft	Diese Titel werden seit Mitte der 1980er-Jahre verwendet.
백두광명성	paektugwangmyŏngsŏng	Strahlender Stern vom Berg Paektu	
향도의 해발	hyangdoŭi haebal	Lenkender Sonnenstrahl	
혁명무력의 수위	hyŏngmyŏngmuryŏnŭi suwi	Führer der Revo-lutionären Streit-kräfte	Diese Titel wurden seit dem 21. Dezember 1991 verwendet, an dem Kim Jong-Il zum Oberbefehls-haber der Streitkräfte aus-gerufen wurde.
조국통일의 구성	chonunt'ongilŭi kusŏng	Garantie der Einheit des Vaterlandes	
조국 통일의 상징	chonun t'ongilŭi sangjing	Symbol der Einheit des Vaterlandes	
민족의 운명	minjonŭi unmyŏng	Schicksal der Nation	
자애로운 아버지	chaaeroun abŏji	Geliebter Vater	
당과 국가와 군대의 수위	tanggwa kukkawa kundaeŭi suwi	Führer der Par-tei, der Nation, der Armee	

Koreanisch	Umschrift (McCune-Reischauer)	Deutsch	Kommentar
수령	suryŏng	Führer	Wurde nach dem Tod von Kim Il-sung eine gebräuchliche Bezeichnung.
장군	changgun	General	War eine der gebräuchlichsten Bezeichnungen seit 1994.
우리당과 우리 인민의 위대한 령도자	uridanggwa uri inminŭi widaehan yŏngdoja	Großer Führer unserer Partei und unserer Nation	Diese Titel wurden seit 1994 verwendet.
위대한 장군님	widaehan changdunnim	Großer General	
경애하는 장군님	kyŏngaehanŭn chang-dunnim	Geliebter und respektierter General	
위대한 수령	widaehan suryŏng	Großer Führer	Dieser Titel war zu dessen Lebzeiten Kim Il-sung vorbehalten und wurde nach dessen Tod auf Kim Jong-il übertragen.
경애하는 수령	kyŏngaehanŭn suryŏng	Geliebter und respektierter Führer	
백전백승의 강철의 령장	paekchŏnbaeksŭngŭi kangch'ŏlŭi yŏngjang	Immer siegreicher, festgewillter General	Diese Titel werden seit 1997 nach der dreijährigen Trauerphase für Kim Il-sung verwendet.
사회주의 태양	sahoejuŭi t'aeyang	Sonne des Sozialismus	
민족의 태양	minjogŭi t'aeyang	Sonne der Nation	
삶의 태양	salmŭi t'aeyang	Die große Sonne des Lebens	
민족의 위대한 태양	minjogŭi widaehan t'aeyang	Große Sonne der Nation	Diese Titel sind Bestandteil der neuen Verfassung der Demokratischen Volksrepublik Korea von 1998.
민족의 어버이	minjogŭi ŏbŏi	Vater der Nation	

Koreanisch	Umschrift (McCune-Reischauer)	Deutsch	Kommentar
21세기의 세계 수령	21segiŭi segye suryŏng	Weltführer des 21. Jahrhunderts	
불세출의 령도자	pulsech'ulŭi yŏngdoja	Einzigartiger Führer	
21세기 차란한 태양	21segi ch'aranhan t'aeyang	Leuchtende Sonne des 21. Jahrhunderts	
21세기 위대한 태양	21segi widaehan t'aeyang	Große Sonne des 21. Jahrhunderts	
21세기 향도자	21segi hyangdoja	Führer des 21. Jahrhunderts	
회세의 정치가	hŭiseŭi chŏngch'iga	Erstaunlicher Politiker	
천출위인	ch'ŏnch'ulwiin	Glorreicher Mann, der vom Himmel abstammt	Diese Titel wurden ab dem Jahr 2000 verwendet.
천출명장	ch'ŏnch'ulmyŏngjang	Glorreicher General, der vom Himmel abstammt	
민족의 최고 영수	minjogŭi ch'oegoyŏngsu	Oberster Führer der Nation	
주체의 찬란한 태양	chuch'eŭi ch'allanhan t'aeyang	Leuchtende Juche-Sonne	
당과 인민의 수령	tanggwa inminŭi suryŏng	Führer der Partei und des Volkes	
위대한 원수님	widaehan wŏnsunim	Großer Marschall	
무적필승의 장군	mujŏkp'ilsŭngŭi changgun	Unbesiegbarer und immer triumphierender General	
경애하는 아버지	kyŏngaehanŭn abŏji	Lieber Vater	

Koreanisch	Umschrift (McCune-Reischauer)	Deutsch	Kommentar
21세기의 향도성	21segiŭi hyangdosŏng	Lenkender Stern des 21. Jahrhunderts	Diese Titel wurden ab dem Jahr 2000 verwendet.
실천가형의 위인	silch'ŏn'gahyŏngŭi wiin	Großer Mann der Tat	
위대한 수호자	widaehan suhoja	Großer Verteidiger	
구원자	kuwŏnja	Erlöser	
혁명의 수뇌부	hyŏngmyŏngŭi sunoebu	Vordenker der Revolution	
혁명적 동지애의 최고화신	hyŏngmyŏngjŏk tongjiaeŭi ch'ogohwasin	Höchste Verkörperung der revolutionären kameradschaftlichen Liebe	
각하	Gakha	Seine Exzellenz	
영원한 당 총비서	yŏngwŏnhan dang ch'ongbisŏ	Ewiger Generalsekretär der Partei	Wurde ihm nach seinem Tod 2011 im April 2012 posthum verliehen.

Gegen den »lenkenden Stern des 21. Jahrhunderts« verblasst unsere Bundeskanzlerin Angela Merkel natürlich. Dennoch hat sie eine Geste bekannt gemacht, die nach ihr benannt wurde. Unter Branding-Gesichtspunkten ist ihr damit ein genialer Schachzug gelungen.

Die Merkel-Raute

Angela Merkel mit Merkel-Raute

Als Merkel-Raute (auch Merkel-Dach oder Raute der Macht, seltener Merkelizer) wird eine Haltung der Arme und Hände bezeichnet, bei der die Hände mit den Innenflächen so vor dem Bauch gehalten werden, dass die Daumen und Zeigefinger sich an den Spitzen berühren und in etwa die Form einer Raute beschreiben.

Die Merkel-Raute begründete eine Diskussion über nonverbale Kommunikation und löste öffentliche Spekulationen über die Bedeutung der Geste aus. Die CDU-Strategen nutzten die Merkel-Raute im Rahmen einer Personalisierungsstrategie zur Bundestagswahl 2013 und bildeten sie auf einem 70 mal 20 Meter großen Riesenposter in Berlin ab.

Das britische Wirtschaftsmagazin *The Economist* interpretierte die Merkel-Raute in Anspielung an Tolkiens *Der Herr der Ringe* als magischen und gefährlichen Ring: »*One ring to rule them all.*« »In der Raute liegt die Kraft«, titelte *Die Welt* auf der Frontseite und wies darauf hin, dass die Raute als Botschaft für sich stehe, für Ruhe und Kraft einer Bundeskanzlerin. Es bedürfe keines weiteren Textes.

Benjamin von Stuckrad-Barre befragte Merkel während einer Fahrt im Rheingold-Express im Sommer 2009 nach der Geste. Als Antwort gab Merkel dabei an, diese Haltung der Hände garantiere ihr aufrechtes, nicht buckliges Stehen: »Diese Haltung ist die Position, in der ich automatisch den Oberkörper aufrecht halte. Nichts anderes heißt das.«

Das *Hamburger Abendblatt* zitiert den Pantomimen Samy Molcho, der die Haltung folgendermaßen interpretiert: »Diese nach vorne gesenkte Pyramide wirkt wie ein Keil, wie der Bug eines Eisbrechers: Die nach vorne gerichtete Spitze weist ab, und alle entgegenkommenden Angriffe oder Einwürfe werden vom Körper abgeleitet. Bundeskanzlerin Merkel ist nicht aufgeschlossen für Kritik oder andere Meinungen, sondern sie geht ihren Weg vorwärts.«

Angela Merkel hatte bereits ihr Abitur in Templin mit einer Durchschnittsnote von 1,0 abgelegt, als ein Japaner irgendwo auf den Philippinen nachrichtenmäßig noch hinter dem Mond lebte. Stellen Sie sich vor, der Weltkrieg ist vorbei und Sie sind der Einzige, der es nicht glauben will. Und zwar knapp 30 Jahre lang. So ging es Onoda Hirō.

Der letzte Krieger

Der junge Onoda Hirō (1944/45)

Onoda war auf der philippinischen Insel Lubang stationiert, als im Februar 1945 amerikanische Truppen die Insel eroberten. Der größte Teil der japanischen Streitkräfte wurde getötet bzw. gefangen genommen. Onoda und die Soldaten Yuichi Akatsu, Siochi Shimada und Kinshichi Kozuka konnten jedoch in den Dschungel flüchten und versteckten sich dort.

Im Oktober 1945 fand die Gruppe ein erstes Flugblatt, auf dem das Kriegsende mitgeteilt wurde. Kurz darauf ein zweites mit der Aufforderung: »Der Krieg endete am 15. August. Kommt von den Bergen herunter!« Dem misstrauten die Soldaten aber, da sie ein paar Tage zuvor Schüsse vernommen hatten. Sie schlussfolgerten, dass es sich bei den Flugblättern um alliierte Propaganda handeln musste. Ende 1945 wurden weitere Flugblätter mit dem Befehl des japanischen Generals Tomoyuki Yamashita, sich zu ergeben, abgeworfen. Die Gruppe um Onoda beriet sich, um letztendlich zu dem Schluss zu kommen, dass auch dieses Flugblatt eine List sei. Im September 1949 entfernte sich Akatsu von der Gruppe und ergab sich, nachdem er sechs Monate auf sich allein gestellt gewesen war, 1950 den Philippinern. Die verbleibenden drei Soldaten sahen im Verschwinden von Akatsu ein Sicherheitsproblem und wurden noch vorsichtiger. Akatsu bestätigte unterdessen der Außenwelt, dass die anderen drei noch am Leben waren, was 1952 dazu führte, dass Briefe und Familienfotos mit der Aufforderung, sich zu ergeben, abgeworfen wurden. Die drei Japaner kamen dem erneut nicht nach. Während einer Schießerei mit lokalen Fischern wurde Shimada 1953 ins Bein getroffen. Onoda pflegte ihn, bis er sich wieder erholt hatte. Am 7. Mai 1954 schließlich wurde Shimada von einem Suchtrupp erschossen, der die Männer ausfindig machen sollte.

Als Teil ihrer Guerillaaktivitäten verbrannten die beiden verbliebenen Männer Onoda und Kozuka am 19. Oktober 1972 Reis, der gerade von lokalen Bauern zusammengetragen wurde. Infolgedessen wurde Kozuka von der örtlichen Polizei erschossen. Nach diesem Vorfall zogen die Behörden in Betracht, dass auch Onoda, der bereits im Dezember 1959 für tot erklärt worden war, noch leben könnte. Es wurden erneut Suchtrupps gebildet, die Onoda allerdings nicht ausfindig machen konnten. Die Nachricht, dass Onoda noch am Leben sein könnte, sprach sich bis nach Japan herum. Dort brach gerade der Student Suzuki Norio sein Studium ab und setzte sich das Ziel, »Leutnant Onoda, einen Panda und den Yeti zu finden, in dieser Reihenfolge«. Suzuki reiste also in die Region, in der Onoda vermutet wurde, und suchte dort nach ihm. Weil Suzuki Japanisch sprach, gab sich Onoda ihm am 20. Februar 1974 zu erkennen. Die beiden wurden Freunde. Onoda lehnte es jedoch weiterhin ab, sich ohne den Befehl eines Vorgesetzten zu ergeben. Suzuki kehrte daher mit Fotos von sich und Onoda als Beleg für ihr Treffen nach Japan zurück. Dort machten die Behörden Onodas ehemaligen Vorgesetzten, Major Taniguchi, ausfindig, der inzwischen Buchhändler geworden war. Taniguchi flog am 9. März 1974 nach Lubang, informierte Onoda über die Kapitulation Japans im Zweiten Weltkrieg und befahl ihm, sich zu ergeben. Das akzeptierte Onoda, der zu diesem Zeitpunkt immer noch seine Uniform trug, sein Katana-Schwert, sein Gewehr sowie etwa 500 Schuss Munition und mehrere Handgranaten bei sich hatte. Obwohl er während seiner Zeit auf der Insel ungefähr 30 Menschen getötet und ca. 100 weitere verwundet hatte und in mehrere Schießereien mit der Polizei verwickelt gewesen war, wurde er aufgrund der Umstände durch den philippinischen Präsidenten Ferdinand Marcos begnadigt.

Nach seiner Rückkehr nach Japan war Onoda so populär, dass er dazu angehalten wurde, für das Parlament zu kandidieren, was er aber nicht tat. Stattdessen verfasste er seine Biografie *Waga Ruban-tō no sanjūnen sensō* (»Niemals aufgeben: Mein 30-jähriger Krieg«). Im April 1975 hatte er genug vom Rummel um seine Person und zog sich, dem Beispiel seines älteren Bruders Tadao folgend, nach Brasilien zurück, um Viehzüchter zu werden. Am 16. Januar 2014 starb Onoda in einem To-kioter Krankenhaus.

Womöglich entsteht in diesem Buch ein falscher Eindruck in Bezug auf Japaner, weshalb ich noch die liebenswerte Geschichte von Kanaguri Shisō erzählen möchte.

Japans erster Olympionike

Kanaguri war Marathonläufer und qualifizierte sich als einer von zwei Athleten, die Japan zum ersten Mal bei Olympischen Spielen vertreten sollten. Seine Kommilitonen sammelten Geld, damit er 1912 die weite Fahrt nach Stockholm antreten konnte. Er musste dafür 18 Tage lang reisen, zunächst mit dem Schiff nach Wladiwostok, dann mit der Transsibirischen Eisenbahn quer durch Russland und per Zug über Finnland nach Schweden. Nach der Ankunft völlig erschöpft, brauchte er fünf Tage, bis er wieder das Training aufnehmen konnte.

Der Marathon fand am letzten Tag der Olympischen Spiele statt. Die ungewöhnliche Hitze von 30 °C machte allen Athleten zu schaffen – der Portugiese Francisco Lázaro brach sogar zusammen und verstarb am darauffolgenden Tag. Auch Kanaguri war keine Ausnahme. Als er bei Kilometer 26,7 durch den Stockholmer Vorort Sollentuna lief, verlor er kurzzeitig das Bewusstsein. Eine Familie, die gerade in ihrem Garten saß, gab ihm Getränke und die Möglichkeit, sich auszuruhen. Nachdem er seinen Durst gestillt und sich hingelegt hatte, schlief er augenblicklich ein und wachte erst am nächsten Morgen auf, als man schon die Polizei beauftragt hatte, den vermissten Läufer zu suchen.

Angeblich schämte sich Kanaguri so sehr, dass er sich zunächst weigerte, nach Japan zurückzufahren. In den darauffolgenden drei Jahren gewann er dann die japanischen Meisterschaften im Marathon. Bei den Olympischen Sommerspielen 1920 belegte er Platz 16.

1957 wurde er mit dem Asahi-Preis ausgezeichnet. Im April 1967 reiste er, 75 Jahre alt und Universitätsprofessor im Ruhestand, wieder nach Stockholm, setzte seinen Lauf an der Stelle fort, an der er damals die Ruhepause eingelegt hatte, und beendete 54 Jahre, 8 Monate, 6 Tage, 3 Stunden, 32 Minuten und 20,3 Sekunden nach dem Start den langsamsten Marathon aller Zeiten.

Der Parasit der Erinnerung

Es ist erstaunlich, was für Geschichten in Erinnerung bleiben und welche man kurz nach dem Lesen unmittelbar wieder vergisst. Manche Details haben unsichtbare Widerhaken, die sich regelrecht im Gedächtnis verankern.

Ohrwurm ist die umgangssprachliche Bezeichnung für ein eingängiges, leicht merkbares Musikstück, das dem Hörer für einen längeren Zeitraum in Erinnerung bleibt und einen hohen akustischen Wiedererkennungs- und Reproduktionswert besitzt, abgeleitet von den gleichnamigen Insekten, die nach volkstümlicher Vorstellung »gern in Ohren« kriechen. Die Verwendung des Begriffs geht auf den deutschen Operettenkomponisten Paul Lincke (1866–1946) zurück. Als Lehnwort *earworm* wurde er auch ins Englische übernommen.

Störende Ohrwürmer, die sich nicht oder nur sehr schwer »ausschalten« lassen, sind Gegenstand der Gedächtnisforschung. So wurde festgestellt, dass die Wahrscheinlichkeit des »Einschaltens« (Wiedererinnerung und Festsetzung) eines Ohrwurms dann am größten ist, wenn das Arbeitsgedächtnis wenig ausgelastet ist, zum Beispiel bei Routine-Arbeiten, beim Autofahren oder Spazierengehen. Ohrwürmer können dann freie Kapazitäten des Arbeitsgedächtnisses besetzen und sich dort festsetzen. Umgekehrt lassen sich Ohrwürmer am besten durch erhöhte andere Anforderungen wie Rätselaufgaben (etwa Sudoku) oder ein spannendes Buch aus dem Arbeitsgedächtnis vertreiben. Interessanterweise gelingt diese »Vertreibung« des Ohrwurms nicht oder weniger effektiv, wenn die andere Anforderung zu hoch ist.

Eine weitere Möglichkeit der »Vertreibung« eines Ohrwurms aus dem Arbeitsgedächtnis besteht in der Aktivierung von motorischen Programmen der beim Sprechen (Artikulation) beteiligten Organe. Hier hat sich gezeigt, dass einfaches Kauen von Kaugummi diese motorischen Programme ausreichend aktivieren kann, um Ohrwürmer zu vertreiben.

Ohrwürmer können aus sämtlichen Genres der Musikwelt stammen. Der Musikwissenschaftler und Musikpädagoge Hermann Rauhe sieht ein Motiv aus nur drei Tönen, das sich durch ständige Wiederholungen einprägt, als wesentliche Grundlage für die Entwicklung zum Ohrwurm. Das Prinzip der Wiederholung dürfe dann allerdings nicht überstrapaziert werden, weil dies kurzlebige Schnulzen zur Folge habe. Ein Evergreen, der Jahrzehnte überdauert hat, beinhalte nach zwei- oder dreimaliger Wiederholung dieses Motivs eine Überraschung. Diese könne aus einem besonders erregenden Tonsprung bestehen wie etwa der Sextsprung bei »Tea for Two« oder »Strangers in the Night«. In der Dosierung von Vertrautheits- und Überraschungseffekt liege Rauhe zufolge das Erfolgsgeheimnis. Wesentlich sei auch die Ausstrahlungskraft des Interpreten bei der Entwicklung zum Evergreen. Von ganz besonderer Bedeutung für den Ohrwurm sind die Hookline und der Riff. Die Hookline ist eine griffige und eingängige Text- und/oder Musikpassage innerhalb eines Musikstückes, die dessen Wiedererkennungswert enorm steigert und dessen Reproduzierbarkeit aus der Erinnerung ermöglicht. Der Riff, oft im Intro begonnen und während des Stücks häufig wiederholt, ist eine prägnante instrumentale Klangfigur, deren markante Tonfolge ebenfalls für einen hohen Wiedererkennungswert sorgt.

Ich hoffe, ich habe einige Ohrwürmer des Wissens in diesem Buch versammeln können. Man könnte Hunderte solcher Bücher verfassen und hätte dennoch nur die Spitze des Eisbergs im Ozean der Wikipedia dargestellt. Da wir mit dem Tod eingestiegen sind, liegt es nahe, auch mit dem Tod zu enden. Ein letztes Aufbäumen, bevor dieses Werk zum Ende kommt. Sich noch ein letztes Mal aufrichten.

Ein letztes Aufbäumen

Als postmortale Erektion (von lat. *post* »nach« und *mors* »Tod«) wird eine Erektion des Penis eines Verstorbenen bezeichnet, die nach dem Eintritt des Todes entsteht. Dies kann geschehen, wenn der Mann in vertikaler oder auch hängender Position stirbt und der Leichnam nach dem Tod in dieser Position verbleibt.

Es handelt sich bei dieser Form der Erektion um einen Blutstau, der durch die Schwerkraft des abfließenden Bluts erzeugt wird, das nicht mehr durch den Blutkreislauf und den Herzdruck im Körper verteilt wird. Das Blut sammelt sich an den niedrigsten Stellen des Körpers an und erzeugt dort Ödeme und Schwellungen, die damit verbundenen Verfärbungen werden als Totenflecke *(livor mortis)* bezeichnet. Die tiefsten Punkte einer vertikal verstorbenen Person sind die Füße, die sich bis zu ihrer elastischen Belastungsgrenze mit Blut füllen, danach staut sich das Blut die Beine aufwärts bis in die Hüften. Da das Blut von hier aus nicht mehr weiter nach unten vordringen kann, sammelt es sich unter anderem im Penis, der mit erektilem Gewebe ausgestattet ist und infolge des Bluteinstromes erigiert. Dieser Effekt hält so lange an, wie der Körper in der Position bleibt.

Die postmortale Erektion tritt meist bei Männern auf, die erhängt, vergiftet oder denen in den Kopf geschossen wurde. Bei Frauen tritt analog der postmortale Klitorismus auf.

In der Zeit der Renaissance wurde das männliche Genital am Leib Christi künstlerisch inszeniert *(Ostentatio genitalium)*. Der Kunsthistoriker Leo Steinberg wies 1983 in der Zeitschrift *October* auf die Darstellung postmortaler Erektion hin.

Vielleicht bleibt nur dieses Bild von unserer Achterbahnfahrt durch das gesammelte Wissen der Menschheit. Ein verstörendes Bild von Jesus, der mit postmortaler Erektion am Kreuz hing. Ein gutes Beispiel für den

Zauber der Details all der Dinge, die wir Tausende Male gesehen und doch nie wahrgenommen haben.

Die Welt wird nicht einfacher, wenn man mehr weiß, sondern wundersamer und komplizierter. All die Pflanzen und anderen Lebewesen, die sich ihrer Umwelt optimal angepasst haben, all die unglaublichen Biografien, die die Menschheit hervorgebracht hat, all die Stoffe und Farben, Orte und Phänomene machen das Leben auf unserem Planeten unendlich vielfältig und interessant.

Leider gibt es kein Netz des Wissens, das einen allumfassenden Bogen des Verständnisses zwischen all den vielen Fakten spannen würde. Ich habe stattdessen gelernt, dass es sich lohnt, genauer hinzusehen, da jedem Geschöpf und jedem Aspekt des Weltgeschehens eine Überraschung innewohnt.

Leider ist mir auch bewusst geworden, dass niemand ein Universalgelehrter wird, nur weil er unzählige Stunden lang Wikipedia-Artikel gelesen hat. Aus den vielen Puzzleteilen wurde bedauerlicherweise kein Bild der Erkenntnis, sondern allenfalls ein hübsches Mosaik. Ich bin statt Alleswisser nur ein guter Telefonjoker geworden, der sich mit ein bisschen Glück an ein Detail erinnert. Hoffentlich wird dieses Buch trotzdem ein Erfolg. Schließlich hat sogar Saddam Hussein mal einen Liebesroman geschrieben, der sich eine Million Mal verkauft hat. Literatur zählte übrigens von 1912 bis 1948 zu den olympischen Disziplinen. Vielleicht hätte ich eine Goldmedaille gewinnen können. Aber ich will nicht wieder abschweifen.

Quellenverzeichnis

https://de.wikipedia.org/wiki/Liste_ungew%C3%B6hnlicher_Todesf%C3%A4lle
https://de.wikipedia.org/wiki/Mikromort
https://de.wikipedia.org/wiki/Mike_(Hahn)
https://de.wikipedia.org/wiki/Existentielles_Risiko
https://de.wikipedia.org/wiki/Michael_Malloy
https://de.wikipedia.org/wiki/Violet_Jessop
https://de.wikipedia.org/wiki/Ignaz_Semmelweis
https://de.wikipedia.org/wiki/Moondog
https://de.wikipedia.org/wiki/Harry_J._Anslinger
https://de.wikipedia.org/wiki/Pedro_Rodrigues_Filho
https://de.wikipedia.org/wiki/Ostafrikanische_F%C3%B6deration
https://de.wikipedia.org/wiki/Kognitive_Dissonanz
https://de.wikipedia.org/wiki/Liste_kognitiver_Verzerrungen
https://de.wikipedia.org/wiki/Stephen_Wiltshire
https://de.wikipedia.org/wiki/Filterblase
https://de.wikipedia.org/wiki/Peoples_Temple
https://de.wikipedia.org/wiki/The_Gospel_of_Wealth
https://de.wikipedia.org/wiki/Vermisstenfall_Lars_Mittank
https://de.wikipedia.org/wiki/Ourang_Medan
https://de.wikipedia.org/wiki/Modesta_Valenti
https://de.wikipedia.org/wiki/Kong-Berge
https://de.wikipedia.org/wiki/Gate_Tower_Building
https://de.wikipedia.org/wiki/Aufruhr_am_Sankt-Scholastika-Tag
https://de.wikipedia.org/wiki/Schlacht_um_Schloss_Itter
https://de.wikipedia.org/wiki/Schimpansenkrieg_von_Gombe
https://de.wikipedia.org/wiki/Operation_Overcast
https://de.wikipedia.org/wiki/Milgram-Experiment
https://de.wikipedia.org/wiki/ZEIT-Bibliothek_der_100_B%C3%BCcher
https://de.wikipedia.org/wiki/Die_500_besten_Songs_aller_Zeiten_(Rolling_Stone)
https://de.wikipedia.org/wiki/Julie_d%E2%80%99Aubigny
https://de.wikipedia.org/wiki/Ruth_Belville
https://de.wikipedia.org/wiki/Tilly_Smith
https://de.wikipedia.org/wiki/Hannie_Schaft
https://de.wikipedia.org/wiki/Liste_von_Justizirrt%C3%BCmern_in_der_deutschen_Rechtsprechung
https://de.wikipedia.org/wiki/Wort_des_Jahres
https://de.wikipedia.org/wiki/Wikipedia:H%C3%A4ufige_Falschschreibungen
https://de.wikipedia.org/wiki/Forkhead-Box-Protein_O3
https://de.wikipedia.org/wiki/Pauli-Effekt
https://de.wikipedia.org/wiki/Betty_und_Barney_Hill
https://de.wikipedia.org/wiki/Paris-Syndrom
https://de.wikipedia.org/wiki/Tanganjika-Lachepidemie

https://de.wikipedia.org/wiki/Tetraphobie
https://de.wikipedia.org/wiki/Bobbitwurm
https://de.wikipedia.org/wiki/Vandellia_cirrhosa
https://de.wikipedia.org/wiki/Liebespfeil
https://de.wikipedia.org/wiki/Cymothoa_exigua
https://de.wikipedia.org/wiki/Plattwanzen
https://de.wikipedia.org/wiki/Wurmgrunzen
https://de.wikipedia.org/wiki/H%C3%BChnerhypnose
https://de.wikipedia.org/wiki/Ambra
https://de.wikipedia.org/wiki/52-Hertz-Wal
https://de.wikipedia.org/wiki/Bubbles_(Schimpanse)
https://de.wikipedia.org/wiki/Jack_(Pavian)
https://de.wikipedia.org/wiki/Jeremy_(Schnecke)
https://de.wikipedia.org/wiki/Oscar_(Therapiekatze)
https://de.wikipedia.org/wiki/Wojtek_(B%C3%A4r)
https://de.wikipedia.org/wiki/Arbre_du_T%C3%A9n%C3%A9r%C3%A9
https://de.wikipedia.org/wiki/Pando_(Baum)
https://de.wikipedia.org/wiki/Prostitution_in_der_Antike
https://de.wikipedia.org/wiki/Hedy_Lamarr
https://de.wikipedia.org/wiki/Dagen_H
https://de.wikipedia.org/wiki/Tay_(Bot)
https://de.wikipedia.org/wiki/Schmuckeremit
https://de.wikipedia.org/wiki/Liebesschloss
https://de.wikipedia.org/wiki/Joseph_Pujol
https://de.wikipedia.org/wiki/America_(Plastik)
https://de.wikipedia.org/wiki/Gadsby
https://de.wikipedia.org/wiki/Nackt_kam_die_Fremde
https://de.wikipedia.org/wiki/On_Bullshit
https://de.wikipedia.org/wiki/MKULTRA
https://de.wikipedia.org/wiki/Einheit_731
https://de.wikipedia.org/wiki/Conch_Republic
https://de.wikipedia.org/wiki/Merkspruch
https://de.wikipedia.org/wiki/Falscher_Freund
https://de.wikipedia.org/wiki/Ketchup-als-Gem%C3%BCse-Debatte
https://de.wikipedia.org/wiki/Michel_Lotito
https://de.wikipedia.org/wiki/Tarrare
https://de.wikipedia.org/wiki/Kopi_Luwak
https://de.wikipedia.org/wiki/Zwergenwerfen
https://de.wikipedia.org/wiki/Fuchsprellen
https://de.wikipedia.org/wiki/The_Game_(Netzkultur)
https://de.wikipedia.org/wiki/Sentinelesen
https://de.wikipedia.org/wiki/Liste_von_Titeln_und_Anreden_von_Kim_Jong-il_innerhalb_von_
    Nordkorea
https://de.wikipedia.org/wiki/Merkel-Raute
https://de.wikipedia.org/wiki/Onoda_Hir%C5%8D
https://de.wikipedia.org/wiki/Kanaguri_Shis%C5%8D
https://de.wikipedia.org/wiki/Ohrwurm
https://de.wikipedia.org/wiki/Postmortale_Erektion

Bildnachweis

S. 29: anonym (https://commons.wikimedia.org/wiki/File:Mike_headless_chicken.gif), »Mike headless chicken«, https://creativecommons.org/licenses/by-sa/1/legalcode; S. 51: HAL-Guandu (https://commons.wikimedia.org/wiki/File:Moondog_kopf.jpg), »Moondog kopf«, https://creativecommons.org/licenses/by-sa/1/de/legalcode; S. 57 oben: Martin23,228 (https://commons.wikimedia.org/wiki/File:East_African_Federation_(orthographic_projection).svg), »East African Federation (orthographic projection)«, https://creativecommons.org/licenses/by-sa/1/legalcode; S. 71: Stwilts at English Wikipedia (https://commons.wikimedia.org/wiki/File:Big_Ben_on_a_rainy_evening_in_London_by_Stephen_Wiltshire_MBE.jpg), »Big Ben on a rainy evening in London by Stephen Wiltshire MBE«, https://creativecommons.org/licenses/by-sa/1/legalcode; S. 76: Indytnt (https://commons.wikimedia.org/wiki/File:Jimjonesfirstchurch.jpg), »Jimjonesfirstchurch«, https://creativecommons.org/licenses/by-sa/1/legalcode; S. 90: ignis (https://commons.wikimedia.org/wiki/File:Building_penetrated_by_an_expressway_001_OSAKA_JPN.jpg), »Building penetrated by an expressway – 1 OSAKA JPN«, https://creativecommons.org/licenses/by-sa/1/legalcode; S. 98: Jeekc (https://commons.wikimedia.org/wiki/File:Jane_Goodall_HK.jpg), »Jane Goodall HK«, https://creativecommons.org/licenses/by-sa/1/legalcode; S. 108: anonym (https://commons.wikimedia.org/wiki/File:Milgram_Experiment.png), »Milgram Experiment«, https://creativecommons.org/licenses/by-sa/1/legalcode; S. 159: Chrisobyrne (https://commons.wikimedia.org/wiki/File:ShanghaiMissingFloors.jpg), »ShanghaiMissingFloors«, https://creativecommons.org/licenses/by-sa/1/legalcode; S. 161: Jenny (https://commons.wikimedia.org/wiki/File:Eunice_aphroditois.jpg), »Eunice aphroditois«, https://creativecommons.org/licenses/by/0/legalcode; S. 165: Joris M. Koene and Hinrich Schulenburg (https://commons.wikimedia.org/wiki/File:Love-darts.png), »Love-darts«, https://creativecommons.org/licenses/by/0/legalcode; S. 166: Marco Vinci (https://commons.wikimedia.org/wiki/File:Cymothoa_exigua_parassita_Lithognathus_mormyrus.JPG), »Cymothoa exigua parassita Lithognathus mormyrus«, https://creativecommons.org/licenses/by-sa/1/legalcode; S. 167: Rickard Ignell, Swedish University of Agricultural Sciences (https://commons.wikimedia.org/wiki/File:Traumatic_insemination_1_edit-1jpg), »Traumatic insemination – 1 edit-1«, https://creativecommons.org/licenses/by-sa/-1/legalcode; S. 169: Kenneth Catania, Vanderbilt University (https://commons.wikimedia.org/wiki/File:ScalopusAquaticus.jpg), »ScalopusAquaticus«, https://creativecommons.org/licenses/by-sa/1/legalcode; S. 171: Photographer: Peter Kaminski (https://commons.wikimedia.org/wiki/File:Ambergris.jpg), »Ambergris«, https://creativecommons.org/licenses/by/0/legalcode; S. 176: Angus Davison (https://commons.wikimedia.org/wiki/File:Jeremy_the_left-coiling_snail_on_top_of_a_right-coiling_snail,_Theresa.jpg), https://creativecommons.org/licenses/by-sa/2/legalcode; S. 182: Michel Mazeau (https://commons.wikimedia.org/wiki/File:Arbre-du-tenere-1,963jpg), »Arbre-du-tenere-1,963«, https://creativecommons.org/licenses/by-sa/0/legalcode; S. 196: User Damast on sv.wikipedia (https://commons.wikimedia.org/wiki/File:Högertrafikmärke.jpg), »Högertrafikmärke«, https://creativecommons.org/licenses/by-sa/1/legalcode; S. 201: Superbass (https://commons.wikimedia.org/wiki/File:Liebesschlösser_Köln_0jpg), »Liebesschlösser Köln 0«, https://creativecommons.org/licenses/by-sa/1/legalcode; S. 202: A.Savin (Wikimedia Commons · WikiPhotoSpace) (https://commons.wikimedia.org/wiki/File:Moscow-love-padlocks.jpg), »Moscow-love-padlocks«, https://creativecommons.org/licenses/by-sa/1/legalcode; S. 203 Mitte: Roger De Castro (https://commons.wikimedia.org/wiki/File:Liebsschlösser_Helsin-

Bildnachweis

ki.jpg), »Liebsschlösser Helsinki«, https://creativecommons.org/licenses/by-sa/1/legalcode; **S. 203 unten:** Mhanke (https://commons.wikimedia.org/wiki/File:Sbg_Liebesschloss-1jpg), »Sbg Liebesschloss-1«, https://creativecommons.org/licenses/by-sa/1/legalcode; **S. 204:** Eigene Aufnahme (https://commons.wikimedia.org/wiki/File:Liebesschlösser_an_der_Passerelle_de_Solferino_Paris.jpg), »Liebesschlösser an der Passerelle de Solferino Paris«, https://creativecommons.org/licenses/by-sa/1/de/legalcode; **S. 207:** stu_spivack (https://commons.wikimedia.org/wiki/File:Gold-colored_toilet.jpg), »Gold-colored toilet«, https://creativecommons.org/licenses/by-sa/0/legalcode; **S. 213:** American Council of Learned Societies (ACLS) (https://commons.wikimedia.org/wiki/File:Harry_Frankfurt_at_2017_ACLS_Annual_Meeting.jpg), »Harry Frankfurt at 2,015 ACLS Annual Meeting«, https://creativecommons.org/licenses/by/1/legalcode; **S. 224:** Jmckean (https://commons.wikimedia.org/wiki/File:Flag_of_Key_West,_Florida.svg), »Flag of Key West, Florida«, https://creativecommons.org/licenses/by/1/legalcode; **S. 239:** Krishnakumarvairassery (https://commons.wikimedia.org/wiki/File:Marapatti.jpg), »Marapatti«, https://creativecommons.org/licenses/by-sa/1/legalcode; **S. 240:** Wibowo Djatmiko (Wie144) (https://commons.wikimedia.org/wiki/File:Kopi_luwak_90,908-0075_lamb.JPG), »Kopi luwak 90,908-77 lamb«, https://creativecommons.org/licenses/by-sa/1/legalcode; **S. 247:** Medici80 (https://commons.wikimedia.org/wiki/File:Gallery-1,491,391,770-north-sentinel-island.jpg), https://creativecommons.org/licenses/by-sa/2/legalcode; **S. 259:** Armin Linnartz (https://commons.wikimedia.org/wiki/File:Angela_Merkel_Juli_2010_-_3zu2jpg), »Angela Merkel Juli 2,008 – 3zu2«, https://creativecommons.org/licenses/by-sa/1/de/legalcode

Alle weiteren Bilder wurden auf Wikipedia als gemeinfrei gekennzeichnet.